农村幼儿园师幼关系研究

◎ 闫婧华　著

蘭州大學出版社
LANZHOU UNIVERSITY PRESS

图书在版编目（CIP）数据

农村幼儿园师幼关系研究 / 闫婧华著. -- 兰州 : 兰州大学出版社, 2020.9
ISBN 978-7-311-05804-3

Ⅰ. ①农… Ⅱ. ①闫… Ⅲ. ①农村－幼儿园－师生关系－研究－中国 Ⅳ. ①G615

中国版本图书馆CIP数据核字(2020)第180655号

责任编辑 宋 婷
封面设计 大有工作室

书 名 农村幼儿园师幼关系研究
作 者 闫婧华 著
出版发行 兰州大学出版社 （地址:兰州市天水南路222号 730000）
电 话 0931-8912613(总编办公室) 0931-8617156(营销中心)
0931-8914298(读者服务部)
网 址 http://press.lzu.edu.cn
电子信箱 press@lzu.edu.cn
印 刷 西安日报社印务中心
开 本 710 mm×1020 mm 1/16
印 张 11.5
字 数 192千
版 次 2020年9月第1版
印 次 2020年9月第1次印刷
书 号 ISBN 978-7-311-05804-3
定 价 28.00元

序 言

党的十九大报告指出，要在“幼有所育上不断取得新进展”“办好学前教育”“努力让每一个孩子都能享受公平而有质量的教育”。2018年，中共中央国务院先后发布《关于全面深化新时代教师队伍建设改革的意见》《关于学前教育深化改革规范发展的若干意见》，并提出到2020年要基本建成广覆盖、保基本、有质量的学前教育公共服务体系，学前教育管理体制、办园体制和政策保障体系得到完善。学前教育是终身教育的起点，事关儿童健康成长和国家民族未来。近年来，党中央、国务院高度重视学前教育，出台系列政策举措，汇聚各类资源，发展学前教育，推动学前教育取得了前所未有的巨大成就，“入园难”问题得到有效缓解，“幼有所育”的目标正在加速实现。

实践的发展既对理论研究提出了要求，也为理论繁荣提供了源泉。随着人民群众对优质学前教育资源的渴望和学前教育的快速发展，教育理论工作者特别是学前教育领域的专家学者，围绕学前教育发展现状、办学体制、投入保障、资源供给、儿童观的演变与发展、教育观的形成与变革、课程设置、教育目标与任务、教学课程种类与评价、幼儿园活动课程设计、幼儿教师培养、幼儿园安全保障以及如何更好地解决幼儿“入园难”“入园贵”等重点和热点问题，做了全面而深入的研究，进一步丰富、发展了学前教育理论，为政府决策和学前教育事业发展提供了有益的智力支撑。但是，在关于学前教育的众多理论和实践研究当中，对幼儿人际关系的研究特别是对师幼关系的研究相对较少，越来越多的研究者开始重视对这一领域的研究，其意义和作用也非常重要。

闫婧华2013年考入西北师范大学教育学院攻读教育博士学位。她一边工作一边读书，勤奋刻苦，善于思考，而且坚持问题导向，把理论与实践相结合，关注农村教育。在读期间，她着眼农村学前教育和广大农村幼儿健康成长，围绕师幼关系这一较为微观但对儿童发展影响较大的研究领域，在借鉴各类研究成果的基础上，深入研究，完成了《基于教师视角的农村幼儿园师幼关系研究》的博士学位论文，于2017年顺利毕业并获得教育博士学位。毕业后，她继续专注于甘肃省教育科学研究院的工作，扎根一线，敬业爱岗，谦虚好学，勇于奉献，发挥所学专长，致力于甘肃基础教育的改革与发展。

如今呈现在读者面前的这本专著，正是闫婧华在她博士学位论文的基础上，结合毕业后的工作实践，进一步修改完善而成的。全书从国内外两个大的环境和中国近代、中华人民共和国成立后两个时间纬度，从学前教育在教育研究中的历史、师幼关系在幼儿教育发展中的作用等方面，阐述了农村师幼关系的现状和定位；以生态系统发展理论、互动理论、保教效能感理论、关怀理论、依恋理论为支撑，对师幼关系理论进行了再研究、再丰富，是该专著的创新和发展之处；从环境、幼儿、家庭、教师、师幼互动等五个层面，聚焦教师这一核心变量，从其学历、职称、保教效能感、家师关系、社会支持、对工作环境的感知和工资收入等方面，深刻分析了影响师幼关系的主要因素、内在联系和变量关系，系统阐述了师幼关系量表、Q-set依恋测试两种师幼关系评估方法和三种师幼关系，这也是该专著的重点内容和核心要素。在上述系统研究的基础上，有针对性地提出了改善农村幼儿园师幼关系的五条建议：提高农村幼儿教师的保教效能感；建立家师关系制度，提升家师合作沟通能力；加强农村幼儿园教师的社会支持；建立科学民主的管理制度，改善幼儿园工作氛围；切实维护农村幼儿园教师的利益。以上是本专著的核心价值和意义所在，研究成果值得读者特别是农村幼儿园教师和家长在幼儿的教育和成长中学习并参考。

孩子是家庭的希望、祖国的未来。幼儿教育是奠基未来的事业，是最为复杂、最要讲究科学、最需要爱心的教育。随着农村学前教育的快速发展和全面普及，但愿有更多的研究者关注农村学前教育，关注农村儿童的发展。

王嘉毅

2020年7月30日

目 录

第一章
绪　论

第一节　师幼关系概述

从古至今，教育就是人类社会生活中最重要的活动之一。它是每个人的生活准备，是走向未来的基础；也是分享前人积累的知识财富、获得独立生活的前提。教育决定国家和民族的未来，是一个国家和民族最重要的事业；而幼儿教育作为一个人接受教育最早的阶段，又是个体成长和发展最重要、最核心的教育阶段。

近些年，在幼儿教育的研究领域内，除了对传统教学方法和课程模式改革的探索，越来越多的研究者开始重视教师和幼儿之间的关系质量，这种被命名为“师幼关系”的人际关系，似乎对幼儿的成长和发展起到了较为重要的作用。

一、幼儿教育在国内外的发展历史

早在公元前1600年，我国古代的先贤们就有了关于幼儿教育的论述，孔子和孟子等教育家都曾强调过幼儿教育的重要性，还给出过一些教育幼儿的指导方法，但并没有得到科学系统的总结。因此，说到现代意义上的幼儿教育，大多来源于国外。

(一)幼儿教育在国外的发展历史

早在1632年，夸美纽斯[①]就出版了《母育学校》一书，在人类史上首次

① 夸美纽斯(1592—1670)，捷克伟大的民主主义教育家，西方近代教育理论的奠基者，是公共教育最早的拥护者，其理念在他所著的《大教学论》中提出。

制定了6岁以下儿童详细的教育大纲，这是他的伟大功绩之一。实际上，他也是最先研究家庭教育的教育家和思想家之一。夸美纽斯认为，家庭是儿童的第一所学校，家庭教育是学校教育的初步阶段，父母是儿童的第一位老师，特别是母亲对孩子的教育负有特殊的责任和义务。

19世纪初的欧洲，人们就认识到恶劣的成长环境不利于幼儿的健康发展，由此催生了早期的幼儿学校。这些学校想通过对幼儿进行早期的照顾与教育来促进社会进步。尽管这种教育观念在美国也催生了类似学校的创建，但因为公立学校官员反对幼儿教育，宣扬家庭生活是“文明的最好产物”，所以幼儿学校仅短暂存在了一段时间。[①] 到20世纪初，幼儿学习运动兴起。这一运动更加强调幼儿教育的概念化，并指出应深入了解幼儿学习方式的发展，运动推动了幼儿教育在国际上的大规模扩张。意大利蒙台梭利学校的创建就源于这场运动。这些学校侧重于通过参与活动和操纵材料来训练幼儿感官的发展，根据幼儿不同的发展阶段选择授课内容，进一步提高其在各领域的技能。

20世纪初，英国的幼儿园建立，其授课内容强调通过幼儿进行的感官体验、创造力和想象力等游戏活动，训练幼儿解决简单问题所必备的技能。将这些技能与阅读和数学教学相结合，将有助于培养幼儿身心能力的协同发展。当时，这些幼儿园项目受到广泛的国际关注。

1922年，美国第一所幼儿园开始营业。但是，当时美国的幼儿园主要在高等教育机构的校园内部或私营部门建立，因此，基本是面向新兴中产阶级的，这些机构为中产阶级家庭的幼儿提供了一个获得更高质量的培训和教育的机会。[②] 而那些可供家庭收入偏低的穷人选择的幼儿慈善监管中心，无力实施这些新兴的幼儿机构的教育课程。结果，那些有足够经济条件支持家庭的幼儿获得了优质的幼儿教育环境，而那些最迫切需要干预的幼儿却未能得到援助。

美国第一所幼儿园成立之后的30年是一个动荡的时期。第二次世界大战，以及之后的经济大萧条和糟糕的社会状况让许多人担心幼儿的未来。这个时期，幼儿教育的发展依旧停滞不前，只有富有的人才能为其子女提供最佳的教育资源。幼儿园仍然很少，幼儿慈善监管中心的主要工作还是维持幼

① Spodek B, Brown P C, “Curriculum Alternatives in Early Childhood Education: A Historical Perspective”, *Handbook of Research on the Education of Young Children*, 1993, 75(2), p.104.

② Vinovskis M A, *The Birth of Head Start*, Chicago: The University of Chicago Press, 2005, p.214.

儿基本的身体需要。然而，这一时期的人们对幼儿发展的兴趣却逐渐增加，与幼儿教育相关的理论在不断发展。最具代表性的是，一些学者对智力的遗传性和不变性的结论提出挑战，他们认为智力的差异是早期学习机会和环境条件差异的结果，提出智力不是静态的或绝对的，而是受个人经验的影响。亨特提出了这样一种观点，即无论是由于经济贫困还是遗传造成的差异，都可以通过有效的幼儿教育来缓解和抵消。布鲁姆进一步论证了亨特的观点，他提出，在幼儿生命前四年的关键时期，智力会得到迅速发展，而环境对其发展程度的影响最大。

这些主张使得人们对幼儿早期教育的兴趣日益增长，大量有关幼儿早期教育的研究不断涌现，这让人们可以从中了解到幼儿早期教育的重要性，以及幼儿教育对幼儿发展直接和长期的影响。其中，最具代表性的是一个专门的研究联合会的成立。该联合会成立于20世纪60年代末，研究持续到20世纪70年代中期。[①] 该联合会的目标是通过纵向研究来评估幼儿早期教育是否真的对参与教育的幼儿产生了积极影响。通过对至少100名贫困幼儿进行干预研究的数据结果表明，参与高质量幼儿教育的幼儿在整个正式教育期间的留级率和特殊教育方案的入学率，远低于那些没有参加这些项目的幼儿。参与幼儿的价值观和态度与非参与幼儿有显著差异，表现为更高的职业抱负和对未来成功的期望。最后，与非参与幼儿的毕业率相比，参与高质量幼儿教育的幼儿高中毕业率更高。[②]

尽管这个联合会在报告完成后终止了数据收集，但其他有关幼儿的教育项目在接下来的几十年被相关部门继续收集。这项长期数据收集提供了历史证据，证明了幼儿优质早期教育的重要性。后期研究均证明了高质量的幼儿教育将导致更大的学业成功。通过参与优质的幼儿教育，幼儿在之后的青春期和成年期将获得更大的成功，以及社会责任水平的提高。这些结果令人震惊。准确地说，高质量的幼儿早期教育被认为可以通过降低特殊教育和补助的支出来提高教育效率，以及通过增加学生的产出从而提高学术成就和教育水平。总体来说，高质量幼儿教育的效果是直接和持久的。

---

① Brooks-Gunn, J, Fuligni A S, Berlin, *Early Child Development in the 21st Century: Profiles of Current Research Initiatives*, New York: Teachers College Press, 2003, p.312.

② Berrueta-Clement J R, Schweinhart L J, Barnett W S, Epstein A S, Weikart D P, *Changed Lives: The Effects of the Perry Preschool Program on Youths Through Age 19*, Ypsilanti: High/Scope Educational Research Foundation, 1984, p.62.

与此同时，这些大量的纵向研究结果让政府和社会对幼儿教育的重视程度逐渐提高，这使得幼儿早期教育运动在美国取得巨大的进展。

在世界范围内看，当前的幼儿早期教育实践的基础最早可以追溯到卢瑟、洛克、卢梭、佩斯塔洛齐和福禄贝尔[①]等人。这些早期的哲学家、理论家和教育家们开始的幼儿教育相关运动，将学龄前幼儿明确地划分为一个独立的生命阶段。当前的有关幼儿学习和发展理论是从后来的理论家和教育工作者的研究理论中建立起来的。最引人注目的是皮亚杰[②]提出的认知发展理论和维果茨基[③]的社会文化理论。通过利用皮亚杰提出的发展阶段的不变性和局限性，以及维果茨基提出的通过环境体验和语言技能的发展，使幼儿能够发展更广泛和更高级的认知过程等研究结论，在1987年，美国国家幼儿教育协会（NAEYC）[④]制定了一系列与幼儿早期发展相适应的幼儿教育标准，并成为概念化、实施和评估高质量幼儿早期教育方案拟订标准的工具，以确保更大范围内幼儿教育的整体发展。[⑤]

在过去的几十年里，美国的学龄前幼儿入学率不断上升。2010年，4岁幼儿的幼儿教育入学率接近70%，近一半的幼儿进入的是公立幼儿园。2012年，澳大利亚86.3%的幼儿在正式就学前一年上幼儿园，其中22.1%上的是政府幼儿园。政府已经成为幼儿早期教育市场的积极参与者，直接通过公共供给，间接通过资助幼儿教育计划和提供幼儿教育补贴的方式进行干预。这些干预措施，促进了幼儿的入学准备。截至2011年，美国39个州建立了公立幼儿园。

在全球化浪潮的席卷下，市场的力量持续彰显。除澳大利亚、加拿大、

---

① 弗里德里希·威廉·奥古斯特·福禄贝尔（1782—1852），德国教育家，被公认为是19世纪欧洲最重要的几个教育家之一，现代学前教育的鼻祖。他不仅创办了第一所称为“幼儿园”的学前教育机构，他的教育思想迄今仍在主导着学前教育理论的基本方向。福禄贝尔的教育思想与实践对世界各国幼儿教育的发展起到了深远的影响。

② 让·皮亚杰（1896—1980），瑞士人，近代最有名的儿童心理学家。他的认知发展理论成为儿童心理学科的典范。

③ 维果茨基（1896—1934），苏联建国时期卓越的心理学家。主要研究儿童发展与教育心理，着重探讨儿童思维和语言、儿童学习与发展的关系问题。由于他在心理学领域做出的重要贡献而被誉为“心理学中的莫扎特”，他所创立的文化历史理论不仅对苏联，而且对西方心理学产生了广泛的影响。

④ 美国幼儿教育协会（NAEYC），是美国幼儿教育的权威机构，为了指导教育者对婴幼儿实施正确的早期教育，该协会制定了若干早期教育的指导原则。

⑤ 陈欢：《英格兰政府干预早期保教市场的历史研究（1948—2018）》，东北师范大学2019年硕士学位论文。

英国等国外，越来越多的经合组织成员国及发展中国家开始注重在幼儿早期教育中引入市场机制，鼓励并支持私营机构提供幼儿教育服务。例如，阿拉伯国家自2000年后开始放宽对私营机构的限制；印度实行政府、非营利机构、营利机构“共同责任”的幼儿教育供给方式。由此可见，在世界范围内，幼儿教育的重要性越来越被人们所认可与接受。

（二）幼儿教育在国内的发展历史

我国关于幼儿教育的思想由来已久，古人很早就非常重视幼儿教育，强调对子女的教育和指导要从小抓起。从商周开始，我国古代的幼儿教育思想就已萌发，在此时期，提出了“及其有娠，目不视恶色，耳不听淫声，口不出敖言，能以胎致”的早期幼儿教育理论思想。其后，历代的思想家、教育家或多或少都曾指出幼儿教育在子女成长过程中的重要性，在幼儿教育的模式探索中，还曾提出了颇具远见的教育思路。[①] 比如，重视环境对幼儿的熏陶作用，其中“孟母择邻”的典故就是有详细记载的最好例证。再如，强调幼儿教育要根据幼儿的天性，即对幼儿要因材施教，顺应幼儿的性格培养。对此，明代哲学家王守仁留下过精辟的论述，他指出：“大抵童子之情，乐嬉游而惮拘检，如草木之始萌，舒畅之则条达，摧挠之则衰萎。今教童子，须使其趋向鼓舞，中心喜悦，则其进不能已。譬之时雨春风，沾被卉木，莫不萌动发越，自然日长月化；若冰藉剥落，则生意萧索，日就枯槁也。”[②]

从现代幼儿教育的角度和观点来看，古代历来有关幼儿教育的观念和做法显然都是很有借鉴意义的。只是尽管我们在古代就有很先进的幼儿教育理念，但和颠沛的国运一样，近代以来我国在幼儿教育上的发展还是经历了一个比较曲折的发展期。在这一历史回顾中，可将这条发展道路与更大的社会历史背景相对应，大致划分为两个阶段：第一阶段是我国近代幼儿教育的启蒙阶段（1903年至1949年），第二阶段是中华人民共和国成立后幼儿教育曲折且蓬勃的发展阶段（1949年至今）。

1. 我国近代幼儿教育的启蒙阶段

1903年秋，湖北省立幼儿园在武昌成立，这是中国第一所公共幼儿教育机构，其产生标志着中国幼儿教育近代化的开端。同年，北京的京师第一蒙养院也宣告成立。蒙养院章程规定蒙养院专为教导3～7岁幼儿，每日受教时间为4小时，强调“学前幼儿教育在内容和方法上都与初等小学之授以学科

① 唐淑、钟昭华：《中国学前教育史》，人民教育出版社2002年版。

② 张宗麟：《张宗麟幼儿教育论集》，湖南教育出版社1985年版。

者迥然有别”。[①]

1911年，时任中华民国临时政府教育总长的蔡元培提出设立胎教院、育婴院、幼稚园的主张。1912年至1913年，当时的教育部公布“壬子癸丑学制”，学制规定，幼儿教育机构的名称为“蒙养园”，招收未满6岁的幼儿，附设在女子师范学校和女子高等师范学校内，或以“公立私立之蒙养园代附属蒙养园”。

1919年的“五四”新文化运动，掀起了教育改革的热潮，中国的幼儿教育开始进入发展时期，幼儿教育也从近代主要学习日本转向学习欧美。到1947年，全国幼稚园有1301所，有13万多幼儿入园接受教育。由此，我国幼儿教育进入了一个实验、改革、发展的时期，一批教育家开始了幼儿教育的实践活动，在幼教界开创了实验研究之风，使中国的幼儿教育走上了中国化、科学化的道路，但此时期的幼儿教育事业发展十分缓慢又极不平衡。[②]

早期的中国幼儿教育主要服务于清代的士绅阶层，之后具有中国特色的大众教育逐步发展，在很大程度上要归功于两位中国教育家陶行知和陈鹤琴的贡献。这两位教育家先后在美国哥伦比亚大学师范学院学习后，于20世纪20年代回到中国，受到约翰·杜威和他同事的影响，回国后的他们开始致力于将进步的教育理论应用于祖国教育改革的事业之中。

除了陶行知和陈鹤琴，张宗林和张学门也是当时中国幼儿教育改革的积极倡导者。这些创始人大多是受过高等教育的爱国男性，他们努力扭转当时学前课程的外来性局面，尝试使之成为一种本土化的汉语课程，不仅在教学内容中使用了中国民歌、游戏和玩具，而且代表了中国的文化价值观，服务于当时社会的转型局面。同时，他们并不完全拒绝吸收西方先进的思想和科学实践。正是在他们的艰苦努力下，大量西方值得借鉴的幼儿教育模式最初被介绍给了中国民众，至今他们提供的许多教育建议仍被中国幼儿教育工作者所采纳。

2. 中华人民共和国成立后幼儿教育曲折且蓬勃的发展阶段

中华人民共和国成立之初，我国在“以俄为师”的思想指导下，教育战线掀起全面学习苏联的热潮。从教育建设自身来看，教育战线面临的迫切任务是改造旧的体系，建立社会主义教育新体系和马克思主义教育理论。同时，我国在教育政策中明确规定了幼儿教育的宗旨，即促进幼儿的健康发

① 鲁洁:《试论中国教育学的本土化》,载《高等教育研究》1993年第14期,第33~35页。

② 王春燕:《百年中国幼教》,载《幼儿教育》2004年第47期,第1~9页。

展，并使母亲从育儿负担中解脱出来，以便她们能够参与政治、生产、文化和教育活动。①

1951年和1952年，我国先后出台了《关于教育体制改革的决定》《幼儿教育暂行条例》《幼儿教育暂行指导方针》等一系列方针、政策，呼吁建立新的社会主义教育体制。在这一倡导的教育体制中，我国密集引进苏联的教育理论，大规模翻译各级各类教材，安东·马卡连科、凯罗夫等俄罗斯教育家成为著名的师范教育权威。以“教育必须全面、系统地学习苏联的先进经验”为口号，中国的欧洲教育委员会采用了以针对不同年龄段系统组织的学科为基础的课程设置。通过不同年龄段幼儿所能适应的学科有所不同的特点，幼儿园将3～6岁幼儿分为三个阶段：小班（3～4岁）、中班（4～5岁）和大班（5～6岁）。其教学方式主要是以教师为中心、单调听写、集体小组活动，体现了苏联教育学的特点。

然而，在20世纪50年代末，随着中苏关系的破裂，中国教育发生了戏剧性的重新定位：严格的学科体系被瓦解，苏联的学术化课程被批评为“资产阶级个人主义指导”和“专门的脑力劳动和体力劳动”，中国的幼儿教育事业受挫。在“文化大革命”时期，中国的幼儿教育事业遭受了第二次重大挫折。②

随着1978年中国经济改革的开始，人们很快注意到，教育体系内容严重不足，无法为新的经济发展做出贡献。为此，相关的教育改革法规和政策相继出台。自1980年以来，中国政府共颁布了30多个关于幼儿教育的新法律和规范性文件，超过了过去35年的总数。幼儿教育事业在积极恢复、整顿和发展幼儿教育的指导思想下得到恢复和发展。

总体来说，1979年至1996年是我国学前教育快速且稳步的发展时期。1979年时，全国幼儿园共计16.65万所，在园幼儿共计879.23万人，教职工共计53.27万人，比1965年分别增长了8.7倍、5.1倍和3.29倍。之后，经过长达14年左右的发展，1993年下半年，据统计，学前班已占全国幼教机构总数的44.6%。其中，农村学前班占56.2%，市县学前班占30.3%。到了1995年，全国幼儿园数量已经多达18.04万所，在园幼儿共计2711.2万人，教职

① 陈学恂：《中国近代教育大事记》，上海教育出版社1981年版。

② 舒新城：《中国近代教育史资料》，人民教育出版社1981年版。

工共计116万人，比1986年又分别增长了1.04倍、1.66倍和1.32倍。[①]

这一阶段除了幼儿园数量和在园幼儿数量的快速增长之外，我国幼儿教育的人才培养也得到了教育部门的极大重视。1978年，北京师范大学开始招收第一批以“学前教育”专业命名的本科生，正式开启了学前教育专业本科教育的道路。到1990年前后，教育部主管的6所师范院校——北京师范大学、西南师范大学 、南京师范大学、华东师范大学、华中师范大学、陕西师范大学也陆续开始了学前教育本科专业的设立；除此以外，还有7所师范类高校（西北师范大学、华南师范大学、内蒙古师范大学、福建师范大学、湖南师范大学、辽宁师范大学、江西师范大学）也开始招收学前教育专业的本科生。此后的数十年间，这些相关院校为国家培养了大批从事幼儿教育的专业人才。

在改革开放的浪潮下，学前教育专业本科教学步入正轨，幼儿教育开启了新的历史时期。[②] 1995年，国家教委颁布《三年制中等幼儿师范学校教学方案（试行）》，对幼儿师范学校的教学进行了进一步规范。这一时期，为拓宽幼教师资的培养渠道，出现了职高幼师班，为农村提供了大量的幼教师资。1996年是“九五”计划开局之年，1996年和1997年，《幼儿园工作规程》和《全国幼儿教育事业“九五”发展目标实施意见》相继出台，对幼儿教育的性质和经费投入做了规定。该规程提出体、智、德、美诸育要“相互渗透，有机结合”“合理组织各方面的教育内容，并渗透于幼儿一日生活各项活动之中”“为幼儿提供活动和表现能力的机会与条件”，这些意见原则上强调了幼儿园教育内容的综合性、活动性、生活性。为确保幼教事业的发展，政府逐年加大对幼儿教育的投入。据统计，2000年，政府用于幼儿教育的经费已达51亿元，20年来幼儿教育的投入规模翻了一番[③]。同时，在这个时期，中国积极贯彻世界幼儿问题首脑会议通过的《幼儿生存、保护和发展世界宣言》和《行动计划》，认真履行《幼儿权利公约》，并结合中国的实际，制定了一系列有关幼儿教育的国家法律和纲领性文件，把幼儿的生存、保护和发展与人类未来之间的关系，提高到人口素质基础和未来发展的先决

① 王小英、张鸿宇、孙贺群：《中国农村学前教育发展百年回眸与启示》，载《东北师范大学学报（哲学社会科学版）》2014年第4期，第158~162页。

② 满丛英：《1949—2019：我国高校增设学前教育专业本科教育的发展历程与分析》，载《陕西学前师范学院学报》2020年第36期，第23~28页。

③ 陈晓蓓：《采取多种形式发展早期教育——全国幼儿教育工作会议综述》，载《中国教育报》2001年第3期，第15~19页。

条件的高度，并与世界幼儿的发展相联结。

上述法律和纲领性文件经过近20年的实施，到2001年秋天，教育部发布了最新的幼儿教育政策——《幼儿园教育指导纲要》。从1981年的指导方针到2001年的指导方针，没有颠覆性的变化，但教学方式的转变却是非常明显的。这一次的幼儿教育改革模式并没有在3年的学龄前阶段以固定的时间表的形式给幼儿开设8门不同的学科，而是倡导一种新的课程，其特点是包括健康、社会、科学、语言和艺术在内的五大新的内容领域。在每个领域，都只是给出了关于如何促进幼儿身体、情感和认知发展的一般规则，而不是固定的教学标准，让教师能更好地开发自己的特色教学模式。比如，规定一个4岁的幼儿在学年结束前应该学习多少首歌或多少个汉字。① 新建议的课程支持小组活动、幼儿发起的活动和灵活的教学方法。在这一改革政策下，教师被告知要根据幼儿的个人能力、兴趣和潜力来促进他们的学习，忽略过去标准化的学习形式。

2005年8月，来自全国的500多名中国幼儿教育工作者齐聚北京，在2001年指导方针实施4年后交流经验、总结教训。在这次会议上，一些中国教育界的权威人士和学者的演讲多次谈到了我国城市和农村幼儿教育资源不平衡的问题。鉴于资源和地方情况的不同，不同地区的幼儿园应该有不同的标准，而不是强制要求完全一致。华东师范大学李继梅教授批评了一些欠发达地区出现的一种现象，即普通幼儿教育模仿富裕城市的幼儿教育，修建奢华但不必要的设施，但未将更多资源投入到幼儿教师的培养和招募中。

进入21世纪以来，虽然我国幼儿教育的发展继续保持着良好势头，国家也在财政、教师制度改革、课程模式改革和幼儿早期教育普及率等多方面继续加大政策扶持力度，但由于经济条件与人为的诸多因素影响，我国幼儿教师目前的待遇仍普遍偏低，幼儿教师培训、学习的机会和条件等未能得到很好保障。例如，在一些省市，幼儿教师培训工作尚未列入“教师继续教育工程书”之中；不少地方的名师工程、骨干教师工程等也大多与幼儿教师无缘。而从国外和国内研究者和教育者的经验来看，幼儿教师在幼儿教育中起到了非常关键的作用。尤其教师作为师幼关系中的主体，教师对于幼儿方方面面的发展影响较大且深远。

---

① 唐淑:《中国农村幼儿教育的发展与变革》,载《学前教育研究》2005年第6期,第38~40页。

二、师幼关系在幼儿教育研究中的发展历史

在早期的现代幼儿教育发展中，有关师幼关系的专项研究较少，部分学者是在研究幼儿与母亲之间关系的过程中，发现幼儿与母亲之间的关系和幼儿后期与教师之间的关系似乎存在着连续性和相似性。美国教育心理学家豪斯在1992年进行的一项研究表明，与母亲有安全关系的幼儿也几乎总是能与幼儿教师建立安全关系。相比之下，与母亲没有安全关系的幼儿则可能难以与幼儿教师建立安全或积极的关系。如果幼儿在幼儿时期与教师建立了良好的关系，那么，他们在小学早期往往也会与其他教师保持同样的关系。1994年，美国学者皮纳塔的研究表明，建立积极师幼关系的幼儿，在他们当前的课堂环境或以后的小学课堂上，比那些被教师认为与他们没有建立积极关系的幼儿做得更好。因此，在幼儿早期，师幼关系似乎可以成为预测幼儿早期学校适应和表现的一个稳定因素。例如，幼儿对学校的兴趣、课堂活动参与度、同伴关系的可能性等。

到20世纪80年代前后，由于美国女性就业率的提高和单亲家庭数量的增多，越来越多的幼儿在进入小学之前，大部分时间都在幼儿园与幼儿教师一起度过。数十年后，情况仍是如此。根据当时美国人口普查局的教育统计结果显示，1995年时，就已经有超过60%的3～5岁幼儿在幼儿园里度过大部分或一整天的时间。在学校环境中，教师是最有能力帮助幼儿学习和互动的社会伙伴，为此，自20世纪90年代初开始，便有越来越多的研究者开始关注幼儿与幼儿教师的关系。

在过去20年里，研究者对幼儿教师和幼儿关系的研究大多集中在这种关系对幼儿行为和学习适应的影响上。关于师幼关系的理论和实证研究大量借鉴了社会教育学的研究模式，其中特别是幼儿和社会关系的评估方法被研究者大量采用。例如，在2001年的一项研究中，为了考察幼儿对学科知识理解能力的影响因素，研究者便使用上述的评估方法在教学过程中考察了师幼关系的作用，结果表明：良好的师幼关系可以鼓励幼儿积极参与课程并构建自己的理解，从而促进幼儿学习。此外，在2003年时，美国学者皮纳塔及其同事对过去数十年的师幼关系在幼儿发展中所起作用的实证研究结果进行了总结，这些工作都极大提升了师幼关系在幼儿教育研究中的地位，并帮助扩展了师幼关系在幼儿教育和发展中如何影响幼儿成长的相关理论。然而一直以来，通过聚焦师幼关系来研究学校环境中幼儿发展的可操作性理论框架和实

证支持等研究始终处于萌芽阶段。此后，一直到2007年，美国国家研究委员会在发布的教育指导规划中指出，家长和教师在激发幼儿的好奇心、帮助其学习和提高批判性思维方面发挥着至关重要的作用。具体来说，教师可以通过提供有意义的教学经验，引导幼儿注意力更好地发展，从而刺激幼儿在学习知识时有更好的专注力。也正因为如此，该指导规划中提出教师必须根据幼儿的注意力特点和阶段知识量等指标，科学规范地调整课堂教学。

从以上的研究发展和政策的倾向，我们可以看到近几十年教师与幼儿的关系一直是国外教育工作者关注的焦点之一，并且这些学者的研究越来越偏向于如何在幼儿教育中更好地应用师幼关系的积极作用。在2013年，英国教育学家布鲁克就通过研究将师幼关系和幼儿的学业成绩直接联系在了一起。研究中，布鲁克将师幼关系描述为教师与幼儿之间的双向人际互动，并创新地运用师幼互动过程来进行师幼关系的研究，得到了很好的效果。目前，大量研究者利用师幼互动过程质量进行测量的研究结果均表明，教师与幼儿之间互动关系的质量与社会、行为和认知发展之间存在着显著的相关性。美国教育学研究者哈姆雷和其同事以优质幼儿教育项目为重点，在过去很长一段时间内研究了如何利用师幼互动教学的理论框架来提升师幼互动关系的质量。在哈姆雷的这项研究中，他们从包括情感支持、课堂组织管理以及教学支持等三个不同角度和方向组织了广泛多样的教学互动。他们以341对幼儿与教师为样本，运用课堂评估评分系统和早期版本的课堂观察系统等工具对师幼互动过程中具体可观察的行为进行了测量，研究了该理论框架如何适用于整个美国的教育课堂。最终的研究结果表明：师幼互动确实在课堂教学过程中非常重要。良好的师幼互动能全面提升幼儿的学习能力，并且这种能力的提高可以一直维持到幼儿小学甚至中学时期。

此外，2013年美国心理学家麦考密克及其同事进行的一项研究依旧证明，优质的师幼互动的确有助于幼儿学习、专注度和认知能力的发展。这一次，为了减少研究结果可能存在的偏差，麦考密克及其同事在后期直接采用两级倾向性得分匹配的研究方法，研究了低收入黑人家庭和西班牙裔家庭幼儿的师幼互动与数学和阅读成绩之间的关系。这项研究从幼儿上幼儿园开始，一直持续到其一年级入学前。在研究阶段，麦考密克测量了包括人口统计学、父母在学校的参与程度、幼儿的问题行为、当前的持续注意力水平以及开始的数学和阅读成绩等变量，而师幼互动关系的质量则采用师幼关系量表进行测量，结果显示：良好的师幼互动与幼儿学科成绩的提高呈显著正相关。

在师幼关系的近期研究中，研究者除了关注幼儿学习能力和注意专注度提升等现象，也逐渐开始着眼于讨论教师如何通过日常课堂互动来促进幼儿的社会能力和行为发展，以及师幼关系如何预测幼儿未来学习能力的提升等问题。例如，荷兰从事幼儿教育的学者布鲁克和库尔比在2014年便研究了一致性在师幼互动关系中的作用，因为一致性可以通过幼儿教育课堂中教师与幼儿的交流模式促进幼儿的情感发展，这一研究表明：高质量的师幼互动一致性有助于幼儿情感发展并能促进师幼关系，也证明了师幼关系可以在一定程度上促进幼儿社会功能和情绪能力的发展。[①] 正是以上的大量实证研究结果的出现，目前，师幼关系领域的研究越来越被人们所重视。但现有的大多研究还是依赖于早期的基础理论，所以从这一角度来说，师幼关系质量的研究依旧是一个有待继续挖掘的研究领域，需要研究者们更进一步的深入探讨。

三、师幼关系在幼儿教育发展中的作用

根据人际互动理论的观点，“关系”主要是指两者在很长一段时间内连续发生的一系列相互作用，关系中的相互作用往往是连续的。具体来说，当前两者之间的交互作用受先前两者相互作用的影响，并将影响未来两者的相互作用。因此，研究者认为，幼儿在关键时期（0～6岁）的早期人际关系会对幼儿未来的发展产生较大的影响。如今，幼儿教师已经是幼儿人际关系中最重要的影响角色之一，研究者将两者之间的这种人际模式称之为“师幼关系”。

所谓师幼关系，是指教师和幼儿在活动过程中通过互动所结成的人际关系。它包括广义的师幼关系和狭义的师幼关系。广义的师幼关系是指幼儿园或保育机构中的教师与3～6岁幼儿之间发生的互动所产生的一种相互关系，而狭义的师幼关系则专门指幼儿园的教师与3～6岁幼儿之间所发生的互动行为且影响幼儿身心发展的一种关系。这里谈的幼儿和幼儿教师的关系属于狭义的师幼关系。

师幼关系的质量主要表现为积极的师幼关系和消极的师幼关系两个方

---

① Brock L L, Curby T W, “Emotional Support Consistency and Teacher-Child Relationships Forecast Social Competence and Problem Behaviors in Prekindergarten and Kindergarten,” *Early Education & Development*, 2014, 86(5), pp. 661–680.

面。积极的师幼关系被认为是亲密的，而消极的师幼关系则被认为是矛盾的或者依赖的。幼儿与教师的互动状态好坏决定了幼儿的早期教育质量和对学校教育的适应能力，尤其是幼儿从幼儿园到一年级之前的行为取向和学校适应程度，强烈依赖于他们与教师关系的质量。因此，学龄前幼儿与教师的关系是相当重要的。[①]而要了解师幼关系对幼儿发展的重要性，首先必须了解和评估教师与幼儿关系的性质，以及它在教育环境中的作用。

大量的研究表明，师幼关系及其互动质量与幼儿的社会、情感和认知发展密切相关。[②]随着幼儿年龄的增长，生活空间由家庭转移到学校，重要他人也从家长转换为幼儿教师。师幼关系不仅会对他们早期的社会认知、行为方式产生重大影响，而且可能影响其一生的性格和发展。幼儿们会经常观察周围的世界，以求寻找所好奇的问题的答案，而这一过程中，幼儿教师在促进幼儿的好奇心、支持他们学习和提高批判性思维方面发挥着关键作用。如发展理论和社会运动学习理论的一些观点认为，良好的师幼关系本身就是一个理想资源，幼儿教师肩负着创造良好且适宜幼儿全面发展环境的关键任务，他们在所有涉及幼儿技能、知识和性格等全方位发展的过程中起着重要的支持性作用。对于幼儿来说，他们往往依赖与教师之间的积极关系来满足他们学习成长过程中的种种需求，所以积极的师幼关系可以成为幼儿学习和发展的催化剂。具体来说，师幼关系对幼儿发展的重要影响主要体现在以下六个方面：

第一，师幼关系对幼儿之后的学习体验有着较大影响。[③]

与教师的关系是幼儿课堂体验的重要组成部分，也是提升幼儿学习能力成长的重要因素。研究表明，在幼儿园的课堂中，与那些在师幼关系上表现出疏远或冲突的幼儿相比，在师幼关系上表现出积极的幼儿会有更高的课堂活动参与度、更好的学业成绩和小学入学基准水平。[④]并且在随后小学阶段

---

① Howes C, Hamilton C E, Matheson C C,"Children's Relationships with Peers: Differential Associations with Aspects of the Teacher-child Relationship", *Child development*, 1994, 35(2), pp.253–263.

② Howes C, Hamilton C E, "The Changing Experience of Child - care: Changes in Teachers and in Teacherchild Relationships and Children Social Competence With Peers,"*Early Childhood Research Quarterly*, 1993, 86(2), pp.15–32.

③ Burchinal M R, Peisner-Feinberg E, Pianta R, et al. "Development of Academic Skills from Preschool through Second Grade: Family and Classroom Predictors of Developmental Trajectories", *Journal of School Psychology*, 2002, 45(1), pp.415–436.

④ Glantz, Frederic B, Layzer, Jean."The Cost, Quality and Child Outcomes Study: A Critique", *Final Report*, 2000, 74(1), pp.42–44.

的追踪调查中，在幼儿园阶段有着良好师幼关系的幼儿，不论是自主学习能力、课堂上主动回答问题的频率，还是各科的考试成绩都要比幼儿园阶段师幼关系不太好的幼儿表现得更好。

第二，高质量的师幼关系可以有效抑制幼儿早期问题行为的出现。

研究表明，高质量的师幼关系可以改善那些表现出高度反社会情绪倾向幼儿的行为表现。与师幼关系相对处于消极状态的且有着高度反社会情绪倾向的幼儿相比，师幼关系处在积极状态的幼儿出现极端消极情绪的情况要少很多。[①] 此外，还有研究者发现，师幼关系对那些对母亲的依恋表现出非安全状态的幼儿来说也非常重要。美国心理学学者道尔曼在2009年进行的一项研究中观察到，非安全依恋幼儿的问题行为和师幼关系的好坏之间存在显著相关性。他们发现，非安全依恋幼儿在幼儿园的课堂上常常表现出更多的攻击性行为；而当他们和教师之间发展出积极的师幼关系后，这些幼儿在课堂上表现出攻击性行为的频率便明显下降。[②] 与之相对应的是，如果教师不及时加以干预改善和不安全依恋幼儿之间的师幼关系，这些幼儿往往会更容易和教师形成直接的消极师幼关系。

有关上述结果，其实早在2000年前后就有研究者对刚进入幼儿园的幼儿进行过一项追踪研究。他们分别对幼儿教师与师幼关系的作用，以及师幼关系与幼儿同伴关系、学校适应能力、在校表现和不良行为之间的关系进行了探索。当时研究者选取了小学一年级和二年级的孩子作为研究样本，调查了这群孩子和幼儿园教师之间曾经的关系质量[③]。之后，受调查的436名幼儿从一年级入校或二年级起，就开始参加包括认知、语言、运动技能和行为适应等各方面的测试，直到这些孩子升入四年级或五年级截止。结果表明，这些孩子中，先前幼儿园时期在师幼关系上表现为冲突型和过分依赖型的幼儿，各项指标的测试成绩都显著低于在师幼关系上表现为亲密型和不过分依赖型的幼儿；同时，研究者还注意到，在这些样本中，与幼儿园时期师幼关系为

---

① Sycarah Fisher J A, Baker, “Teacher Interactions that Promote Adjustment of Children with Behavior Problems”, *American Psychological Association*, 2006, 31(6), pp.125–127.

② Buyse E, Verschueren K, “Classroom Problem Behavior and Teacher - child Relationships in Kindergarten: The Moderating Role of Classroom Climate”, *Journal of School Psychology*, 2008, 84(2), pp.367–391.

③Doumen S, Verschueren K, Buyse E, et al.,“Reciprocal Relations Between Teacher-child Conflict and Aggressive Behavior in Kindergarten: A Three - Wave Longitudinal Study”, *Journal of Clinical Child & Adolescent Psychology*, 2008,22(1), pp.588–599.

冲突型或依赖型的孩子相比，师幼关系为亲密型的幼儿，在小学阶段被追踪的3年时间里保持着较低的获处分率和转校率。研究者认为这一现象背后的原因，可能是由于与那些和教师发生过冲突或过分依赖教师的幼儿相比，和幼儿教师处于相对积极关系的幼儿能更好地养成良好的学习习惯以及更强的耐挫折能力，这些都能让他们在随后的成长中拥有更强的适应能力，从而可以更好地应对成长过程中各种新环境的挑战。

当然，对于上述研究者给出的有关获处分率和转校率较低的原因背后，专注于儿童发展研究的英国学者波奇就曾经在2009年专门针对幼儿在后续学校中的适应能力对206名幼儿进行了调查研究。[①] 研究结果发现，亲密型师幼关系往往会与幼儿在后续学习中的积极态度、良好的学业表现和独立能力等显著相关；而冲突型、依赖型的师幼关系则正好相反。之后，大量的研究者也都得到了类似结果，并且在这些研究中还有更有趣的发现：一些研究者观察到具有亲密型师幼关系的幼儿往往在校园日常的同辈人际交往中较少表现出敌对性和攻击性，他们更乐于与同伴共同进行考验耐心且复杂的合作类游戏；而冲突型师幼关系的幼儿则截然相反，他们不但没有耐心，还容易和游戏伙伴产生矛盾冲突。

第三，师幼关系的质量会影响幼儿校外社交活动的表现。

有研究者在一项对306名中国学龄前幼儿的研究中发现，师幼关系和社交能力之间有着显著相关，并且这一相关性在校外的人际社交中表现得更加明显。高亲密且低冲突型师幼关系的幼儿在校外社交中会有更多的朋友，而低亲密且高冲突型师幼关系的幼儿则只有很少的朋友。[②] 除此之外，英国儿童教育领域的学者米尔斯在2008年的一项研究中也有类似的发现：虽然教师和幼儿之间的积极关系有助于大部分幼儿和同伴之间建立情感联结，但这种积极关系往往可能对身处低收入家庭环境中的幼儿显得更为重要，他们经常会因经济问题导致的生活条件艰苦等状况而不能进行良好的人际交往。[③] 但是，美国从事儿童发展研究的学者贝克2010年“关于幼儿校外社交活动频率”的一项调查却显示了另一种结果，即身处低收入家庭环境且有着良好师

---

① Ewing A R, Taylor A R, “The Role of Child Gender and Ethnicity in Teacher - child Relationship Quality and Children Behavioral Adjustment in Preschool”, *Early Childhood Research Quarterly*, 2009,24(1), pp.1–105.

② Evening Chronicle, “Families Living in Poverty”, *Early Childhood Research*, 1999, 35(2), p.124.

③ Stipek D, Miles S, “Effects of Aggression on Achievement: Does Conflict with the Teacher Make It Worse”, *Child Development*, 2008, 65(2), p.79.

幼关系的幼儿要比师幼关系处在冲突或消极状态的幼儿，在日常生活中有更多的朋友，也表现出更乐观开朗的性格。①

也正是由于后续众多的研究发现，让一些研究者关注到原来早期幼儿教育中师幼关系的状态，还可以减少贫困因素对幼儿身心发展情况的影响。例如，美国幼儿发展心理学研究者艾斯纳在2001年时对一群4～6岁幼儿的认知和社会情绪发展情况进行了跟踪。②他们发现，相对于来自经济情况较好的家庭群体的幼儿，师幼关系的好坏对来自弱势家庭群体的幼儿影响更大。早期生活在经济和生活环境都比较糟糕状态下的幼儿，只要他们能够在幼儿园拥有良好的幼儿教育或者师幼关系，都能够有效地抑制他们在之后的发展中走入歧途。③

第四，教师所形成的不同的教育理念会对幼儿的发展产生不同影响。

幼儿教师的教育理念直接决定着教师对幼儿的教育态度、方法和行为，从而影响着师幼关系。一般来说，教师的教育理念不会对幼儿的发展产生直接影响，而是通过教师在教育实践中的行为体现出来。不论教师是否认识到了这一点，教育实践行为都是教师内化在大脑中的教育理念的直接体现。在现实的教育实践活动中，教师的教育理念对幼儿的影响集中体现在两个方面：第一，通过教师的教育活动是否具有目的性、计划性来体现；第二，通过内隐于幼儿园日常生活中师幼之间的人际关系来体现。与显性的可观察的教育教学活动相比，渗透在幼儿园教育活动中的师幼关系具有更为隐秘以及不易观察等特征，这种特征使得教师的教育理念对幼儿的影响往往会更加深远和隐秘化。

第五，师幼关系隐含着教师对幼儿的期望。

师幼关系会影响教师对幼儿的态度，最终影响幼儿的发展。有关这方面的实例数不胜数，最具代表性的是“皮格马利翁效应”。所谓“皮格马利翁

① Bulotsky - Shearer R J, Fantuzzo J W, Mcdermott P A, "An Investigation of Classroom Situational Dimensions of Emotional and Behavioral Adjustment and Cognitive and Social Outcomes for Head Start Children", *Developmental Psychology*, 2008, 45(3), pp.139–154.

② Ellen S, Peisner-Feinberg, Burchinal M R, Clifford R M, et al., "The Relation of Preschool Child-care Quality to Children's Cognitive and Social Developmental Trajectories through Second Grade", *Child Development*, 2001, 21(2), p.72.

③ Robert C, Pianta, "Conceptualizing Risk in Relational Terms: Associations Among the Quality of Child-adult Relationships Prior to School Entry and Children's Developmental Outcomes in First Grade", *Educational & Child Psychology*, 2004, 64(5), pp.32–45.

效应”，是指人们基于对某种情境的知觉而形成的期望或预言，最终使该情境产生适应这一情境的效应或结果。“皮格马利翁效应”启发我们认识赞美、信任和期待是给予他人的一种正能量，是能够改变他人行为的一种无形力量。当一个人收获信任或赞美时，他就能够感受到社会支持，从而增强自我价值感和自我效能感，就会借此积极向上的力量而达到对方的期待。所以，当教师与幼儿初次相遇时，教师会对幼儿先形成总体印象，而在之后的时间里，教师与幼儿的关系会逐渐发生变化，从而让教师在不同时期对幼儿产生不同期望。当教师和幼儿相互熟悉之后，这种基于师幼关系形成的期望常常就会具有稳定性，最终直接影响教师在教育教学活动中对待幼儿的基本态度和教育方式。简单来说，如果教师与幼儿之间的关系是民主、融洽的，那么，教师对幼儿的期待就会较为积极，就会对幼儿采取较为积极的态度和行为方式；而如果教师与幼儿之间的关系是较为专制、消极的，那么，教师对幼儿的期望就会较为消极，对待幼儿也就会采用消极的态度和行为方式。

第六，师幼关系影响幼儿社会性功能的发展。

幼儿的发展是全面的发展，这种全面体现在知识发展、技能发展、情感发展、态度发展、价值观发展等方面。其中，知识发展、技能发展是智力功能的发展，而情感发展、态度发展、价值观发展是社会性功能的发展。每个个体自出生起就被所处的社会环境包围着，受到社会环境显性或隐性的影响。对接受学前教育的幼儿来说，幼儿园基本会成为幼儿离开家庭进入社会后的第一个社会环境，教师则会是幼儿离开父母进入社会接触的第一个“重要他人”。从这一点来讲，幼儿在幼儿园教育教学活动中与教师之间的关系成为影响幼儿社会性功能发展的重要因素之一。只有在幼儿园这个社会环境中拥有良好的师幼关系，幼儿教师才能在幼儿的社会性功能发展中起到良好的引导作用。

从以上六个方面可以看到，幼儿教育领域中的师幼关系对于幼儿的教育发展影响涉及方方面面。从幼儿的课堂学习到幼儿问题行为的改善，再到幼儿未来社会情绪发展和人际关系交往等等，师幼关系的质量都起到了核心作用。

第二节 农村师幼关系的现状

一、义务教育的蓬勃发展与农村幼儿教育发展的相对落后

我国基础教育早在2005年就已经实现全面普及义务教育和扫除青壮年文盲的“两基”目标。近几十年来，国家在基础设施建设、师资建设、政策扶持等软硬件方面，投入了大量的人力、物力、财力，极大地促进了义务教育的发展。可以说，当前我国义务教育已经从“有学上”发展到了“上好学”的阶段，教育质量成为人们对义务教育的普遍要求。《国家中长期教育改革和发展规划纲要》也把提升教育质量作为我国义务教育发展的核心任务。

与义务教育的蓬勃发展相比，作为终身学习开端的幼儿教育，无论在发展规模和教育质量上，还是在教育资源公平、师资水平方面，都还有很大的提升空间。对于大多数专注于大城市实验幼儿园教育问题的中国教育研究人员来说，他们对农村幼儿教师面临的复杂而独特的挑战关注较少，关于中国农村幼儿教育的研究也偏少。这表明，与城市幼儿教育相比，农村幼儿教育相对落后，这不仅体现在供给上，也体现在质量上。考虑到教育政策的“去中心化”，以及我国城乡在资源、财富和文化资本方面的差距，这种农村教育相对落后的结果似乎是不可避免的。

“幼儿教育是基础教育的重要组成部分，是我国学校教育和终身教育的奠基阶段。”[①]可以说，幼儿教育在一定程度上决定着幼儿未来的发展方向，关系到我国人力资源的竞争力，关系着国家的未来。经济学的相关研究已经证明，与其他教育阶段相比，对幼儿教育的投资回报率最高。美国相关学者也进行了一项研究，对此现象追踪了30多年，结果发现：在幼儿教育上每次投资1美元，将会获得约计17.07美元的回报。其中，对个体成长的回报约计4.17美元；对社会公共事业的回报约计12.9美元，该回报表现在社会福利、补救教育的获得，以及预防犯罪方面投入的降低、纳税的增加等方面。[②]

教育公平不仅是我国教育的基本政策，而且是近几年备受关注的民生问

① 中华人民共和国教育部《幼儿园教育指导纲要（试行）》，北京师范大学出版社2001年版。

② 莎莉：《通过立法强化政府在幼儿教育事业发展中的职责》，载《幼儿教育研究》2007年第3期，第3~9页。

题。幼儿教育具有公益性和普惠性，是教育公平的起点，实现教育起点公平是实现整个教育公平的重要基础。因此，幼儿教育是推动我国教育公平目标实现的基础，在教育事业中发挥着不可替代的作用。目前，幼儿教育改革步伐正劲，幼儿教育也被推向市场化。与此同时，各类较为高端的幼儿园及主流公办幼儿园占据了市场主要地位，导致异地务工人群的幼儿教育需求被相对忽视，致使学前基础教育水平不平衡。当前，我国幼儿教育的突出问题越发明显，首先，表现在幼儿教育本质上，因为人们欠缺对幼儿教育公共事业性质的认识，所以对幼儿教育的投入相对较少；在发展规模上，我国幼儿教育还未形成成熟规模，幼儿园等幼儿教育机构还不能满足现有所有幼儿的入园需求，从当前“入园难”“入园贵”“办学条件不高”“公共资源不足”等现象可见一斑；在发展水平上，从师资力量、教师资格标准制度上也可以看出差距。义务教育早已建立了比较完善的教师资格考试制度，但尚不完善的幼儿教师资格考试制度使得我国幼儿教师师资水平普遍偏低。

因此，国家将加强发展幼儿教育作为我国现阶段教育发展的重点任务。自2010年发布《国家中长期教育改革与规划纲要（2010—2020）》（以下简称《教育规划纲要》）以来，幼儿教育成为教育界甚至全社会关注的焦点。《教育规划纲要》指出“要到2020年，普及学前一年教育，基本普及学前两年教育，有条件的地区普及学前三年教育。重视0至3岁婴幼儿教育”，而且在规范办园、幼儿师资培训、幼儿教师资格标准、幼儿园准入制度等方面提出了明确要求。当前，人们对幼儿教育的重要性已达成共识，幼儿教育也越来越被各地政府所重视。为了促进教育均衡发展，保证教育公平公正，必须大力支持发展幼儿教育，敦促各地方做好幼儿教育的各项工作。政府和社会各界必须加大对幼儿教育提供充足资源的力度，保障基础教育公平公正。

二、农村幼儿教育是促进教育公平和提高幼儿教育质量的难点

就目前农村幼儿教育现状而言，主要集中体现在农村匮乏的师资力量、教师偏低的学历及教育观念的落后等方面。为此，改善并提高农村幼儿教育水平任重而道远。师资是评价幼儿教育水平的一个重要因素，但由于农村较为落后的经济发展及人力资源的限制，使得农村幼儿园师资极其匮乏，教师学历普遍偏低。大多数农村幼儿教师主要以高中、中专或职业技术教育背景为主，而非正规幼师或学前师范专业毕业，这必然会影响对幼儿的施教水平。同时，农村幼儿教师施教观念相对落后，知识相对老套且更新速度较

慢，教育渠道相对闭塞，难以追赶教育新形势。

此外，政府及相关教育部门对农村教育的经济支持及相应的政策制度支持不够健全。研究表明，我国城乡幼儿教育发展差异和相对不公平状况日益显著，而造成这一现象的主要原因就是城乡经济分布不均衡、教育资源分配不均衡和缺少对农村幼儿教育质量的监管。① 有学者指出，城乡与区域发展不均衡是我国幼儿教育发展的结构性矛盾之一。② 特别是当前我国农村学龄人口多于城镇学龄人口，仍需大力发展农村幼儿教育。③ 此外，虽然近年来农村幼儿教育取得了很多进步，但与城镇幼儿教育相比，在办学规模、办学条件、学校管理、师资力量、资源配置等方面仍存在不小差距。有学者以贵州省为核心区域，青海、宁夏为辅助区域进行调研，发现贵州省的城镇幼儿园在办学条件、师资力量、教师待遇、资源投入上均优于农村幼儿园。④也有学者对辽宁省部分城镇幼儿园和农村幼儿园及这些幼儿的家庭进行了调查，发现：无论是幼儿园规模、环境条件、活动设施、师资状况、课程内容，还是幼儿家庭收入水平、监护人文化程度以及家庭对幼儿教育的投入水平，农村与城镇相比都有较大差距。⑤

城乡幼儿教育之间的差距所造成的发展问题较为突出，从而对幼儿教育水平的提高造成了严峻考验。除此之外，我国农村幼儿教育发展力度也需要大幅提升。无论从规模发展上还是从质量发展上来说，我国农村幼儿教育相对落后。目前，我国农村已建的幼儿园及其他幼儿教育机构分布不均衡，而且数量较少。只有少数就近居住的幼儿才能接受幼儿教育，而大部分离乡镇较远的幼儿基本无法接受幼儿教育。虽然我国农村幼儿教育事业取得了明显进步，如幼儿教师数量、幼儿园在园幼儿数以及生均面积等方面均得到了较大改善，教师的教学积极性也有一定提高，幼儿园教育质量逐渐受到重视，管理体系重新恢复与完善，但教师素质偏低的现状未能得到彻底改变，农村

① 洪秀敏、罗丽:《公平视域下我国城乡幼儿教育发展差异分析》，载《教育学报》2012年第5期，第73~81页。

② 王培峰:《我国幼儿教育的五大结构性矛盾及其政策应对——兼论残疾幼儿等弱势群体幼儿教育安排的政策思路》，载《教育发展研究》2011年第6期，第25~34页。

③ 张辉蓉、黄媛媛、李玲:《我国城乡幼儿教育发展资源需求探析——基于学龄人口预测》，载《教育研究》2013年第5期，第60~74页。

④ 刘启艳、刘锰:《西部城乡幼儿教育现状、问题及其对策——以贵州省幼儿教育发展为例》，载《贵州社会科学》2013年第4期，第164~168页。

⑤ 陈齐畅:《辽宁省城乡幼儿教育状况调查与思考》，载《沈阳农业大学学报(社会科学版)》2011年第9期，第528~531页。

幼儿园安全问题依旧比较突出。为此，偏远地区的农村幼儿教育面临重重困难等问题依然是制约我国农村幼儿教育发展的绊脚石。[①]

有学者对辽宁省14个市及44个县、市（区）进行了调查，结果发现：农村幼儿园数量很少，根本无法满足当地幼儿的教育需求；而且这些学校都以民办和校办为主，在教学质量与教学条件方面近半数学校未达到标准，教育经费严重匮乏。由于大多数农村幼儿教师没有足够的专业素质与教学能力，学校也没有给予幼儿教师正式编制，待遇没有基本保障，所以幼儿教师流动性大，基本无法满足当前农村幼儿家长的期望与需求。[②] 2012年《中国教育报》刊载的《农村幼儿教育还需跨过几道坎》一文指出，中国发展研究基金会为了给山区幼儿提供幼儿教育，采用志愿者“走教”的方式先后在青海省、云南省等西部贫困地区开展幼儿早期发展项目试点，并取得了一定的成果。在青海省试点中期评估结果中发现：在青海省乐都县（现为青海省海东市乐都区），设立了早教点的幼儿的总体发展水平只能达到城镇同龄在园幼儿的84%，而该县没有设立早教点的幼儿的总体发展水平仅相当于城镇同龄幼儿的60%。情况更为不乐观的是，在青海省的贫困农村，未上过幼儿园的幼儿总体发展水平仅相当于乐都县早教点幼儿的64%～70%。相关研究表明，幼儿每参加幼儿教育早一个月，总体的发展水平便会相对提高1.16分。如果幼儿从3～5岁一直参加早教教育，幼儿总体发展水平可提高约40分。

总之，我国农村幼儿教育还存在一些问题，诸如发展规模小、师资水平低、教育质量欠缺等，为此，大力发展农村幼儿教育势在必行。基本普及幼儿教育是我国未来十年教育改革与发展的重要任务之一，大力发展农村幼儿教育，为广大农村和低收入家庭幼儿提供基本均等的接受教育的机会，既是普及幼儿教育的重点和难点，也是促进教育公平的基础。《国家中长期教育改革和发展规划纲要》指出，幼儿教育发展的三大任务是基本普及幼儿教育、明确政府职责、重点发展农村幼儿教育。《国家教育事业发展十二五规划》在谈及幼儿教育时也指出，要“基本普及学前一年教育，农村学前一年毛入园率达到80%左右，城镇和经济发达地区农村基本普及学前三年教育，基本解决‘入园难’问题”；在谈及健全基本公共教育服务体系时指出，要

---

①严仲连、何静：《我国农村幼儿教育政策的实施现状与执行策略》，载《东北师范大学学报（哲学社会科学版）》2012年第5期，第196~200页。

②罗英智、李卓：《当前农村幼儿教育发展问题及其应对策略》，载《幼儿教育研究》2010年第10期，第9~12页。

“基本建立‘广覆盖、保基本、多形式、有质量’的幼儿教育体系，重点发展农村幼儿教育”。2010年国务院印发《关于当前发展幼儿教育的若干意见》也指出，把大力发展农村幼儿教育作为保障和改善民生的重要内容。可见，国家在政策上已经对农村幼儿教育发展予以了相当的重视，这为农村幼儿教育发展提供了良好的机遇。发展农村幼儿教育，有利于缩小城乡教育差距，提升幼儿教育整体质量。如何保证农村适龄幼儿都有接受幼儿教育的机会和条件，是政府实现教育公平进而实现社会公平的关键所在。

三、农村幼儿教育存在的问题

目前，农村幼儿教育缺乏制度及质量保障，仅有的经费无法提高幼师专业综合素质。在经济改革体制下，学前幼儿教育单位被分割，将幼儿园推向市场，发挥各自主导性，导致教育体制缺乏严格监管；各类无资质园区的兴建，导致政府难以把握主导发展的方向。这些都使得农村幼儿教育教学质量难以提升。下面，主要从政府职能定位、办学体制改革、投资体制改革、资源配置、师资建设、物质环境等方面，对提高和改善农村幼儿教育质量进行深入研究。

研究者杨莉君、曹莉通过早先的一项调查指出，我国中西部农村幼儿教育存在以下问题：民办园和校办园占较大比例；标准化农村幼儿园数量不能满足幼儿就近入园需求，农村幼儿入园率低；农村幼儿园选址布局不合理，办园条件差；教育管理体制不完善，教育投入不足；幼儿教师素质不高，工资待遇差，缺乏在职培训机会；农村幼儿园教学内容和方法“小学化”，不利于幼儿身心和谐发展。因此，两位研究者建议政府应将幼儿教育纳入当地经济和社会发展的总体规划中，统筹发展农村幼儿教育；探索建立“县乡结合，以县为主”的农村幼儿教育管理体制，明确各级政府发展和管理幼儿教育的责任；改善农村幼儿教师编制和待遇，提高农村幼儿教师素质。[①] 研究者刘晓红指出，长期以来我国农村幼儿教育处于发展的边缘地带，缺乏政府的政策支持。我国农村幼儿园存在教学设施简陋、课程设置随意、师资队伍素质不高、安全隐患较大等问题。农村幼儿园之间激烈的恶性竞争、严重的小学化倾向、政府管理缺位等问题更是严重制约着农村幼儿教育的发展。因此，政府要从幼儿教育的公益性质出发，加大财政投入，建立健全农村幼儿

① 杨莉君、曹莉：《中部地区农村幼儿教育事业发展存在的问题及解决对策》，载《幼儿教育研究》2011年第6期，第21~26页。

教育宏观管理和运行机制，规划农村幼儿教育发展布局，促进农村幼儿教育从作坊式向规范化发展。[①]研究者阳曼超、孙启进指出，当前农村幼儿教育发展中面临着诸多困境。宏观方面，农村幼儿教育机构数量严重不足、幼儿入园率较低；微观方面，存在教育教学场地和设备缺乏、课程设置与教学内容“小学化”、教育教学管理制度缺失或落实不到位、师资不足、教师待遇差和流动性强等问题。因此，如果想加速促进农村幼儿教育的发展，作者建议必须从强化政府责任和更新幼儿家长教育观念两方面入手。[②]就目前状况来看，政府对农村幼儿教育的关注主要集中在体系建设、投资体制和管理体制改革、资源配置等外在方面，忽视了对教育教学活动质量的提高研究。

从幼儿园的产生和发展过程来看，幼儿园的基本要素包括物质环境、制度环境和人际关系环境。幼儿园的教育质量也主要受这三个方面的综合影响。在有关幼儿园的传统研究中，研究者们往往注重对幼儿园的物质环境和制度环境进行理论探讨和实地调查。尽管这些因素对促进幼儿园的发展具有重要作用，但是，幼儿园教育活动和教育对象的特殊性决定了要从物质环境、制度环境和人际关系环境三个方面综合促进幼儿园的发展。幼儿园是一个由多种要素组成的充满开放性的系统。在这一系统中，一个要素的变化必然带来整体结构及其效果的变化。在幼儿园物质环境既定的现实背景下，发生在幼儿园内部的人际关系在幼儿教育过程中具有极其重要的价值和作用。在物质环境和制度环境相差不大的幼儿园中，或者同一所幼儿园中，不同的人际关系所产生的幼儿教育效果是完全不同的。随着国家政策的实施和社会越来越多的关注，幼儿园的物质环境和制度环境明显取得了好转，并逐渐走向完善；而相比较而言，幼儿园人际关系环境的发展却相对落后。因此，我们在对幼儿园的教育质量进行反思时，应该看到幼儿园人际关系环境的重要性。与学校建设、资源投入等外在发展相比，质量发展才是提高我国农村幼儿教育发展的关键所在。为了促进农村幼儿教育发展从量的扩大到质的飞跃，必须注重对幼儿园日常教学，尤其是人际关系环境的建设。

---

① 刘晓红:《我国农村幼儿教育发展中的问题、困难及其发展路径》,载《幼儿教育研究》2012年第3期,第30~33页。

② 阳曼超、孙启进:《论当前农村幼儿教育发展面临的困境与出路》,载《江苏社会科学》2012年第1期,第11~15页。

四、师幼关系是幼儿在园的人际关系中最核心的关系

幼儿园的人际关系包括师幼关系和同伴关系。由于幼儿缺乏自我保护和独立生活能力，幼儿教师对于在园幼儿的健康成长具有不可替代的独特作用，所以师幼关系是幼儿在园的人际关系中最核心的关系。而在农村地区，师幼关系的建立更加迫在眉睫，需要政府、教育主管部门及教师的共同努力，营造一个良好的师幼环境。

良好的师幼关系对幼儿认知、情感、心理健康等方面的发展具有积极影响，是保证教育活动顺利开展和促进教育质量的重要条件。但近年来，幼儿园教师“虐童”事件在我国多个地方时有发生，反映出我国幼儿教育机构在体制监管、法律保护、幼儿教师质量等多方面的问题，而不良的师幼关系是造成这种恶果的直接原因。营造良好的师幼关系对提高幼儿教育的质量、促进幼儿的身心健康及全面发展具有重要的现实意义。

师幼关系是幼儿在园的人际关系中最核心的关系，在幼儿园教育中发挥着重要作用。良好的师幼关系不仅是优质教学的保障，而且是幼儿身心发展的基石。研究发现，师幼关系类似于幼儿和父母之间的依恋关系。[①]良好的师幼关系会使幼儿心情愉悦，从而提高幼儿的学习兴趣，促进幼儿的认知发展和心理素质发展。在幼儿的师幼关系和同伴关系中，良好的师幼关系会促进幼儿同伴关系的发展；良好的师幼关系可以为幼儿建立正确的关系范例，从而有利于幼儿处理其与同伴之间的关系，也有利于幼儿人际交往能力的提升。

在我国农村地区，由于很多幼儿的父母都外出打工，师幼关系很大程度上代替了父母与幼儿之间的依恋关系。因此，对于入园的留守幼儿而言，师幼关系是其在园人际关系中最核心的一种，并且对其一生的发展具有不可估量的影响。2014年5月的《中国教育报》刊载了《留守幼儿，拿什么关爱你》一文，指出来自全国妇联的最新调查显示，全国农村留守幼儿已达6102.55万，占全国幼儿的21.88%，全国每5名幼儿中就有1名农村留守幼儿。农村留守幼儿数量极为庞大，他们是一个需要得到关爱的群体。由此可见，对于我国农村地区的幼儿教育，尤其是农村留守幼儿的教育，师幼关系发挥着极其重要的作用。

---

①苏婷：《留守幼儿，拿什么关爱你》，载《中国教育报》2014年第6期，第8~10页。

为提高农村幼儿教育质量，改善农村幼儿园的师幼关系是关键。首先，政府层面要加强兴办农村幼儿教育，可以加大设施援助，点对点进行幼师的培养，提高幼师的综合素质，为改善师幼关系打下良好基础。其次，要优化农村教师资源，提高教师理论和实践水平，使幼师更加知道幼儿的教育需求，这不仅有利于营造良好的师幼关系，调动幼儿学习的积极性，也有利于提高农村幼儿的教育质量。

第三节　农村师幼关系研究的意义

目前，我国义务教育已实现“两基”目标，进入了巩固普及率、提高质量、促进均衡的优质公平发展新时期。作为终身学习开端的学前教育，无论在发展速度，还是发展水平方面都有很大提升空间，尤其是农村学前教育。为此，《国家中长期教育改革与规划纲要》明确指出，要积极发展学前教育，并将农村学前教育作为我国学前教育事业发展的三大任务之一。对于农村学前教育问题，学者们主要从政府职能定位、办学体制改革、投资体制改革、资源配置、师资建设等物理和制度环境方面，对提高和改善农村学前教育质量进行了深入研究。但是，目前农村幼儿教育本身还存在着诸多问题和矛盾，之前的调查研究也忽视了对人际环境，特别是师幼关系的研究。笔者从以下五个方面总结了已有研究的不足，同时也说明了农村师幼关系研究的意义。

第一，我国农村人口基数十分庞大，农村幼儿教育教学设施较为落后，教学环境也较差。《国家中长期教育改革与发展规划纲要》明确提出，要重点发展农村幼儿教育，发挥乡镇中心幼儿园的示范辐射作用。在全国大力发展幼儿教育的背景下，要重视农村幼儿教育的发展，特别关注农村乡镇中心幼儿园的建设及发展。农村幼儿教育是幼儿教育发展的薄弱环节，加快农村幼儿教育的发展是我国幼儿教育发展的必然选择，是实现教育起点公平的重要举措。国家政策和地方政策都明确规定，要保证每个乡镇都有一所公办的乡镇中心幼儿园。然而，受到各地经济文化发展水平不平衡问题的制约，现实中却并不是每所乡镇都建有乡镇中心幼儿园。目前，我国的乡镇中心幼儿园发展水平较低，尚未达到各级政府部门设定的目标。办园条件差、教师素质低以及示范辐射的能力都较弱，很大程度制约了乡镇中心幼儿园的发展。

即使有的幼儿上了幼儿园，但这些幼儿园也只是“家庭作坊式”的不符合建园标准的私营幼儿园。因此，相比现有的重点探讨城镇幼儿园发展现状的研究，我们更应该把目光集中到农村幼儿教育的现状上，有针对性地解决当前农村幼儿教育面临的困境与难题，从而有效提高农村幼儿的教育质量。

第二，幼儿园的基本组成要素包括物质环境、制度环境和人际关系环境三方面。幼儿园教育质量的高低与这三个方面均密切相关。教室的空间和材料、教学设备、教师的资质和师生比是最常见的物质环境因素。农村幼儿园物质环境相较于城镇而言总体落后，这极大影响了农村幼儿教育的质量。在制度环境方面，我国目前正经历着社会变革，传统的幼儿教育观念也随着文化全球化逐渐与国际先进教育观念接轨，教育制度改革使得幼儿教育的制度环境变得更加现代化。在人际关系环境方面，从国外大量的实证研究中我们可以看出，人际关系环境在幼儿教育中扮演着重要角色。幼儿在课堂中的人际关系包括幼儿与教师的关系和幼儿与同伴群体的关系，其中很多研究结果都表明幼儿与教师的关系在幼儿发展中的作用是尤为重要的。

教师与幼儿在课堂教学过程中的互动体现了师幼关系、幼儿特征和课堂环境之间的动态关系，教师为幼儿提供的情感支持和接纳会降低幼儿不良行为的发生频率，增加幼儿的学习效能感，提高幼儿在课堂上与同伴的良性互动，使幼儿在课堂上能更为有效地参与教学任务，从而促进幼儿更为全面的发展。师幼关系问题对幼儿成长和对其后期学校教育的适应具有连锁效应。如果幼儿师幼关系存在问题，很可能会对其产生长期的影响。可是，对于农村幼儿教育问题，目前我们仅从政府职能定位、办学体制改革、投资体制改革、资源配置、师资建设等物质环境和制度环境建设等方面进行了深入研究。有关幼儿园人际关系环境，尤其是其中师幼关系的研究仍然较少。因此，对幼儿园，尤其是农村幼儿园人际关系环境进行专项研究是对已有相关研究的重要补充和发展。我们重点关注了农村幼儿园人际关系环境的建设，以期在了解农村师幼关系发展方面取得一些进展。

第三，我们以教师为切入点，系统考察了影响师幼关系的教师因素。以往研究多数以幼儿为中心，分别从幼儿的气质、幼儿的依恋类型、幼儿的身体状况等方面探讨师幼关系。同时，学生观也要求在教学过程中以学生为中心，尊重学生的身心发展规律，尽可能发掘他们的兴趣，使他们发展成为更健全的人。但是，过分强调学生的中心地位，会忽略教师在教学中所起的调节作用。面对不断变化的群体、难度增加的教学任务以及要求越来越高的社会期望，教师工作的复杂性日益增加。幼儿园教师更是需要掌握更多的知识体系和教学技能，以促进幼儿的全面发展。

随着我国教育的飞速发展，教师的胜任力指标中慢慢开始出现创造性。他们需要不断在工作中创新，完善新的教材，运用新的教学方法，采用新的教学评价体系。这使得教师的工作压力不论是心理层面还是生理层面都在增加。巨大的工作压力使教师的工作环境、职业倦怠、教师效能感等因素成了亟须关注的问题。尤其是农村幼儿教师，他们在较大的生活压力下，还需要面对艰苦的工作环境、落后的教学资源、单薄的收入等问题，为此，这些问题更加需要教育研究者的关注。除此之外，研究者发现师幼关系质量的高低显著影响幼儿日后的成长和价值观的形成。一个高质量且氛围良好的师幼关系，能够很大程度上弥补一些糟糕的原生家庭环境带给幼儿的伤害。因此，从幼儿教师角度出发来研究如何形成较好的师幼关系是十分重要的，这也是我国农村幼儿教育迫切需要进一步重视和改革的方向。我们以教师为关注点系统阐述了教师如何影响师幼关系，努力让幼儿教师成为进一步提高我国整体幼儿教育质量的先锋。这不单是对已有相关研究的更新，更为今后师幼关系的研究提供了一定启示。

第四，已有关于师幼关系的研究主要是质化研究，而我们则采用保教效能感问卷、家长—教师关系问卷、教师基本情况调查表、师幼关系问卷，对幼儿教师的教学背景、教学经验、家长—教师关系和保教效能感与师幼关系间的关系进行量化考察。

已有研究通过结构化访谈与案例分析的方法，探讨了幼儿教师职前准备与教学实践之间的关系。幼儿教师对职前教师教育计划的认知有五个主题：了解幼儿的本质，理论与实践的整合，课堂教学的本质，实习经验，整体氛围。探讨教师对幼儿园培训内容和过程的看法，包括对教学信念和实践、学生行为、师幼关系和课堂管理技能的影响。先前也有案例分析的相关研究，例如，高度活跃的幼儿（尤其男孩）比不活泼的幼儿会受到更多严厉的惩罚。如果男孩受到更多的惩罚，也许他们更可能会把学校看作是一个惩罚的地方，这可能使男孩在学校更难发展能力。我们观察到的男孩，小学阶段成绩普遍不如女生，一种可能的解释是男孩较高的活动水平可能会导致他们花在早期年级的学习偏向于如何控制自己的行为，而不是专注于学习。还有研究通过案例分析探索和描述了教师如何在标准化课程模式的范围内与幼儿建立关系，以及教师对幼儿课堂上建立关系的看法，让教师意识到对幼儿的教育包括照顾和教育。

此外，研究还表明，高质量的教学环境和高水平的教师有利于教师与幼儿建立支持型的师幼关系。比如，有定性研究考察了初任教师对师幼关系的信念与课堂上观察到的教师行为之间的关系。结果表明，教师知道与幼儿建立和维持积极关系的语言，并且对这些积极关系的信念持支持态度。然而，实践中的教师在课堂组织和教学支持中则表现出了不一致的行为。这项研究的发现对幼儿教育和教师教育计划有一定的启示，强调了教师需要持续与幼儿建立积极的人际关系，同时扩展他们自身的语言和施教策略，以鼓励幼儿发展复杂思维和解决问题的能力。

质化研究和量化研究各有优势，但与质化研究相比，量化研究更具有客观性、普遍性、可验证性。已有关于师幼关系的研究均为质化研究。因此，对幼儿教师的教学背景、教学经验、家长—教师关系和保教效能感等因素及其师幼关系间的关系进行量化考察显得尤为重要。

第五，正如前文所言，在以往的师幼关系研究中多采用质性研究的方法，更为具体和有细节数据支撑的量化研究较少。这使得目前我国有关农村幼儿教育和师幼关系的研究多是从宏观的整体角度出发。由于我国东西部的经济水平和教育发展水平上的差距较大，导致统一的教育改革策略和方针在具体某个地区实施时，往往不能完全按标准执行，这进一步导致各地区的教育发展差距加大。针对这一情况，有关教育领域的研究应加大具体数据的采集工作。因此，笔者在量化研究的基础上，将具体实测数据与政策方针相结合，提出了对农村幼儿教育和师幼关系改善更有实践价值和针对性的对策和措施，让这些对策和措施更适合我国当前农村幼儿教育的实际。

第二章
师幼关系理论

第一节　生态系统发展理论

为后续具体实证研究给予思路支撑，从而有效改善我国农村幼儿园的师幼关系，本章对有关幼儿园师幼关系的理论进行了梳理。在此基础上，本章还以这些理论为基础，有针对性地对农村幼儿园师幼关系存在的难题进行了探讨。

著名的心理学家布朗芬·布伦纳将生态学理论引入发展心理学领域，用以解释人类的行为和发展。他认为个体的成长环境包括一系列按等级划分的子系统（微观系统、中观系统、宏观系统、外部系统），这些子系统相互作用，共同影响个体的行为。此外，他还指出这些子系统是个体与社会互动的结果。[①]

布朗芬·布伦纳的生态系统发展理论是人类发展的一个框架，包括影响幼儿发展的各种环境因素。它认为环境因素和多层次生态系统之间的相互关系共同塑造了幼儿。在布朗芬·布伦纳的生态系统发展理论中，环境被设想为一系列嵌套的结构，延伸到家庭、学校和幼儿日常生活的社区环境之外，每一层都对幼儿的发展有着重要的作用。[②] 目前不少研究者都采用布朗芬·

① 刘杰、孟会敏：《关于布郎芬布伦纳发展心理学生态系统理论》，载《中国健康心理学杂志》2009年第2期，第250~252页。

② Booren L M, Downer J T, Vitiello V E, "Observations of Children' s Interactions with Teachers Peers and Tasks Across Preschool Classroom Activity Settings", *Early Education & Development*, 2012, 23(4), pp.517–538.

布伦纳的生态模型，研究幼儿在课堂和学校环境中嵌套的各种活动行为，以及幼儿与教师、同龄人之间的互动行为。布朗芬·布伦纳的生态系统发展理论展示了幼儿环境和社会系统（父母、教师和学校）的质量和背景，以及相互影响的过程。例如，父母教养或教师管理，能够有效提高幼儿的学习成绩和自我调节能力。

生态系统发展理论最初由微观系统、中观系统、宏观系统和外部系统四层体系构成。

第一层是微观系统。该系统强调了“发展中的人在特定直接接触的环境中所经历的活动、角色和人际关系，具有特定的生物和社会特性……”，如幼儿在直系亲属、邻居和学校环境中的经历。布朗芬·布伦纳后来补充，在幼儿的直接环境中，个体的人格和能力也对幼儿的发展做出了重要贡献。最初，布朗芬·布伦纳将生态系统模型的最内层称为“二元系统”。幼儿和照顾者（如父母、教师等）共同经历一个成长过程，二元系统内行为的发展和影响是相互的。此外，该系统还描述了幼儿在应对环境中有利或不利因素时第三方的作用，这些因素与环境中来自他人的支持、父母的作用以及在系统内家庭的压力有关。由于幼儿接触的直接环境中相关因素发生的相互作用和之间关系的复杂性，微观系统对幼儿的生活会产生持久的影响。微观系统指的是当下的环境，例如，幼儿与父母在家中的互动或者与教师在学校中的互动。在这些环境中，幼儿直接参与其中，幼儿的体验与环境紧密相关。微观系统是一系列的关系组合，这些关系存在于与幼儿紧密相关的环境中，如家长与教师的关系。①

第二层是中观系统。该系统强调了在家庭和学校环境之间建立联系或交流的重要性。布朗芬·布伦纳认为：“一个中观系统包括主要环境之间的相互关系，这些环境又包括个体生命中某个特定时刻发展中的人。”中观系统中的各种微观系统连接在一起，影响幼儿的行为和活动。学校和教师一起工作，支持家庭的参与和家长与学校之间的沟通，对幼儿的成长和发展有积极的影响。②

第三层是宏观系统。该系统是指对相对个体来说更大的、与价值观相关

---

① Bronfenbrenner U, *The Ecology of Human Development*, New York: Harvard University Press, 1979, p.197.

② Berk L E, “The Relation of Preschool Child-care Quality to Children's Cognitive”, *Child Development*, 1995, 25(2), p.22.

的社会背景。这些文化和社会因素通过微观系统、中观系统和宏观系统会影响幼儿。[①] 例如，美国的人权运动逐渐改变了人们的观念，政府也出台了关于残疾人士的政策法规。1986年美国99-457法律的出台，让美国所有3～5岁的残疾幼儿也能够享受免费的公共教育。布朗芬·布伦纳引用了维果茨基在历史背景下的社会文化影响幼儿发展的框架，并指出信仰系统受文化背景的约束，通过文化背景，个人（如教师、家庭）定义了他们的教育目标，特别是教育幼儿的实践方法。后来，研究者还使用布朗芬·布伦纳的生态系统模型来定义教师信念，这些信念存在于相互关系和广泛的环境因素中，如可能影响教师信念和实践的学生角色、教室布置、文化气氛、教育和国家政策等。[②] 同时，还有研究者认为，教师信念可以塑造教师的想法并影响他们在特定情境中出现的特定行为。也正因为如此，多层系统的动态特性被认为是一个有用的框架，它可以帮助个体理解在不同的情境中该如何进行工作，而不是与环境之间相互孤立，这样，教师们就会形成他们自己的独特信念。[③]

第四层是外部系统。该系统超越了中间系统，包括正式和非正式的社会结构，它们本身不包括发展中的人，但影响与个体接触的直接环境。换而言之，幼儿可能不是直接环境的参与者，但是环境对幼儿的生活有间接的影响。外部系统可以是公共部门或私营部门，例如，直系亲属的工作场所、政府组织和社区环境等。[④]

基于以上观点，布朗芬·布伦纳指出，人类发展是基于过程、人、环境和时间四个主要组成部分的互动交流。随着时间的推移，这些相互关系或直接或间接的环境过程影响着人。布朗芬·布伦纳和其挚友、美国教育心理学家莫里斯利用这一范式支持着鲍尔比的理论，即支持着在母子二元制背景下，近端过程（如早期与主要照顾者的安全依恋）如何导致幼儿独特的内部心理工作模式的理论。他们认为这是幼儿与母亲和老师形成积极安全关系的先决条件。以此为基准，美国教育心理学家、哈佛大学教育学院教授里姆·

① Bronfenbrenner U, “Making Human Beings Human: Bioecological Perspectives on Human Development”, *The Human Development*, 2005, 17(2), p.125.

② Buehl M M, Beck J S, “The Relationship Between Teachers Beliefs and Teachers’ Practices”, *International Handbook of Research on Reachers Beliefs*, 2015, 54(1), p.1.

③ Ashton P T, “Historical Overview and Theoretical Perspectives of Research on Teachers’ Beliefs”, *International Handbook of Research on Teachers Beliefs*, 2015, 25(4), pp.31–47.

④ Bronfenbrenner U, *The Ecology of Human Development*, New York: Harvard University Press, 1979, p.197.

考夫曼和美国教育学学者、弗吉尼亚大学教育与学习高级研究中心研究员万利斯，在布朗芬·布伦纳的观点基础上阐述了教师的指导与支持等近端过程是如何在课堂环境中促进幼儿自我心理调节的。上面提到的四个组成部分与微观、中观、外部和宏观系统以及幼儿的特征、父母、老师、教室和学校（以时间为重要元素）之间的相互关系，都解释了近端过程及其对幼儿发展的影响。① 同时，生态系统模型也证明了幼儿教育的质量和幼儿环境中发生的近端过程可以对幼儿的社会和学习成绩产生长期的积极影响。② 此外，相关研究还探索了生态学方法是如何通过幼儿在家庭、教师和学校中的互动和关系等因素，来确定幼儿要在统一的年龄段进入幼儿园的。

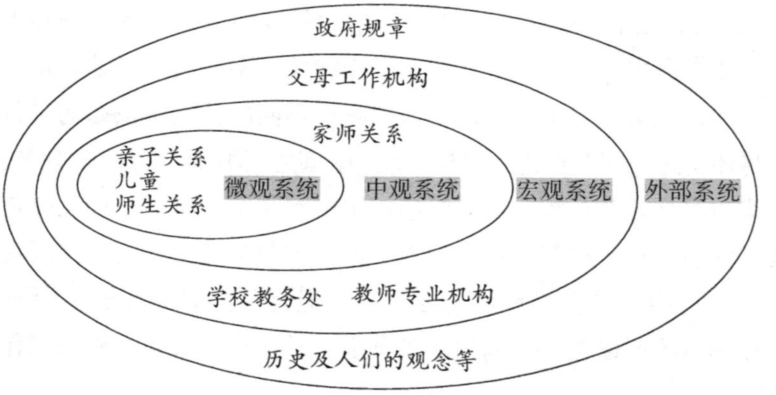

图3.1　布朗芬·布伦纳的生态系统发展理论在师幼关系中的应用举例

总之，布朗芬·布伦纳的生态学理论展现了影响幼儿成长和发展的复杂因素，它提出的环境交互的核心观点为师幼关系的发展提供了很好的理论基础。

第二节　互动理论

1975年，儿童发展心理学家萨默尔夫和钱德勒提出互动理论，用以解释

---

① Rimm - Kaufman S E, Wanless S B, "An Ecological Perspective for Understanding the Early Development of Self-regulatory Skills", *Handbook of Early Childhood Education*, 2012, 55(2), pp.299–323.

② Peisner - Feinberg E S, Burchinal M R, Clifford R M, et al., "The Relation of Preschool Child - care Quality to Children' s Cognitive and Social Developmental Trajectories through Second Grade", *Child Development*, 2001, 75(2), pp.153–155.

幼儿的生理发展和心理发展过程。他们认为幼儿的发展既不是纯粹的生理学产物，也不是纯粹的环境产物，更不是与幼儿和环境相关的多种因素综合作用的产物，而是幼儿与环境相互作用的结果，是随着时间持续不断变化的过程。幼儿和环境之间的相互影响不仅表现在活动当时，也表现在活动之后。①

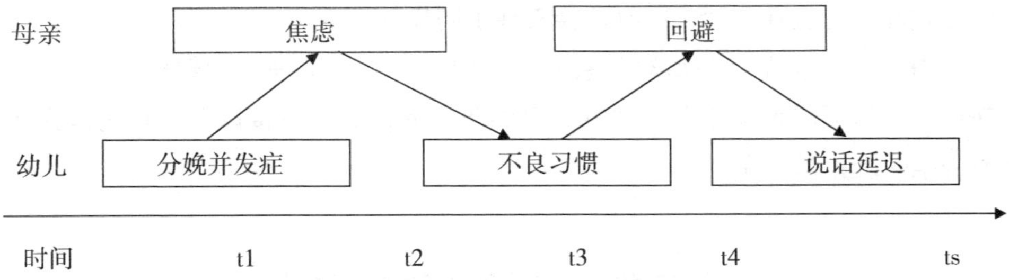

图 3.2　不良互动导致幼儿发展不良的例子

互动理论的提出，最早起源于萨默尔夫在研究中观察到的一个患有分娩并发症的幼儿与其母亲接触、交流的过程。当婴儿患有分娩并发症时，他的母亲可能表现出疑惑，并出现与幼儿不良互动的现象。刚出生的婴儿很难对母亲反复无常的行为做出回应。因此，婴儿可能会出现不规律的饮食或睡眠情况。这些现象就是由于婴儿与其母亲的不良互动导致的行为。最终，母亲与挑剔的婴儿都很少感觉到快乐，导致双方的互动更少。如果这种不良互动持续下去，长期以后，婴儿可能就会在某些方面发展迟缓。想要阻止婴儿的不良发展，应通过改变幼儿或者环境（如母亲）来中止母子之间的不良互动。在成长早期，婴儿倾向于扮演一个被动的“接收器”角色。在这个特定阶段想要很快改变婴儿的行为非常困难；相反，帮助母亲做出改变则相对容易。应该改变母亲对分娩并发症的看法，调整她们与婴儿的行为以减少婴儿的焦虑，或要求她们学习一些与婴儿交流的技巧。于是，基于这样多次的观察和记录，加之后续开展的多项幼儿发展研究得出的结论，萨默尔夫最终形成了自己的理论。

尽管早期的互动理论多用来解释依恋关系，但随着后来幼儿教育研究的发展，越来越多的研究者发现互动理论是可以直接运用到幼儿与教师关系的研究之中的。从互动模式的底层特点来说，幼儿和教师的师幼互动模式与亲子互动模式是并不完全相同的。依据互动理论的观点，对幼儿来说，教师是

① Sameroff A, Chandler, *Review of Child Development Research*, Chicago: University of Chicago Press, 1975, pp.187–244.

另一种特别的“环境”，它与母亲这种“环境”存在很多不一样的地方。但萨默尔夫认为，从互动模式本身来说，幼儿和幼儿教师之间形成的依恋模式，与幼儿和母亲之间建立的依恋模式有着诸多相似之处。例如，在他进行的一项调查研究中发现，当幼儿进入幼儿园或学前班时，他们常常会与教师建立一种类比亲子关系的成人—幼儿关系。幼儿将倾向于像与父母互动那样的方式和幼儿教师互动，同时还会表现出同样的生理和心理反应。

当然，目前在有关师幼关系的研究中，由于互动理论的架构不够清晰，在研究中缺乏较好的干预操作性，已经很少有研究者直接以互动理论作为研究的唯一理论基础了。

第三节　保教效能感理论

保教效能感来源于美国当代著名心理学家班杜拉的自我效能感理论，是自我效能感理论在教育领域的运用。“自我效能感”这一概念最早出现在社会学习理论中[①]，后来在总结自己与他人研究成果的基础上，班杜拉在《思想和行为的社会基础》一书中对这一概念做了进一步的系统论述，逐步形成自我效能感的整体理论框架。[②]

自我效能感是指“个体对影响自己生活的事件以及自己活动水平施加控制能力的推测与判断”。[③] 从概念可以看出，自我效能感是对自我能力的评价，是自我意识在情感上的一种表现，其实质是个体在某一特殊情境中或对某一具体活动所表现出的自信程度。自我效能感并不是个体对自己拥有多少技能的评估，而是个体对自己能否利用所拥有的技能去完成特定任务或行为的自信程度的评价。技能的运用通常会受自我怀疑的影响，即使天赋极高的幼儿，如果情境中的因素威胁到其自信心，也会表现出很低的学业绩效，这

① Bandura A, “Self - efficacy: Toward a Unifying Theory of Behavioral Change,” *Psychological Review*, 1977, 84(2), p.191.

② Wood R, Bandura A, “Impact of Conceptions of Ability on Self - regulatory Mechanisms and Complex Decision Making”, *Journal of Personality and Social Psychology*, 1989, 56(3), p.407.

③ Bandura A, *Self - efficacy: The Exercise of Control*. New York: W. H. Freeman and Company Press, 1997, p.56.

在任务复杂和竞争激烈的领域中表现得更为明显。[①]大量研究发现，影响个体行为结果的并不完全是个体的实际能力，自我效能感也会直接影响行为结果。相同能力的人完成同样的任务时，可能由于自我效能感的不同而产生不同的结果。高自我效能感会产生出足以争取成功的努力，成功结果会进一步强化自我成功的期望。低自我效能感可能造成提前停止努力，从而导致失败，并由此降低对自己胜任力的期望。

当然除了对个体的行为产生直接的影响之外，自我效能感还会通过如目标、抱负、结果期望以及情感倾向等因素，对个体行为产生间接的影响。在这一过程中，自我效能感的机制往往会通过影响个体的认知过程、动机过程、情感过程和选择过程来完成对个体行为的最终干预。具体地说，在认知方面，高效能感有助于促进认知过程，促进人们在各种情境下任务的完成，提高人们做决定的质量和学业成绩，而低效能的人思维方式则是自我妨碍式的。在动机方面，高效能的人会选择更有挑战性的任务，他们会为自己设计更高的目标，而低效能的人则不会对任务有高度投入和加倍努力。在行为选择上，高效能的人在面对困难的情境时会积极应对，而低效能的人则会选择逃避。在情绪方面，高效能的人往往比较乐观，而低效能的人则往往感到抑郁、焦虑、无助，他们对个人发展和自我实现有悲观的想法。此外，自我效能感不同的个体在遭遇不幸后的心理弹性和恢复力也不一样。因此，研究者们普遍认为，自我效能感对个体潜能的激发是具有关键性作用的，它是人自身主观态度的核心，并渗透、弥漫于人类机能活动的各个方面，一定程度上决定着个体在人生事业的成败和日常生活中的幸福程度。[②]

正是基于以上的大量理论和实践证明，自我效能感对人类行为起着核心的普适作用，影响着人们的思维、情感、行为等方方面面。再加之近年来，大量研究者开始扩展了自我效能感应用研究的领域，特定领域的自我效能感研究正呈现扩大化趋势，被广泛应用于教育、管理、医疗保健、运动、积极组织行为学等领域。在这样的大背景下，班杜拉的自我效能感理论便也随之引入了师幼关系研究领域，同时并被命名为“保教效能感”。保教效能感是

① Bandura A, Jourden F J, “Self-Regulatory Mechanisms Governing the Impact of Social Comparison on Complex Decision Making”, *Journal of Personality & Social Psychology*, 1991, 60(6), pp.941–951.

② Bandura A, “Self-efficacy: Toward a Unifying Theory of Behavioral Change”, *Psychological Review*, 1977, 84(2), p.191.

指教师对自己影响幼儿学习行为和学习成绩能力的主观判断。[①]研究发现，这种判断会影响教师对幼儿的期待、对幼儿的指导等行为，从而影响教师的工作效率。保教效能感由个人教学效能感和一般教育效能感两部分组成。个人教学效能感是指教师对自己能够给予幼儿以积极改变的能力评价，即相信自己具有教好幼儿的技能技巧的信念；而一般教育效能感则是指教师对教育价值的认识，是教师关于教育对儿童发展影响的看法。保教效能感与幼儿的成绩、幼儿的动机、教师教改的欲望、校长对教师能力的评价以及教师的课堂管理等之间存在显著的相关，是影响教师教学效果的重要因素之一。

英国学者洛克和莱瑟姆结合班杜拉自我效能感的理论基础和自己的大量实证研究得出结论，认为保教效能感会在以下三个方面影响教师的行为：

第一，影响教师在工作中的努力程度。保教效能感高的教师往往相信自己的教学活动能使学生成才，会投入很多的精力努力工作。在教学中遇到困难时，也会坚持不懈，勇于向困难挑战。而保教效能感低的教师则认为家庭和社会对学生影响更大，自己的影响相对较小，所以不管自己如何努力，收效也不会大，因而在课堂教学中会不时出现懈怠的情绪。

第二，影响教师在工作中的经验总结和进一步学习。保教效能感高的教师，为了保证自己的课堂教学效果良好，常会在课下注意总结各方面的经验，不断学习有关的知识，进而提高自己的教学能力。而保教效能感低的教师，由于不相信自己在工作中能取得成就，课下的反思总结中表现相对消极。

第三，影响教师在工作中的情绪。保教效能感高的教师，在工作时会信心十足、精神饱满，表现出极大的热情，这往往能够带动学生的积极情绪。而保教效能感低的教师，在工作时会感到焦虑和恐惧，常常处于烦恼之中，这会直接在课堂教学中影响学生的积极性。例如，英国学者阿什顿在1986年的一项研究表明，保教效能感高的教师对学生寄予较高的期望，认为自己对学生的成长负有责任并相信自己能教好所有的学生。在课堂教学中，保教效能感高的教师注意对全班学生的指导，不断探索新的教学方法。当学生表现不好时，保教效能感高的教师表现得很有耐心，他们会通过重复问题、给予

① 周文霞、郭桂萍：《自我效能感：概念、理论和应用》，载《中国人民大学学报》2006年第1期，第91~97页。

提示等方法去促进学生对知识的理解。①

目前，以班杜拉的自我效能感理论引申出的保教效能感理论，为教育领域、教育心理学领域的研究者开展幼儿和教师之间的互动关系研究提供了良好的理论基础。如何让教师的自我信念和教育信念最大化，以促进幼儿在学校中获得更好的发展已经成为研究者们重点关注的问题之一，而这与教师的保教效能感显然是关联紧密的。因此，保教效能感对于师幼关系研究的开展，从理论层面上来说同样是很有指导意义的。

第四节 关怀理论

澳大利亚心灵哲学学者琼·特伦托和贝雷妮丝·费舍尔最早对“关怀”给出了比较明确的定义，在此基础上他们提出了“关怀理论”。②他们认为，在我们所处的环境中，关怀可以被视作一种个体和周围一切事物相互交流的一般性活动。它可以更好地维持个体持续进行自己正在做的事情，从而让自己适应所处的“世界”。这个“世界”中，既包括个体的身体自我，也包括个体的精神自我以及个体生活的环境。通过关怀，个体试图把自己“世界”中的这些东西全部组织在一起，从而形成复杂且能维护自身良好发展的网络。特伦托和费舍尔通过‘关怀’在人类的生活和社会中所发挥的一般功能，确立了他们的“关怀理论”。“当然，其他关怀理论家也同样把关怀定义为一种社会实践，他们认为‘关怀’对于社会的存在和发展是必不可少的。”③例如，英国社会学研究者西比尔·施瓦岑巴赫对于“关怀”的解释就是从人类社会和生活角度出发。她将关怀等同于生产活动，比如考虑他人的需求、照顾他人、做饭等，这些活动都会随着时间的推移而体现人与人以及人与环境之间的特定关系。④

---

① Ashton P T, Webb R B, *Making a Difference: Teachers' Sense of Efficacy and Student Achievement*, Madison: University of Wisconsin Press, 1986, pp.145–149.

② Tronto J C, *Moral Boundaries: A Political Argument for an Ethic of Care*, New York: Routledge Psychology Press, 1993, 52(1), pp.156–157.

③ Kittay E F, Sesha, "Your Way Slowly: Maternal Thinking' in the Raising of a Child with Profound Intellectual Disabilities", *Mother Rroubles: Rethinking Contemporary Maternal Dilemmas*, 1999, 32(2), pp.3–25.

④ Schwarzenbach S A, "On Civic Friendship", *Ethics*, 1996, 107(1), pp.97–128.

虽然“关怀理论”的最早提出是用来解释个体和环境之间相互作用的过程和关系的，但后来它的应用范围逐渐被一些研究者们扩展到类如友谊、师生互动等其他关系领域。这其中，当代最有名的理论应用和推广实践者当属美国著名的教育哲学家、德育学家内尔·诺丁斯，他将“关怀”在教育领域提升到了一个新的高度。诺丁斯认为，教育应该让学生在学习时感到开心，应该致力于培养关怀型教师，使教育向着幸福发展。[①] 诺丁斯在其《学会关心——教育的另一种模式》中提出：“关心和被关心是人类的基本需要。我们需要被他人关心。当一个人处于婴幼儿时期，或者病痛和衰老来临之际，这种需要显得尤其迫切和普遍。我们接受关心，并且生活在关心所营造的氛围之中。如果没有这种关心，我们就无法生存下去，成为一个完整的人。在人生的每一个阶段，我们都需要被他人关心，随时需要被理解、接受和认同。”同时，她理论的基本观点认为，我们不必告诉学生如何去关心，只需与学生建立一种关心的关系，学生就能从中领悟，从而明白如何关心。对此，诺丁斯从以下四个方面进行了理念概述：[②]

第一，教师要拒绝追求教育广泛的普适性，注重对学生内在需求的关心。在诺丁斯看来，每个学生是极具潜力的个体，但同时他也需要一个良好的环境去成长。在这一过程中，由于个体之间普遍存在的先天差异性，教师应该减少普遍的关怀，平等对待每个学生，而不是公平对待每个学生。例如，一高一中一矮三个人隔着高墙看球赛，“平等”就是给三个人三个相同高度的箱子，结果高个子比墙高出很多，中个子高出一头，他俩都看到了球赛，矮个子依然比墙矮，什么都看不到；而“公平”则是高个子和中个子站在一个箱子上，矮个子站在两个箱子上，三个人都能看到比赛。为此，公平比平等更加人性化。所以诺丁斯认为，关怀的本质之一，就是教师依据学生所处的环境因材施教，关心每个学生内在真正的需求，同时用高质量的师生互动鼓励学生表达自己的想法。[③]

第二，教师和学生之间要建立有效的“关怀”双边关系。诺丁斯认为，尽管因为教师往往通过成绩提升这一指标来衡量其对学生的关心程度，这让

① 檀传宝:《诺丁斯与她的关怀教育理论》,载《人民教育》2014年第2期,第22~23页。

② 刘莎、阮阳:《诺丁斯关怀教育理论及其对当代教师的启示》,载《基础教育参考》2008年第8期,第34~35页。

③ 杨晓娜:《诺丁斯关怀教育理论与教师责任的重新解读》,载《文教资料》2018年第13期,第2~4页。

这些教师错误地认识了所谓“关怀”的含义，并且实质上这样的方式几乎不会让学生感受到真正的关心。教师作为学生在校园环境中接触最多的核心点之一，他们与学生建立具有情感温度的关系是非常重要的。诺丁斯着重强调“关怀”是一种关系，教师要成为真正的关心者，就要敞开心扉接纳学生。当学生感受到这种“关怀”的情感温度时，往往也会给出比较积极的回应。这样，教师和学生的双边师生互动关系才会走向亲密，才会最大程度上帮助学生全面成长。

美国学者劳伦斯·布鲁姆将这种教师应该拥有的品质称为“道德感知”，并将其定义为对需要道德反应情况的敏感度。他和诺丁斯一致认为，一个有爱心的教师会注意到幼儿的需要，并做出适当的反应。如果一个教师对幼儿没有情感上的关心，那么，他可能只会满足幼儿最明显的需求，而忽略幼儿其他潜在的需求。[①] 正如布鲁姆在自己的书中写道：“如果不特别注意，我们的关怀就会受到限制或关怀无效，因为我们不会注意到别人什么时候有需求，我们是否需要以适当的方式回应。”[②]

第三，教师要培养学生全方位的“关怀能力”。依据特伦托和费舍尔的“关怀理论”，我们可以知道关怀的本质是通过与自我内心以及周围环境的交互互动，从而更好地适应环境，找到一种平衡的关系模式。所以诺丁斯提到，要培养会关心人的人，学校必须围绕关心展开教学，以关心主导课程。诺丁斯主张孩子们学会多种主题的关心，例如，关心自我，关心身边的人，关心陌生者和远离自己的人，关心动物、植物和地球，关心知识等，使学生不仅获得全面发展，而且培养道德品质，在与他人的交往中学会关心，懂得尊重。实施以关心为目的的教学，对传统课程进行改革，将多种主题的关心融入学生的日常，让学生学会关心。

第四，教师应该树立榜样引导学生发展。结合现代教育领域的众多理论思想和实证研究结果，诺丁斯指出，教师要想帮助孩子培养其关心和关怀能力，就不能只是空泛地讲授关怀的大道理，即空泛讲授所谓“关于道德的知识”。因为道德不仅仅是理性的问题，更是情感和行为的问题。现在早早接受教育的人越来越多，幼儿教育近些年得到了人们极大的重视，但是却有越来越多的学者在焦虑地讨论着道德的碎片化、“去道德化”逐渐低龄的现象。

---

① Blum L A, *Moral Perception and Particularity*, New York: Cambridge University Press, 1994, pp.23–27.

② Tronto J C, *Moral Boundaries: A Political Argument for an Ethic of Care*, New York: Routledge Press, 1993, 72(2), pp.112–115.

所以诺丁斯认为，教师必须在教学过程中给学生树立良好的榜样形象，不论是学习还是生活作风都要有行为标准。虽然这样的做法可能对高年级学生作用相对较小，可对于学龄前的幼儿来说却是意义重大的。因为知识是中性的、无情感的；相反，教师讲述知识时所伴有的热爱、着迷或是冷漠、厌烦等情绪、情感会清晰地传递给课堂中的每个学生。

此外，诺丁斯还提出学校教育应该是“通向智慧的道路”。教师除了要树立榜样、关心学生智力发展之外，还应该在教学中立足开放性思维，努力促进学生全面发展。教育的每个阶段，教师都要善于发现各种可用于教育教学的资源，帮助和引导学生自己寻找资源，培养学生解决问题的能力和适应环境的能力。在这个过程中，教师的责任是不强加给学生任何东西，学习本身是一件快乐的事情，教师要避免以提高成绩为借口压迫学生，而要努力做到以关怀者的身份引导学生成长。教育环境虽然不完全是进行职业准备的“场所”，但它却是人提升自我、认识自我和全面完善自我能力的地方。因此，教师的责任不应该仅仅停留在传授知识这一浅层面上，教师要认识到教育最本质的一面，让每个学生获得身体、心理、生活技能、人际关系处理等方面的全面发展。目前，在美国教育学界，诺丁斯的“关怀理论”已经成为最主流的教育理论之一。据不完全统计，近10年美国本土出版的与教育相关的书籍中，有超过4000本直接引用了诺丁斯的理论观点。[①]师幼关系的研究和论述从内在核心来说，基本落脚点都在教师和幼儿的互动关系上，这一点和诺丁斯的“关怀理论”可谓是相当契合。

第五节　依恋理论

英国精神分析师约翰·鲍尔比将人类依恋定义为婴儿与母亲之间情感的纽带。根据鲍尔比的研究理论，“在出生之后12个月内，几乎所有婴儿都与母亲之间建立了强烈的纽带关系”。[②]母婴依恋的形成及发展是母婴关系在不

① 侯晶晶:《内尔·诺丁斯关怀教育理论述评与启示》，南京师范大学2004年博士学位论文。

② W Buhrmester D, “Methods and Measures: The Network of Relationships Inventory: Behavioral Systems Version,” *International Journal of Behavioral Development*, 1969, 33(2), pp.470–478.

同依恋阶段生物学和生存机制的表现。[①]研究结果表明，社会依恋和情感依恋行为的表现基于预先确定的进化原则，这就意味着新生儿需要父母的支持和对基本生存需求的保护。婴儿努力尝试获得母亲的情感关注和安全性，并会迅速做出反应，促使母亲或主要照顾者接近。此外，“依恋行为”包括若干个“信号行为”，如哭泣、呼叫或微笑，用来吸引照顾者接近幼儿。通过这些依恋行为，幼儿得到了照顾者的注意。总的来说，母婴依恋关系是适应性的，它会经历一系列不同的发展阶段。

根据一些学者的观点，可预测的幼儿依恋行为结果可能是促使他们与其他人更加接近的原因，尤其是与主要负责照顾他们的看护人。[②]美国教育学学者鲍尔比认为，一般情况下，上述的看护人都会是“母亲形象”；但随着幼儿教育越来越受到人们的重视，幼儿教师也在校园中成为一种新的特别“看护人”。依据长时期的研究观察和总结，鲍尔比定义了幼儿依恋关系最初的四个阶段模型以及时间阶段。虽然现在这四个阶段已经被研究者们重新命名，但它们仍然对应于鲍尔比最初所提出的依恋四个阶段模型。幼儿依恋关系的前三个阶段出现在幼儿发育的第一年。第一个阶段是“预备依恋阶段”，鲍尔比将其归纳为“不区分图形方向和信号”的时期；第二个阶段是“依恋形成阶段”，鲍尔比将其定义为“指向一个（或多个）鉴别图形方向和信号”的时期；第三个阶段是“清晰依恋阶段”，鲍尔比将其定义为“通过运动和信号来保持接近”的特殊时期；第四个阶段则出现在幼儿3～4岁，被称为“目标纠正的伙伴关系阶段”。[③]通过幼儿最初几年的不同阶段发展，幼儿会自主建立与看护人之间的一种内部工作模式，这也是后续更复杂的依恋关系发展的基础。正如前面鲍尔比提到的，如今幼儿教师在幼儿成长过程中常常扮演着非常重要的角色，由于学前教育持续低龄化发展，所以母亲的角色一定程度上在校园中已经被教师所替代。

依恋关系被认为是鲍尔比行为学理论中最基本的理论，它是幼儿建立和

① Berk L E, “Self-regulatory Mechanisms and Complex Decision Making”, *Child Development*, 1991, 31(2), pp.89–91.

② Ainsworth M D S, Blehar M C, Waters E, et al., “Patterns of Attachment: A Psychological Study of the Strange Situation”, *Lawrence Erlbaum Associates*, 1978, 45(2), p.23.

③ Ainsworth M D S, Blehar M C, Waters E, et al., “Patterns of Attachment: A Psychological Study of the Strange Situation”, *Lawrence Erlbaum Associates*, 1978, 45(2), p.25.

积极参与作为关系的基础。[①]大量研究说明，依恋对幼儿的情感和人格的塑造发展非常重要。根据美国心理学研究者科巴克和马德森的研究观察，幼儿会因为安全感的需要与每个看护人之间形成一种牢固的依恋关系。当幼儿和看护人之间的安全依赖关系在情感上受到破坏时，幼儿则会产生强烈的负面情绪，从而导致情感上的痛苦和抑郁。[②]正是上述这种强烈的情感依附关系，一直以来依恋理论的应用和研究都聚焦于“幼儿是否有依恋关系的存在，以及依恋关系质量的高低会导致哪些问题”。[③]研究者们发现，依恋关系质量的高低主要还是基于看护人对幼儿的照顾和他们之间互动情况好坏的差异，这些差异造就了两种依恋模式：安全型依恋和非安全型依恋。这两种依恋模式造就的幼儿行为差异，常常会直接反映在幼儿的社会能力上。例如，安全的依恋会导致更积极的同伴关系，而非安全的依恋会导致愤怒、行为问题和其他焦虑障碍的出现，它们都会导致幼儿社交技能和积极人格的形成（如自尊、自我概念、信任、合作能力、独立思考等）出现比较严重的问题。[④]

根据美国学者皮纳塔的观点，鲍尔比的依恋理论为广大的教育工作者和家长提供了如何建立早期依恋关系的基本原则，特别是幼儿早期的看护人和教师关系质量对其产生的重要作用。值得注意的是，父母的教养方式，特别是父母的内部依恋工作模式，被发现是形成幼儿安全和非安全依恋关系的关键因素。[⑤]因此，目前很多学者都在探讨父母教养方式、学校的教学管理和教学风格对幼儿依恋模式的影响，这些或多或少都依据了鲍尔比的依恋理论。

当然，有关依恋类型的实验研究的理论基础来自鲍尔比，但研究范式还是多采用由美国心理学研究者艾斯沃斯等人设计的陌生情境实验。他们根据幼儿在相同实验条件下表现出的行为，在鲍尔比的分类基础上把幼儿的依恋

① Berk L E, “Self-regulatory Mechanisms and Complex Decision Making”, *Child Development*, 1991, 31 (2), pp.94–95.

② Cassidy Jude, Shaver Phillip R, “Handbook of Attachment: Theory, Research and Clinical Applications”, *Infant Mental Health Journal*, 2004, 25(1), pp.77–78.

③ Weinfield N S, Sroufe L A, Egeland B, et al., “Individual Differences in Infant-caregiver Attachment,” *Conceptual and Empirical Aspects of Security*, 2008, 75(1), pp.154–156.

④ Thompson R A, “Early Attachment and Later Development: Familiar Questions”, *New Answers*, 2008, 17(2), p.23.

⑤ Cohn D A, Cowan P A, Cowan C P, et al., “Mothers’ and fathers’ Working Models of Childhood Attachment Relationships, Parenting Styles and Child Behavior”, *Development and Psychopathology*, 1992, 4 (3), pp.417–431.

类型继续细致划分成了三个主要类型：安全型依恋、回避型依恋和抗拒型依恋。安全型依恋的幼儿与看护人在一起时总能安心游戏或玩玩具，并不总是依附看护人，当看护人离开身边时会表现出明显的苦恼，但当看护人再次回来时会立即寻求与看护人的接触，并很快平静下来。回避型依恋幼儿在看护人离开后并无紧张或忧虑的情绪，但当看护人回来后他们也不做理会或者很快走开，表现出对看护人的忽视或躲避行为，这类幼儿接受陌生人的安慰与看护人的安慰时没有明显差别。抗拒型依恋幼儿会对看护人的离开表现出强烈的反抗，当看护人再次回来时，会寻求看护人的接触且同时又会表现出发怒、暴躁和明显抗拒的姿态，不能再安心游戏。

相较于城镇幼儿园中的教师和幼儿，目前我国农村地区幼儿教师和幼儿之间良好师幼关系的形成受到诸多困难的影响：第一，因各方面客观条件的限制，尽管国家正在逐步深入推进农村幼儿教育改革，但整体上我国农村幼儿园的教学环境还是有着很大的提升空间。第二，随着农村前往城市的年轻务工人员的增多，如今我国很多农村地区的幼儿都处在留守和半留守状态中，长此以往，这一群体在亲子依恋和亲密关系互动上都或多或少存在情感缺失。所以农村幼儿教师和幼儿形成的师幼关系中，教师不但要充当学习上的领路人，同时需要一定程度上作为幼儿短时期的“临时父母”。第三，我国农村幼儿园除了教学环境和基础硬件设施较差之外，农村幼儿教师的待遇与城镇幼儿教师也相差较大，这在很大程度上让不少农村幼儿教师出现了工作热情不足的现象，降低了他们的自我成就感和自我效能感。

对于解决以上三点农村师幼关系所面临的挑战和难题，上述介绍的五种理论都有着很好的指导和借鉴意义。生态系统发展理论强调，个体的成长环境由微观系统、中观系统、宏观系统和外部系统等四个层级子系统组成，其中“微观系统”和“中观系统”在良好师幼关系的建立中发挥着重要作用。互动理论的支持者则指出，教师是影响幼儿与环境之间交互作用的核心因素之一，师幼关系中幼儿教师的主体地位不容忽视。保教效能感理论指出，幼儿园教师的保教效能感也会影响幼儿与教师之间的关系，有效提升幼儿教师的自我效能感可以加强他们的责任感、工作热情和努力程度。最后，关怀理论和依恋理论详细阐述了幼儿园教师对于幼儿发展过程中给予的关怀与支持的重要性，以及幼儿成长期良好亲密关系建立的特殊作用。

第三章
师幼关系的影响因素及评估方法

为寻找改善农村幼儿园师幼关系的有效方法，本章内容以上述师幼关系理论为基础，通过梳理及参照已有关于幼儿园师幼关系的研究，对幼儿园师幼关系的影响因素进行了总结。在此基础上，本章还针对农村幼儿园师幼关系的影响因素进行了探讨。此外，本章还对师幼关系的评估方法进行了总结。

第一节　环境因素

相关文献表明，环境是影响师幼关系的重要变量。环境因素主要包括课堂教学过渡、师幼比、教室物理空间和材料、班级日常活动等。

一、课堂教学过渡

“过渡”是在课堂教学过程中，为使教学环节有机结合所采取的一种教学措施。“过渡”设计的质量如何，将直接影响到幼儿的学习情绪和教学效果。[①] 在早期幼儿培训计划中，每天日常活动中重要的一部分无疑是课堂教学过渡。教师们每天都会花高达30分钟及以上的时间对课堂教学活动进行过渡，占用了教师教学时间的20%～25%。课堂教学过渡被学者阿林定义为“教师对学生发起结束一个活动，然后开始另一个活动的指令”。我们将幼儿园课堂教学过渡可以理解为从一种活动（环节）过渡到另外一种活动（环节），或者从一个地方转移到另外一个地方。

① 蔡京连:《谈课堂教学过渡的五种方法》,载《山东教育科研》1994年第5期,第46页。

课堂教学过渡对于幼儿园教师来说是一个具有挑战的教学环节，对于那些具有经验的教师来说亦是如此。国外有学者建议，在课堂过渡过程中，使用具有吸引力的材料或者组织具有吸引力的活动有助于吸引幼儿的注意力，以此来避免吵闹的课堂或者减少幼儿的不良行为。然而，学者们却发现，许多的幼儿园教师在上课之前并没有为课堂过渡做过计划，导致这些教师往往在进行课堂过渡时要比那些有计划的教师多花两倍的时间。我国的学者们也对幼儿课堂活动教学的过渡进行了研究。学者廖莹认为在幼儿园一日活动中应该避免过多的限制与统一的管理，过渡环节要严密、有序。因此，“教师在每个活动结束前最好提前告诉幼儿下一个活动是什么，在幼儿自由活动结束前，提前提醒幼儿，让他们做好心理准备，并在活动的每一个环节要及时给予点评”。[①] 同时，学者许倩倩在研究师幼互动中的情绪时指出，在幼儿从集体活动转为小组活动或者个别活动时，教师为了完成教学目标和教学任务，避免班级管理与组织活动占用太多的教学时间，往往对幼儿出现的轻微的违规行为采取忽略态度。此外，学者侯娅丽在2006年有关合理组织一日生活管理问题的研究中提出“幼儿园教师在实际工作中对过渡环节的组织不太重视，活动形式较为生硬死板”。[②] 学者唐华在研究幼儿园生活活动中衔接过渡技能的运用时指出，幼儿园设计良好的活动过渡是教师保证教学活动有序进行的重要保障。但是在幼儿园的每日具体工作中，有很多教师却没有重视或很好地运用过渡、衔接的技能，使得课堂活动在松散无序中进行。这不但增加了幼儿无聊等待、无所事事、茫然焦虑的时间，而且还加剧了幼儿问题行为的发生。[③] 张菁、茅莉雅2008年在研究幼儿园活动中过渡环节的组织与管理时，通过总结实际经验得出结论，即幼儿园的过渡活动更多的是拉近幼儿活动节奏的差距，使得幼儿集体活动时间整齐统一。特别是刚入职的教师，他们希望幼儿们尽快安静下来，学习为他们精心准备的教育活动，而忽视过渡环节本身的调节、转换作用。[④] 学者聂莲在其2008年的《幼儿园的一日生活过渡环节的实验研究及其指导策略》一文中认为：“第一，教师在过渡环节中缺乏过渡意识，表现为忽略过渡环节的教育目标和幼儿自理能力的

---

① 廖莹:《一日生活中幼儿常规的管理》,载《幼儿教育》2003年第1期,第8页。

② 侯娅丽:《合理组织一日生活管理中的问题》,载《科技资讯》2006年第11期,第134页。

③ 唐华:《幼儿园一日生活活动中衔接过渡技能的运用研究》,载《教育教学研讨》2007年第52期,第43~45页。

④ 张菁、茅莉雅:《等待的艺术——幼儿园活动中过渡环节的组织与管理》,载《见微知著》2008年第5期,第15~17页。

培养。第二，幼儿活动形式单一，并且没有采取幼儿喜欢的活动形式。第三，过渡环节中，存在幼儿消极等待的现象，幼儿常常无所事事，各活动之间不能和谐过渡。第四，过渡环节所用时间对幼儿的语言和行为影响不大。”[①] 2014年，学者肖玉通过组织过渡活动案例，分析和提出了幼儿园课堂活动过渡的基本方法，即“让幼儿意识到过渡活动中出现的问题；幼儿需要理解过渡活动的规则及含义；让幼儿参与讨论，让过渡活动的规则内化为幼儿自身的行为需要；记录幼儿讨论得出的解决问题的办法，有针对性地付诸实践；回顾问题，比较同时段过渡活动组织的差异，讨论解决办法的适宜性”。[②] 石海霞认为，课堂活动过渡过程中引入动画片资源，将使得各环节更自然、更优化，有利于幼儿综合素养的全面提升。潘丽认为幼儿园活动过渡环节存在着积极的教育价值。对幼儿来说，宽松的环境能够给幼儿提供一个释放心理能量的空间。对教师来说，可以为教师现场设计教学和思考一些临时情境问题提供一些缓冲的时间。她还提出了过渡环节的处理方法：延长课堂活动过渡时间，调整作息时间融合过渡环节，以及在单一结构活动中弱化过渡环节。

由于幼儿不听教师的指示，许多教师在课堂过渡过程中要努力管理幼儿的行为，所以在这种课堂教学过渡过程中积极的师幼互动就不可能发生。因此，了解课堂过渡将要发生什么对师幼互动和师幼关系有着直接的影响。

二、师幼比

以往研究表明，当师幼比下降时，会增加幼儿之间的互动。然而，假如没有教师密切的监管，幼儿往往会陷入不良的同伴互动中。例如，当师幼比下降时，幼儿更容易恼怒或惹怒他人。在这种情况下，教师应该更多地进行行为管理和纪律约束。曾有报道，当师幼比下降时，幼儿更容易加入同伴之间的互动或活动，从而增加了这些幼儿违背课堂纪律和教师指示的概率。谢佛等人的研究也发现，当教师数量不变，增加幼儿数量时，教师倾向于使用更多的指令以及禁止幼儿讲话的方式。最后，研究还表明，班级幼儿越多，教师对幼儿越敏感、苛刻。当班级幼儿数量多，超过教师应对能力时，似乎

① 聂莲：《幼儿园一日生活过渡环节的实验研究及其指导策略》，载《当代幼儿教育》2008年第3期，第24~25页。

② 肖玉：《怎样让过渡活动“活而不乱”幼儿园班级管理中过渡活动的案例分析》，载《教育导刊》2014年第9期，第58~60页。

很难有一个相对积极的师幼关系。皮亚塔等人发现，当班级人数较少时，班级中的师幼互动次数较多且质量较高。而当班级人数增多时，教师会减少师幼互动的频次，可以说几乎不开展教学活动和小组活动。可见，高质量教学中支持互动的出现会被高师幼比（班级人数多）所限制。我国的学者们也对师幼比如何影响教学行为做了相关研究。2010年学者蒲汝玲在研究幼儿园集体教学中教师教学行为现状及对策研究时也认为，“当班级规模过大，幼儿人数过多，师幼比较小时，为了在有限的教学时间内完成教学任务和便于课堂管理，教师会选择高控制、高约束的教学行为”。“幼儿园班级规模小，师幼比较大时，教师的教学相对较为灵活，可以引导幼儿在做中学、在玩中学，保证了教师有机会和每位幼儿互动，有利于教师对幼儿的个别指导，提高幼儿学习的效率。”[①] 与此同时，2013年学者庞婷在研究农村幼儿园教师教学行为时指出，将幼儿园的人数控制在一个合理的范围，既能保证幼儿的安全，又能更好地发展幼儿的能力，教师们也能够及时关注到自己的教学行为。他认为“较小的班级容量和较高的师幼比更有利于幼儿的发展，更能增加师幼互动的机会”。[②]

三、教室的空间和材料

教室空间是指“学校中教学活动赖以发生的特定物质性基础以及教室中各种共存性关系的总和”。[③] 教室空间作为教学活动的重要场所，影响着课堂教学中师幼之间的互动。教室的空间因素能够影响个体对教室的满意程度和拥挤压力感，包括教室空间大小、教室布置、灯光和色彩等。[④] 研究者认为环境的设置强度有力地影响着幼儿的合作与生理和心理的舒适感。在师幼相互作用的过程中，空间和环境的合理安排通常是鼓励或改变幼儿行为的第一要素。一方面，当教室空间足够大时，幼儿们更愿意在教室里进行活动；另一方面，当教室很拥挤时，会增加幼儿之间发生冲突的可能性。在这些情景

---

① 蒲汝玲：《幼儿园集体教学中教师教学行为现状及对策研究》，西北师范大学2010年硕士学位论文。

② 庞婷：《农村幼儿教师教学行为研究——以山西省L市为例》，山西师范大学2013年硕士学位论文。

③ 程波：《教室空间的教育学考察——基于知识转型的视角》，广西师范大学2013年硕士学位论文。

④ 杨哲：《教室拥挤压力源与学生学习倦怠和考试焦虑的关系研究》，陕西师范大学2014年硕士学位论文。

下，教师可能需要花很多时间去处理幼儿间的冲突。可以说，这种师幼间的相互作用更多的是关注幼儿的行为或是纪律管理，而不是愉快地教学。国外有学者曾建议50平方英尺是每个幼儿在幼儿园教室的适合空间，认为合理的空间安排能够减少或者防止幼儿问题行为的出现。合适的教室空间不仅能够吸引幼儿的注意，而且有助于他们更好地学习。学者张文新在2010年的一项研究中发现，教室墙面环境对幼儿的社会交往有着重要影响，教师可以通过墙面环境的设置，有效防止和减少幼儿的攻击性行为，引导幼儿产生良好的社会行为。① 2013年，学者黄玉娇等人在研究幼儿园教室墙面环境与幼儿攻击性行为时也认为，教室的墙面环境设置对幼儿攻击性行为有影响，提出科学创设教室环境以减少幼儿攻击性行为的策略。② 另外，我国学者对教室空间的研究，较多的是从建筑学、生态学、环境心理学和信息技术等视角，少部分涉及社会学。其中，学者陈向东、蒋中望从教育技术学的角度出发，研究了教室空间、布局以及功能实现之间的关系，为我们研究教室的空间布局是如何影响幼儿园师幼互动和师幼关系提供了良好的视角。③从实证主义方法出发，马艳云探寻了教室空间的布局和功能。④ 还有学者从建筑学的角度讨论了教室空间的规模、空间布置、光线和色彩。⑤ 他们通过与国外小学教室空间的对比，为我国学者研究影响幼儿园师幼互动和师幼关系的教室空间因素打下了良好基础。

另外，国外有学者认为，教师在课堂教学过程中需要向幼儿提供足够的学习材料或者玩具。有时，还有必要提供个性化的材料让幼儿从事一些特定的任务，这对有问题行为的幼儿显得尤为重要。因此，在选材时要特别注意基于幼儿自己的选择、兴趣和能力。当幼儿正忙于适合自己的活动或者继续自己的任务时，他们处于合作状态，自然也不会制造麻烦，这对形成融洽的师幼关系具有重要意义，对教师有效管理课堂也具有积极的作用。

四、班级的日常活动

班级的日常活动被定义为“可预见或者定期组织的活动或者发生的事

① 张文新：《幼儿社会性发展》，北京师范大学出版社2010年版。

② 黄玉娇、胥兴春：《幼儿园教室墙面环境与幼儿攻击性行为探究》，载《天津市教科院学报》2013年第4期，第12~15页。

③ 陈向东、蒋中望：《教室空间的架构》，载《现代远距离教育》2011年第4期，第76~80页。

④ 马艳云：《中学教师空间界限》，载《教育科学研究》2011年第6期，第62~66页。

⑤ 于海波：《中小学教室空间研究》，同济大学建筑与设计学院2004年硕士学位论文。

件”，是班级每天或每周都要进行的班务活动。比如：小组清洁活动、课前一支歌、户外游玩、知识竞赛等。班级日常活动为幼儿的兴趣爱好提供了一个社会体系、一个灵活的结构、一个灵活的支撑课程和一个背景环境。持续不断的日常活动能够帮助幼儿预测下一步将要进行什么，并且让他们感觉到自己能够有效控制他们所做的每一项活动。学者廖莹认为，教师应每天早晨向幼儿介绍活动计划，让幼儿预知一日生活的安排，使幼儿形成安全感和秩序感。同时，她认为幼儿可以通过讨论，自己制定各项活动的规则，以使幼儿达到自己能够有效控制和调节自己行为的效果，从而减少问题行为的发生。如果出现问题，那么就需要引导幼儿讨论并找出解决问题的方法。这样有利于教师有效管理课堂，也有利于良好的师幼互动和师幼关系的形成。

试想，如果一个班级没有日常活动，对于注意保持注意力时间较短且不听教师指令的幼儿来说，师幼之间负面互动的频率无疑会增加。因此，定期让幼儿知道将会发生什么，这将更有可能避免幼儿的一些问题行为。此外，应该根据幼儿的注意时限和活动的特性合理地安排班级日常活动，使幼儿的不良行为大幅度减少。另外，允许幼儿参与制定一些特定的日常活动规则也是非常重要的。当幼儿有机会自己做决定时，他们变得更加愿意与教师合作，更加愿意完成自己的任务，这很大程度上避免了消极的师幼互动。总之，班级日常活动有条不紊地进行，对幼儿良好行为的形成有不可小觑的作用；同时，对教师有效教学和管理课堂也有重要影响，保证了积极的师幼互动和师幼关系的发生。

综上所述，环境因素对师幼互动既会产生正面影响，也会产生负面影响。当教师仔细评估这些环境因素，并合理安排这些环境因素时，这些因素对师幼关系的负面影响将得到有效控制。在上述环境因素中，对于直接影响师幼关系的学习环境，教师是有能力控制的。同时，消极师幼互动的减少也有利于教师将精力聚焦于改进幼儿的学习环境之中。因此，探究影响教师营造好的学习环境的因素有利于我们进一步了解促进积极师幼关系的方法。

第二节　幼儿因素

幼儿是直接影响师幼互动和师幼关系的一个重要因素。这些因素主要包括幼儿的问题行为、性别、气质、依恋类型和身体状况。

一、幼儿的问题行为

研究发现，有问题行为的幼儿更有可能对教师产生消极的反应。美国学者皮纳塔和他的同事曾报道，那些被父母认为行为异常的幼儿更有可能与教师发生冲突。另一项研究也表明，与母亲关系不稳定的幼儿与教师更容易产生不友好的互动。相反，与母亲关系融洽的幼儿更容易获得教师的关爱和支持。邵尔和他的同事们研究了课堂互动中有严重行为障碍的幼儿，结果发现，教师对幼儿产生的消极行为与幼儿的好斗和不良行为密切相关。大多数教师对有问题行为的幼儿都不愿意采取积极的态度与反应。有学者研究发现，那些有严重违规行为的幼儿从教师那里会得到比同龄人多6～26次的消极反应。研究还发现，与教师关系融洽、积极的幼儿，与同伴能够更友好地相处、更加喜欢交际，同时也更容易被同伴所接受，并且与同伴在一起时也更少发生侵犯性行为；而过于依赖教师的幼儿则表现出更多的退缩性行为与侵犯性行为。[①]研究者波奇等人研究了幼儿的行为取向，包括“反对”他人（被称为反社会行为）、“向”他人（被称为亲社会行为）和“远离”他人（被称为不合群或者焦虑—害怕行为）对幼儿的人际关系包括师幼关系的影响。结果发现，反社会行为的幼儿与其他类型行为的幼儿相比，更容易与他人发生消极的相互作用或关系。此外，有“远离”行为的幼儿会过度依赖教师，并且他们很难独自面对消极情绪，需要教师更多的监督和指引。同时，有行为问题的幼儿有可能在与教师和同学的交往中存在潜在的困难。确实在大多数情况下，有好斗的或者退缩行为的幼儿更容易促使教师产生消极的反应，进而导致消极师幼关系的产生。但是，也有研究发现，尽管在初始时，问题行为幼儿与教师之间相处得并不融洽，甚至产生了负面的师幼关系和师幼互动，但这种负面的互动和关系经过18个月调节后得到了缓解甚至变得积极。该研究结果与之前的研究结果相反，即正面的、积极的师幼关系也会出现在问题行为的幼儿与教师的互动中。

我国学者们也对幼儿的问题行为进行了研究，他们将幼儿的问题行为分为告状行为、求助行为和同伴冲突行为等。我国教育学学者刘金波于1999年提出了由幼儿主动发出的9种师幼互动类型，其中包括幼儿向教师寻求指导和帮助、寻求关注和安慰这两种类型。她认为，幼儿在自己生活活动、游戏

---

① Howes, Carollee, Hamilton, Clainre E, *Children' s Relationships with Peers*, Hinde: Oxford University Press, 1994, pp.57–71.

活动和教学活动等场景遇到某些问题时，就会向教师发起寻求帮助和指导的信号，从而获得教师的帮助。在这一过程中，教师对幼儿的帮助和指导情况将直接影响着师幼关系和互动。学者刘晓静在2002年幼儿同伴冲突行为的研究中提出，解决同伴交往冲突的策略之一是寻求教师的帮助，以求得安慰。有研究表明，幼儿求助心理产生的原因是幼儿对自己缺乏信心，遇事不知道怎样做，所以很依赖教师或其他成人，不断地请求他人的帮助。学者魏蕾在2005年研究幼儿求助行为时认为，教师应该鼓励幼儿向周围寻求帮助，因为幼儿处于比较特殊的阶段，他们需要成人更多的帮助与指导。同时，教师要善于创设和谐的师幼互动环境，使幼儿信赖教师，愿意与教师讲心里话，遇到困难时敢向教师求助。此外，教师要熟悉幼儿发出的各种求助信号，包括语言和非言语信号。教师面对来自幼儿的求助时要积极地给予反馈。[①] 她认为，如果幼儿在人际纠纷中出现的问题得不到教师的指导，可能造成的后果有两种：一是侵犯性幼儿的消极行为没有得到及时制止和正确引导，这实际上是对消极行为的强化；二是被侵犯的幼儿求助受到忽视甚至是压制，幼儿会寻找其他方式解决问题。有的幼儿会以反击的形式回应，即通常我们说的“以牙还牙”，结果会造成更大的混乱。从以上总结我们可知，教师对幼儿的求助行为处理的方式恰当与否，直接影响到师幼关系的和谐程度。学者冯莉英认为，教师在处理幼儿告状问题时首先要弄明白幼儿告状的原因；其次要注意倾听；最后要抓住时机进行教育，千万不能忽视幼儿的告状行为。[②] 研究者陶华琴认为，教师在对待幼儿告状问题上既要坚持原则，又要公正评判、不偏不倚。[③] 学者郭云2014年在教师应对幼儿告状行为的策略研究中认为，教师要对幼儿的告状行为采取积极的态度，教师的态度会影响幼儿当时的心理状态，幼儿期的幼儿会借别人的眼光和标准来评价周围的事物。因此，教师应对幼儿告状行为的态度非常重要。[④] 仵金红2008年在对学前幼儿同伴冲突中的教师教育行为的研究中认为，教师介入同伴冲突行为具体表现为粗暴对待型、权威仲裁型、单纯制止型、帮助幼儿解决型和消极回应未介入型五种类型。[⑤] 2008年幼儿教育研究学者黄胜梅在研究学前幼儿同伴冲突

① 魏蕾:《幼儿求助行为研究》,南京师范大学2005年硕士学位论文。

② 冯莉英:《不要忽视幼儿的告状行为》,载《幼儿教育研究》2001年第3期,第68页。

③ 陶华琴:《正确对待幼儿的告状》,载《幼儿教育研究》2001年第1期,第64页。

④ 郭云:《教师应对幼儿告状行为的策略研究》,华中师范大学2014年硕士学位论文。

⑤ 仵金红:《幼儿同伴冲突中教师教育行为研究——以重庆市北暗区园为个案》,西南大学2008年硕士学位论文。

时，采取自然观察法对教师参与幼儿同伴冲突进行了研究并指出，教师出于安全和纪律考虑，偶尔也会出面采用简单粗暴的方式制止危险的扰乱课堂秩序的冲突行为。[①] 此外，我国研究者吴晗睿从三个层次对大、中、小三个班六位教师进行了为期半个月的调查，分析了教师对幼儿冲突行为的干预中存在的问题，包括：干预的时间把握不当，未将冲突合理解决，积极干预方法不科学等。同时，针对以上问题，分别从教师、幼儿冲突和环境三个角度探讨了幼儿园教师冲突干预行为的影响因素。[②]

以上研究表明，影响师幼关系的重要因素是教师在处理幼儿不恰当行为时的态度与方式。幼儿园教师采取积极的态度和方式对待幼儿的问题行为，和谐的师幼互动和师幼关系便会产生；反之，将会导致消极的师幼互动和师幼关系。

二、幼儿的性别

不同性别在幼儿师幼关系对其学业成绩和积极社交技能水平的影响上存在差异。研究表明，教师与女学生的关系更密切，与男学生的关系中存在更多冲突。研究还表明，师幼关系的质量会影响幼儿的亲社会性。值得注意的是，基于性别的社会技能差异可以解释学生数学和阅读成绩的纵向差异。美国心理学家贝克在2006年的一项研究报告中指出，与教师关系积极的小学女孩比具有类似质量关系的男孩在社交技能方面的表现更好。然而，2009年美国教育学家泰勒[③]，对一份学前班学生样本的研究中发现，教师与幼儿的亲密程度对女孩的学习能力比对男孩的预测作用更大。基于这些研究发现，幼儿性别在师幼关系对幼儿随后的社会和行为结果的影响中可能起着重要作用。因此，当女孩和男孩接触到相同的教师时，由于他们的社会结果和行为结果不同，研究者们对他们与教师的关系会有不同的预测。不同性别的幼儿与教师之间的互动也存在差异。大多数情况下，教师会根据幼儿性别采取不同的行为。关于性别和师幼互动的研究仍存在争议。研究发现，教师对男孩使用纪律技巧的频率高于女孩。同样，有研究结果显示，在日常托管中，男

---

① 黄胜梅:《学前幼儿同伴冲突的观察研究——以武汉市某省级示范幼儿园为例》,载《学前幼儿教育》2008年第2期,第26~28页。

② 吴晗睿:《幼儿教师对幼儿冲突的干预行为研究》,中央民族大学2009年硕士学位论文。

③ 拉尔夫·泰勒,美国著名教育学家、课程理论专家、评价理论专家。他是现代课程理论的重要奠基者,是科学化课程开发理论的集大成者。由于对教育评价理论、课程理论的卓越贡献,泰勒被美誉为"当代教育评价之父"和"现代课程理论之父"。

孩因同样或相似的不当行为而受到的训斥比女孩多。此外，男孩们得到了更多的互动，更多的赞扬和肯定。为了完成一项任务，男孩们接受了更多的指导，而女孩们得到了更多的帮助，甚至有时她们的任务是由教师完成的。有研究表明，父母和教师更容易认为男孩的问题行为多于女孩。在1990年美国心理学家费根的一项关于幼儿性别和气质预测学龄前幼儿行为问题的相互作用的研究中发现，与女孩子相比，教师更容易感知男孩的焦虑与恐惧、敌对与攻击和过度活跃行为。[①] 并且研究者尼米兹在1992年、皮安娜在1997年也都报告了类似的发现，男孩更可能被母亲和教师认为有问题行为。此外，早期的美国教育学学者夸伊和贾勒特在1986年的调查中观察了公立和私立幼儿园环境中的师幼关系。他们同样发现，尽管没有一个幼儿表现消极，但教师更倾向于对男孩的消极态度进行主动性教育。同一时期更早的研究中，美国心理学家辛普森和埃里克森在1983年调查了教师与幼儿的言语和非言语互动。他们的报告结果显示，男孩在语言和非语言形式上能比女孩接受更多的积极和消极的教师互动。这可能是因为教师试图使用消极反馈来减少男孩的问题行为，并使用积极反应来鼓励男孩的适当行为。另有研究表明，教师与男孩和女孩的互动方式不同，因为教师对男孩和女孩可能有不同的看法和期望。研究人员报告说，当教师认为幼儿有问题行为时，幼儿更有可能产生消极的师幼互动和师幼关系。

不同性别的幼儿在师幼关系质量上存在差异。一项有关教师和幼儿之间关系的报告表明，7岁男孩与教师的冲突关系比女孩多，亲密度上没有显著的性别差异。1998年美国心理学家萨蒙发现，与女孩相比，教师与男孩的冲突性关系更多。然而，教师在对与幼儿亲密关系的看法上没有发现显著的性别差异。同一年，研究者波奇研究了小学一年级师幼关系质量的性别差异，结果发现，教师与女孩的关系比男孩更亲密，与男孩的冲突关系比女孩多。还有其他的调查结果显示，女孩与教师的依赖关系比男孩更密切、更依赖。但也有研究表明，男孩对教师的依赖多于女孩对教师的依赖，但差异并不显著。研究者康托斯在1999年的研究中发现，性别与教师的反应性和言语刺激两类教师行为之间没有关系。此后，研究者佩恩在2003年的一项研究中也发现师幼关系质量没有性别差异。总之，大多数研究结果显示，师幼关系质量存在性别差异。

---

① Frankel K, Bates J, "Mother-toddler Problem Solving: Antecedents in Attachment, Home Behavior and Temperament", *Child Development*, 1990, 61(2), pp.810–819.

从上述研究结果来看，幼儿的性别对良好师幼关系的建立的确有相当重要的作用。当教师与不同性别的幼儿产生互动时，教师与幼儿会形成不同质量的师幼关系。因此，幼儿教师在教育幼儿的过程中，一是要了解不同性别幼儿的生理、心理发展特性；二是要根据他们性别的特征，尊重性别差异，采用适宜的互动方式，促进形成融洽的师幼关系的形成。

三、幼儿的气质

气质是幼儿对环境应答过程中的行为方式，它与人的情绪、动机性和社会性方面相联系，与认知、智力等方面相对应，是人最典型、最稳定的一种个性心理特征和素质倾向。最早对气质进行了现代心理学意义上定义的是美国人格心理学家奥尔波特。他指出："气质是个体情绪本性的特有现象，它包括对情绪刺激的感受性、反应的一般速度、个体主导心境的品质及心境波动和强度方面的所有特性。而这些现象都依赖于个体内在的体质结构，因而大部分是与生俱来的。"瑞士心理学家皮亚杰认为，气质对幼儿与环境之间的关系有着必然联系和影响。个性气质既然是与生俱来的，那么必然会影响人际交往和同伴关系。不同气质幼儿的同伴交往能力和社会性发展是有差别的。美国教育心理学家托马斯等人认为："气质是指个体所具有的一种与生俱来的、独特的行为表现方式，也是一种人格特质。它与人格的情绪性、动机性和社会性相联系，而同认知、智力、文化和道德相对应。"他们认为气质是一个非确定性的行为模式的激励因素，它不同于能力和动机的其他方面，具有相对稳定性，较少受到后天环境的影响。综合以上定义，虽然气质研究者对气质的定义还没有达成一致，但我们不难发现，大家都认为气质的核心共同点是与生俱来的，与情绪、心境有着密切的关系，并且具有相对稳定性和不变性。

教育心理学家托马斯提出了"适合度"的概念，以解释幼儿的气质特征、能力和其他特征如何满足环境的期望和要求。"适合度"表明某些气质特征可能更适合特定环境。注意广度长、活动水平低、容易调节消极情绪的幼儿更容易适应幼儿教育课堂的结构化环境。[①] 虽然气质会受到环境因素的影响，但成年人的育儿习惯、对幼儿的态度和反应反而会受到幼儿气质特征的影响。例如，在家庭中，如果幼儿性情随和，社会化进程顺利，父母会觉

---

① Thomas A, Chess S, Birch H G, Hertzig M E, Korn S, *Behavioral Individuality in Early Childhood*, New York: New York University Press, 1963, p.121.

得自己是好父母，可以增强对幼儿的感情和对幼儿的宽容。另一方面，如果幼儿脾气不好，社会化过程会给父母带来压力，他们可能会感到无能，甚至会无意识地以敌对的方式对待幼儿。在学校，一些气质特征可能与课堂环境和课堂规则不相适应。例如，高度活跃、容易分心的幼儿，特别是男孩，可能会在遵守课堂规则方面遇到问题。这种行为可能导致师幼关系的冲突，也可能影响教师与这些幼儿互动的性质。幼儿的气质特征影响他们对课堂的适应，以及他们如何被教师看待和对待。

国外学者对师幼关系和师幼互动的研究表明，幼儿的气质类型与教师的课堂管理行为密切相关。研究者佩吉特和她的同事要求教师写下他们班上幼儿的气质类型，然后观察课堂上师幼互动的情况。结果发现，幼儿的气质类型有简单随和型（随和、善社交以及坚韧）和困难型（孤僻、分心和难以平静）两种。在课堂互动中，这两种气质类型均是显而易见的。那些简单随和型气质的幼儿不太容易得到教师的夸奖。相反，教师将大部分精力都放在那些困难型气质的幼儿身上。其原因可能是教师想在第一年里帮助困难型气质的幼儿适应学校生活。此外，美国心理学家弗林2000年对幼儿气质与教师对其的评价之间的关系进行了探究。结果发现，师幼关系亲密度与气质中的任务取向、个人和社会灵活性维度呈正相关。[①] 她的结论是，幼儿的某些气质特征会影响师幼关系。对师幼关系影响最大的气质特征是活跃性、坚持性和分心。教师与适应能力更强、更接近、更执着的幼儿关系更密切，与更活跃、容易分心、不执着的幼儿之间存在更多的冲突关系。

此外，研究者通过调查不同气质类型的幼儿和教师的教育教学行为之间的关系发现，幼儿的气质类型对教师教学行为有着很大的影响。尽管许多教师与困难型气质的幼儿互动非常频繁，但他们大都是使用直接且限制的方式来调控幼儿的破坏性行为和不恰当行为。然而，也有研究者持有不同观点。美国心理学家布洛克认为简单型气质的幼儿更容易被认为是“好幼儿”，因而与困难型幼儿或者反应较为迟缓的幼儿相比能得到教师更多的关注。此外，在大多数情况下，幼儿的问题行为或者困难型气质都是促使教师产生负面回应的因素。教师通常认为难以控制的气质特征是消极情绪、低适应性、高强度性、高活动性、初始退缩、低坚持性和高分心性。与消极情绪、高强度性或孤僻的幼儿相比，善于交际的幼儿与教师的互动方式大不相同。这些

① Flynn B M, *The Teacher-child Relationship, Temperament and Coping in Children with Developmental Disabilities*, New York:University of Columbia Press, 2003, pp.77–79.

互动模式影响着师幼关系的构建，教师更容易与平易近人、情绪积极的幼儿建立亲密关系。另一方面，教师必须更加努力地与情绪消极或性格孤僻的幼儿建立密切的关系。有些教师可能会孤立或忽视这些幼儿，而不是试图以获得幼儿们的信任的方式去建立一种更为积极的关系。由此可见，在课堂环境中，困难型气质的幼儿可能得不到他们所需要的爱和亲密关系以及语言刺激，从而影响他们潜在的语言、情感、社交和认知发展。因此，幼儿气质会通过影响他们与教师之间的互动来影响幼儿的社会、情感、语言和认知等发展。

我国学者也对幼儿的气质类型进行了研究。学者刘文2002年研究3～9岁幼儿气质发展及其与个性相关因素的关系时，编制了3～9岁幼儿气质教师评定问卷，探讨了我国3～9岁幼儿的气质结构、气质类型及气质发展的总体特点。根据前人对气质类型的划分，他将我国3～9岁幼儿的气质类型分为活跃型、专注型、抑制型、中间型和敏捷型五种。学者杨勤勤在2013年研究气质类型影响幼儿参与音乐教学活动时，根据前人的研究将幼儿的气质类型分为易养型、难养型、启动缓慢型和中间型。根据不同的气质类型，教师在教学和组织活动过程中，要注意因材施教，良好的师幼互动才会在活动中建立。

从上述研究结果来看，当教师对幼儿持有消极态度时，幼儿的问题行为未必会导致消极的师幼关系。因此，幼儿园教师在教育幼儿的过程中，首先，要正确地运用教育方法因材施教，让幼儿们更好、更快地适应幼儿园的生活。其次，幼儿园教师应事先了解班里幼儿的气质类型，与家长共同了解幼儿的适应困难所在。根据他们气质类型的特征，采用合适的方法，家园共育，教师和家长携手促进幼儿茁壮成长。

四、幼儿的身体状况

心理学家沃莱等人早前进行了一次以社区为主的幼儿早期教育的大规模调查研究。社区中超过三分之二的幼儿参与了该项目，其中包括残障幼儿。研究结果表明，残障幼儿通常需要教师额外的关注。学者玛茜特等人向幼儿园教师询问他们关于残障幼儿项目的意见和看法，之后得出结论，被采访的教师与发育较为迟缓的幼儿之间关系融洽。苏利斯等人研究了教师与自闭症和轻度残疾的学前幼儿之间的互动关系，发现教师对幼儿的负面行为表现出无所谓的态度甚至是忽视。然而，其他的研究人员却披露了不同的结果。研究者斯帝佩克等人研究了师幼关系在学前幼儿有无特殊需要情况时发现，教师要么提供一些没有必要或者没有实质意义的援助、过度称赞或者更多的指示，要么就是忽视了那些真正需要帮助的处于困难境地的幼儿或者残障幼儿。另一项研究探究了关于师幼互动在有无残疾并且性格执拗的学前幼儿中的作用，结果发现，教师认为残障幼儿与正常的有执拗性格的幼儿相比，能力稍微差一些，并且灵活度也较低。因此，与正常幼儿相比，教师不太愿意与残疾幼儿有积极的互动。最后，研究者还考查了幼儿玩要、师幼互动及教师信仰三者在早期幼儿项目中的相关关系。结果显示，与正常幼儿的互动相比，教师在与残疾幼儿的互动中会使用更多的指令。

我国特殊教育起步相对较晚，学者们对幼儿园教师与残疾幼儿之间的互动研究相对较少，更多是关注教师对残疾幼儿随班学习的态度。韦小满、袁文得（2000）从北京抽取了188名普通小学和特殊学校的教师进行了调查，结果发现普小教师与特教教师相比，普小教师对有特殊教育需要的幼儿在普通班就读的赞同态度上明显要比特教教师低很多。他们还发现教师对有特殊教育需要的幼儿随班就读的态度不受教龄、性别及是否修读过特殊教育课程的影响。“教师对有特殊教育需要的幼儿在普通班级随班就读的主要忧虑是幼儿的学习能力较差，教师专业知识和经验不够，缺少时间和精力，同学关系、教学条件、家长配合、幼儿的行为问题、教师态度，以及相应的政策、人员编制、校领导的关心和支持等。”[①] 学者彭霞光在2003年调查特殊学校教师对随班就读的态度时发现，“特殊学校教师对残疾幼儿的态度、对残疾幼儿的评价与期望、对残疾幼儿随班就读的态度是积极的，对残疾幼儿随班就读是理解和支持的。但是，仍有一部分特殊学校的教师在一定程度上对残疾幼儿不够理解，带有偏见，甚至存在对残疾幼儿拒绝、隔离的倾向”[②]。学者张阿妮在2013年研究新疆幼儿园教师对残疾幼儿随班就读的态度调查时发现，大部分幼儿园教师虽然认为残疾幼儿和普通幼儿有同等的受教育机会，但他们并不能接纳残疾幼儿进入普通幼儿园，有些教师还明确拒绝接受残疾幼儿随班就读。教师们给出的原因，排在前三位的在于“他们会经常干扰正常教学”“正常幼儿会欺负他们”“担心有什么意外会给自己招惹

① 韦小满、袁文得:《关于普小教师与特教教师对有特殊教育需要学生随班就读态度的调查》,载《中国特殊教育》2000年第3期,第32~34页。

② 彭霞光:《特殊学校教师对随班就读的态度调查研究》,载《中国特殊教育》2003年第2期,第10~15页。

麻烦”。[1]

总之，幼儿园教师对残疾幼儿的态度从侧面反映了师幼互动的情况，然而积极的师幼关系源自幼儿园教师积极的态度。

第三节 家庭因素

一、家庭教养方式

家庭教养方式主要是指父母与幼儿的互动，它是亲子关系的近义词。[2]研究表明，父母的教养方式对幼儿的社会性发展、社会适应性和师幼关系等有重要影响。通常大家认为“教养方式”更多地指向父母的行为，但实际上它还包括父母与幼儿的互动。大量文献表明，每个父母都有自己与幼儿互动的独特方式。研究者将父母与幼儿之间的互动划分为四种类型。这四类教养方式分别是：权威型、专制型、纵容型或溺爱型、疏离型。[3]

（一）权威型

权威型的教养方式是指父母对幼儿要求较高，对幼儿的需要反应较为积极的亲子类型。权威型的父母常常对幼儿的活动严格控制，对幼儿成熟的社会行为和独立行动有严格限制，但也积极接受并尊重幼儿的个人兴趣。这类父母跟幼儿解释规则的合理性，并鼓励幼儿遇到问题时与他们交流沟通。兰波姆和他的同事调查了以权威型、专制型、纵容型或溺爱型、疏离型的教养方式长大的幼儿在胜任能力和适应能力方面的不同表现。他们发现，与专制型、纵容型或溺爱型、疏离型教养方式相比，权威型教养方式的家庭更可能培养出学习能力强、心理发展健康、行为错误水平低的幼儿。研究还发现，来自权威型家庭的幼儿有更高的自我概念和较强的领导能力，并且更容易受到幼儿园同龄幼儿的喜欢。这些幼儿们表现出更高的独立性和负责任的行为。

---

① 张阿妮:《新疆幼儿园教师对残疾幼儿随班就读的态度调查》,载《新疆教育学院学报》2013年第3期,第23~26页。

② 陈陈:《家庭教养方式研究进程透视》,载《南京师范大学学报(社会科学版)》2002年第6期,第95~109页。

③ 李丹:《幼儿发展心理学》,华东师范大学出版社1994年版。

(二)专制型

与权威型相比，专制型教养方式是指那些父母对幼儿要求较高，但对幼儿的需要回应消极的教养方式。这种类型的父母对幼儿抱有敌对情绪而且倾向于使用体罚。这些父母把服从看作好幼儿的标准，使用惩罚或强迫的方法使幼儿的表现与他们的期望相一致。此外，这些父母不善于语言交流，经常专断地打击幼儿。研究者调查了幼儿的自我概念与教养方式之间的关系。调查结果表明，以专制和敌对的态度对待幼儿的父母，更可能养育出具有较低自我概念的幼儿。哥特曼等人还调查了亲子互动对幼儿的心理健康及同伴关系的影响。结果表明，那些以专制和敌对态度对待幼儿的母亲，更可能养育出情绪控制力差、行为不良和交际能力差的幼儿。此外，专制型教养方式更可能培养出不负责任或对环境不信任、适应能力较差的幼儿，并且学习成绩也较差。来自专制型家庭的幼儿往往对同伴抱有敌对情绪，但与攻击性强的同伴交往时又表现出顺从、退缩的行为。

(三)纵容型或溺爱型

纵容型父母一般对幼儿要求较低，但对幼儿的需要回应比较积极。这类父母尽可能地满足幼儿的需求，在家庭中幼儿是规则的制定者。纵容型教养方式完全是以幼儿为中心的，对幼儿几乎没有任何管教。使用纵容型教养方式的父母没有为幼儿制定规则或要求幼儿有责任意识，却满足了幼儿的大多数要求。研究表明，纵容型教养方式与幼儿的社会能力呈负相关。来自纵容型家庭的幼儿对同伴表现出更多的强迫行为。纵容型父母把规则视为幼儿自己的事情。与权威型和专制型父母相比，纵容型父母几乎不改变幼儿自己的规则。来自纵容型家庭的幼儿更容易被视为缺乏责任感、具有攻击性、贪婪、依赖性强和自我中心主义。在青春期时，来自纵容型教养方式家庭的孩子更容易有迷茫情绪，而在长大后，他们通常对未来缺乏信心。

(四)疏离型

疏离型教养方式是父母对幼儿要求相对较低且对幼儿的需要消极回应的教养方式。这类父母不愿意或不能够与幼儿以任何方式进行交流。他们既不关注幼儿的生理发展，也不关注幼儿的心理发展。这类父母有意地与幼儿保持距离，既对幼儿没有要求也不积极回应幼儿。这类父母试图把与幼儿接触的时间和花费的精力最小化。研究发现，与来自其他三类教养方式家庭的幼儿相比，来自疏离型教养方式家庭的幼儿在学校的表现最差。美国心理学家戈特曼指出，对子女态度冷淡、不负责任的父母养育出的幼儿与同伴玩耍时表现较差。疏离型教养方式经常被认为是失调性的养育，也被认为是忽略幼儿的养育类型。来自疏离型家庭的幼儿在参加学校活动、与同伴交往时存在困难，这些幼儿更容易发生心理或生理问题。

家庭教养方式对幼儿的身心发展有着十分深刻的影响。在对幼儿的教养过程中，需要父母在日常生活中多一些耐心和细心，及时地发现幼儿成长过程中出现的问题，随时修正自己的教养方式，并通过学习以及和幼儿的互动来寻找出适合自己的幼儿教养方式。幼儿是不断发展的人，父母在教育幼儿的同时就是继续完善自我的过程。家长不仅要做好合理的工作安排，而且需要营造适宜良好的环境给幼儿带来温馨的情感体验。那么，在这个过程中，我们对家庭教养方式的选择就成了我们对家庭教养方式有效辨别的一个合理风向标。同时，我们通过对每个家庭情况进行细致严谨的分析，并结合本土的文化发展特点，可以适当给予相应的规划。

二、依恋类型

英国心理学家鲍尔比在1969年提出了著名的依恋理论。[①] 该理论已经成为发展心理学最重要的理论之一，为我们观察和解释亲子关系提供了理论指导。依恋是随着幼儿和照顾者（主要是母亲）之间的不断联系而慢慢出现的，它对幼儿的发展有巨大影响。鲍尔比认为幼儿早期的亲子关系为其提供了范例，从而形成了幼儿与他人关系最初的态度和期望。[②] 在鲍尔比工作的基础上，美国心理学家艾斯沃斯及其同事通过陌生情境实验对幼儿依恋进行了研究。在实验中，研究者首先将母婴安排在一个完全陌生的环境中，然后让幼儿分别经历母亲离开、陌生人进入等情境。通过观察幼儿与母亲分离和相聚的表现，以及面对陌生人时的表现，对幼儿的依恋类型进行了区分。艾斯沃斯等人将依恋分为四种类型：安全型依恋、不安全—回避型依恋、不安全—反抗型依恋和不安全—破裂型依恋。[③] 通常，如果幼儿能与母亲频繁互动，幼儿就会形成安全型依恋。反之，如果幼儿与母亲的互动有障碍或者反复无常，幼儿则会形成不安全型依恋。

---

① Bowlby J, *Attachment*, New York: Basic Books, 1969, pp.52–55.

② 陈会昌、梁兰芝：《亲子依恋研究的进展》，载《心理学动态》2000年第1期，第29~34页。

③ 罗增让：《幼儿分离焦虑的发展变化研究》，载《心理发展与教育》2002年第4期，第65~69页。

(一)安全型依恋

主要表现为与母亲在一起时，将其作为“安全基地”。在这一过程中，幼儿很自在，能够以母亲为中心，独立、主动地去探索环境，并没有总依偎在母亲身旁，只通过偶尔靠近或眼神注视与母亲交流。当母亲在场时，幼儿感到足够安全；当母亲离开时，幼儿明显感到苦恼、不安；但是当母亲回来时，他会立即寻求与母亲接触，将其作为“避风港湾”，易被安抚。安全型幼儿的母亲一般对幼儿的信号及情绪表达（呼救、肢体动作等）很敏感，能及时了解幼儿的想法，鼓励幼儿进行探索，而且喜欢和幼儿有亲密的接触。

(二)不安全—回避型依恋

这类幼儿主要表现为与母亲分离时并不难过，很少有紧张、不安的表现。容易与陌生人相处，容易适应陌生的环境，容易从陌生人那里获得安慰。当母亲回来时，幼儿会对母亲采取回避的态度，即表示忽略而不是开心；有时也会表示欢迎，但是时间极其短暂，有人把这类幼儿也称为“无依恋幼儿”。回避型幼儿的母亲有多种类型：有的对幼儿缺乏耐心，当幼儿干扰到自己的计划或者活动时，就对幼儿生气或抱怨幼儿，对幼儿的信号反应不灵敏；有的母亲对幼儿经常表现出消极情感，即使对幼儿表达积极情感，程度也很微弱。因此，幼儿与母亲之间并没有形成特别密切的感情联结。

(三)不安全—反抗型依恋

这类幼儿在妈妈要离开之前就显得非常警惕。当妈妈离开的时候，他们会非常苦恼，并且极度反抗，任何一次短暂的分离都会引起他们的不良情绪。然而，当妈妈回来的时候，他们对妈妈的态度又很矛盾，心里既想与妈妈接触，但又有些反抗。如果妈妈想抱他，他会生气地拒绝、推开，而又时不时地朝妈妈这里看。反抗型依恋幼儿的父母教养方式通常不一致，他们对幼儿时而热情时而冷淡。幼儿对父母的这种态度和方式会感到绝望，为了获得关注，他们要么粘住父母，要么哭闹，如果一切努力都无效的话，他们就会变得愤怒、怨恨。

(四)不安全—破裂型依恋

这是最不安全的依恋类型，幼儿几乎没有安全感。当妈妈回来时，幼儿会表现出不知所措的样子。妈妈拥抱他们，他们的表情会比较茫然，情绪会显得有点忧伤，同时也会躲开妈妈的目光。一些幼儿在得到妈妈的安抚后会大哭，或者表现出一些奇怪的、冷漠的眼神。破裂型依恋的幼儿通常是因为受到了父母的忽视，或者遭受过父母对其身体上的虐待。这些幼儿的妈妈通常有抑郁倾向，他们自己也会经常出现恐惧的、矛盾的、不悦的情绪。

许多研究都表明，依恋在幼儿的社会发展过程中具有重要作用。幼儿与母亲频繁的互动和回应不仅会使幼儿表现出依恋行为，也会促使幼儿发展与母亲或他人的关系网。研究者弗兰克尔等人研究了幼儿期的母子依恋和幼儿问题解决行为间的关系。他们对2岁、6岁幼儿、13岁儿童分别进行了家访，并对2岁幼儿进行了实验评估。研究者发现，与不安全型依恋幼儿的母亲相比，安全型依恋幼儿的母亲对幼儿给予了更多帮助，提供了更好的支持。安全型依恋幼儿表现出了较少的消极情绪、攻击性行为和分心行为。德国心理学家科恩研究了89个来自中产阶级的小学一年级幼儿的母子依恋类型和社会能力的关系。研究结果表明，不安全型依恋类型的幼儿不受同伴和教师欢迎，也更多地被认为是具有攻击性的幼儿，而且经常被教师批评。

在一项纵向研究中，研究者对18～24个月大的幼儿的亲子关系类型进行了测量。等到这些幼儿长到6～7岁时，研究者又再次测量了他们的社会行为。研究发现，幼儿的依恋类型是检测其与他人亲密关系最好的指标。与不安全型依恋的幼儿相比，安全型依恋幼儿的成长初期更可能与同龄人建立良好的人际关系。此外，研究者研究了三岁半幼儿的依恋类型与其和同伴的人际关系。结果表明，与不安全型依恋的幼儿相比，安全型依恋的幼儿似乎有更多的亲社会行为。同样，与破裂型依恋幼儿相比，不安全—回避型依恋的幼儿似乎表现出更多的积极回应。研究还发现，安全型依恋的幼儿更乐于自发学习且较少需要规则来约束他们的行为。

美国心理学家巴斯等人曾尝试拓展亲子关系的研究内容。他们调查了138个家庭的亲子阅读模式与这些幼儿们的依恋类型，并在4个实验室使用陌生情境测验，评估12个月、13个月、18个月以及20个月大的幼儿的亲子依恋类型。在第3个和第4个实验室里，他们观察了亲子阅读的情况。根据幼儿阅读时的参与情况，研究者把幼儿的依恋类型分为安全型、不安全—反抗型和不安全—回避型。在亲子阅读时，与不安全—依恋型幼儿相比，安全型依恋的幼儿表现出了更多的好奇心、责任心、胜任能力以及较少的破坏行为。研究者帕克等人的研究也发现，幼儿的依恋类型决定了他们在课间游戏时间如何与其他幼儿玩耍。与不安全型依恋的幼儿相比，安全型依恋的幼儿表现出了更多的合作行为和较少的强迫行为。尽管这两种依恋类型的幼儿在发生冲突的频率上没有显著差异，但是，安全型依恋的幼儿比不安全型依恋的幼儿更乐于去探索解决问题的方法。

此外，有大量的依恋理论相关研究来支持这样一种观点，即幼儿根据他们早期与成人照料者的关系经历，发展出独特的社会工作模式，进而帮助幼儿形成早期发展并影响他们的学习经历。例如，对主要照顾者有安全型依恋的幼儿会更积极地参与同伴互动和探索学校环境，有更强的自尊心，表现出更强的交往能力，更受同伴欢迎，消极情绪和敌意攻击较少。有不安全型依恋的幼儿，其社交能力和自尊心有可能降低，他们倾向于表现出较严重的攻击性和敌对行为，与教师的接触较少，愤怒情绪也较多。因此，幼儿与成年人的早期关系在他们形成社会能力方面发挥着重要作用，这种能力往往转化为课堂上的积极适应。一旦幼儿们进入幼儿园，与非父母的成年人的关系，特别是与教师的关系将变得越来越重要。教师在塑造幼儿的学校体验方面发挥着重要作用，他们除了充当教授知识技能等传统角色外，还向幼儿提供行为支持和传授应对技能。

从教师的角度来看，教师与安全型依恋的幼儿更易于建立牢固、积极的关系，并且可以给教师提供动力，让他们花更多的时间和精力来促进幼儿的成功。相反，与不安全依恋型幼儿互动时，以冲突为特征的师幼关系可能导致教师经常试图控制幼儿的行为，从而减少他们为营造积极的学习环境而做出的努力，这可能是为什么消极的师幼关系将幼儿排除在课堂之外的原因之一。

从幼儿的角度来看，积极的师幼关系可以防止幼儿由家庭环境导致的不良学校表现。例如，一项受虐待幼儿和未受虐待幼儿的研究发现，受虐待幼儿可能比未受虐待幼儿更渴望与非父母的成年人亲近。正如教师可能会为与他们有积极关系的幼儿付出更多的努力一样。尽管有一些证据表明，随着年龄的增长，幼儿们觉得他们与教师的关系变得不那么积极，但之后的一项大型数据调查表明，即使在青少年时期，与教师的关系是幼儿最常见的单一资源之一，可作为一种保护因素，降低一系列问题后果的风险。

总之，依恋类型与亲子关系对幼儿的发展具有重要影响。大量相关文献表明，亲子关系的好坏会严重影响幼儿的社会发展和学校适应能力。此外，亲子关系研究也为探讨幼儿与除父母之外的重要成年人之间的关系提供了理论基础和方法论指导。

三、家庭结构

家庭是幼儿出生的摇篮，是幼儿生活的基础。父母是子女的第一任教师，家庭是子女身心健康成长的重要场所，家庭结构决定了家庭和家庭环境的功能，家庭结构和家庭成员相互作用，相互影响，对幼儿的成长具有重要影响。家庭结构是家庭的构成，但不是指家庭的经济、职业、文化的构成，而是特指家庭中成员的构成及其相互作用、相互影响的状态，以及由于家庭成员的不同配合和组成的关系而形成的联系模式。家庭结构的类型对幼儿成长和良好的师幼关系的形成有很大影响。

根据家庭的代际层次和亲属关系来划分，我国的家庭结构可以大致分为以下四种：核心家庭、主干家庭、联合家庭、变异家庭。核心家庭是由一对夫妇及其未婚子女生活在一起而组成的家庭。家庭规模小，关系简单，只有一个核心，是最稳定的一种家庭结构；主干家庭又称直系家庭或扩大的核心家庭，是由一对夫妇与父母和未婚子女一起生活的家庭（两代或两代以上夫妻组成，每代最多不超过一对夫妻且中间无断代的家庭）；联合家庭即家庭中任何一代含有两代以上夫妻的家庭，如父母和两对或两对以上已婚子女及其幼儿组成的家庭，或是兄弟姐妹婚后不分家的家庭；变异家庭指由父亲或母亲一方组成的联合体。不同类型的家庭对幼儿的成长有不同的影响。

(一)核心家庭

核心家庭的家庭关系简单，家庭成员对其他亲属的依赖性不高，为此，在日常生活中的家庭矛盾会有所减少，容易形成家庭中平等和谐的融洽氛围。在核心家庭中，父母能更加民主地对待幼儿教育，能与幼儿更好地进行沟通并及时让幼儿认识到自身错误并进行改正，这种做法有利于幼儿友好平等地对待他人，增强其自尊心，乐于接受批评与教育，经得起挫折。但核心家庭也有不好的一面，当父母忙碌的时候，幼儿大多数的时间是与保姆或电子产品一起度过，不利于幼儿社交能力的培养，幼儿容易变得内向。父母常常用金钱来弥补对幼儿的亏欠，长此以往，会使幼儿变得自大、任性，出现攀比倾向。

(二)主干家庭

在主干家庭中，爷爷奶奶可以帮忙照顾、管理幼儿，幼儿可以得到更多的爱和教育。在这种家庭中，父母对祖父母的照顾能使幼儿学到照顾长辈的好品质。同时，在这种家庭中，年老的爷爷奶奶思想比较传统，而年轻的父母能接受新的教育思想，新旧教育思想的双重结合能使幼儿更好地学习。除了这些积极影响，主干家庭也存在对幼儿的负面影响。祖父母通常会对隔代人更加疼爱、宠溺，这容易使幼儿恃宠而骄，养成自私自利的不良品质，缺乏责任感，学不会忍耐，不合理的要求不断增加。并且幼儿会以自我为中心，自控能力比较差。

（三）联合家庭

联合家庭的关系比较复杂，一般出现在农村。在这种家庭中，子孙满堂，长辈往往会对幼儿过分宠溺，使得幼儿恃宠而骄，往往会出现长辈偏爱某个小辈的情况，从而使其他幼儿产生嫉妒心理甚至报复心理。但在联合家庭中，幼儿能和同辈的幼儿进行学习上的交流与竞争，有利于提高幼儿的学业成绩和与人交往的能力。

（四）变异家庭

变异家庭在这里指单亲家庭。现如今随着社会经济的飞速发展，中西方文化的不断碰撞，人们的价值观念也随之发生变化，导致家庭易产生变异，为此，单亲家庭数量逐年增多。这使幼儿的安全感和归属感大幅度下降，有些幼儿甚至变成物品被家长争来抢去。这些都会对幼儿产生较大的心理阴影，使幼儿容易形成孤僻的性格。

综上，不同的家庭类型会影响幼儿的性格行为以及幼儿的气质，要充分认识到每个家庭类型的利弊，扬长避短，充分利用现有家庭结构的好处，正确教育幼儿，让幼儿在心理、学习、人格方面健康发展，从而促进良好的师幼关系的发展。

第四节 教师因素

师幼关系是幼儿和教师持续交往活动的产物。教师和幼儿双方都对对方有较强的影响，随着时间的推移，在不断变化的社会环境中，他们之间的关系可能会受到不同因素的影响。大多数关于师幼关系的研究都考察了幼儿因素，少数研究考察了教师的教育背景和经历。基于生态学理论、交互理论和自我效能感理论以及相关文献可知，影响师幼关系的重要的教师因素包括：教师的教育背景和教学经验，教师的课堂管理策略，教师的职业倦怠，教师效能感及教师与家长的关系。

一、教师的教育背景和教学经验

幼儿园及幼儿教育机构的师幼关系受到教师的教育背景和教学经验的影响。国外学者豪斯研究了教师的教育背景和教学经验，结果发现，教师的教育背景和教学经验会显著影响教师与幼儿之间的互动。另外，研究结果还表明，获得学士学位或受过幼儿教育的教师与只有大专学历或低于大专学历的教师相比，前者对待幼儿的问题行为更加敏感，在教学过程中能够更好地处理与幼儿之间的关系。他们认为只有这样，积极的师幼关系才会产生。研究者布克等人在研究幼儿质量与教师的教育背景和教学经验的关系中也发现了相似的结果，即教师的教育背景和教育培训水平越低，在教学过程中对与幼儿之间的关系越不敏感，并且对幼儿的行为表现比较严苛。因此，研究者安麦特认为幼儿园教师之前受过的专业培训越多，对自己与幼儿之间的关系就越敏感，表现得越积极，对幼儿的问题行为也能很好应对，态度方面也更加缓和，很少惩罚幼儿。

然而，并不是所有学者都认为高学历或者有丰富工作经验的教师在师幼关系方面都处理得很好，这类教师并不能保证积极的师幼互动或者师幼关系。比如，学者博尔顿研究了教师对幼儿欺负行为的态度。他发现有多年教学经验的教师对幼儿的欺负行为表现出消极的看法。超过87%的教师认为，自己尽管有丰富的教学经验，但在处理幼儿的欺负行为方面缺乏信心。因此，他们认为对处理特定问题的方法需要进行进一步的培训。另一项研究也发现教师的水平和教学经验与教师控制幼儿行为没有太大关系。因此，有学者认为，高水平和教学经验丰富的教师并不能管好幼儿的问题行为，只有对特定问题行为的管理经过特殊培训，才能保证教师和幼儿间的良性互动。研究发现，教师的教育背景和教育质量间有关系，但呈不显著相关。教师的教学经验和较高教育背景无法解释师幼互动质量的变化现象。瑞典心理学家厄林等人对237个幼儿园的师幼互动质量和超过800多名幼儿的学业成就数据进行了分析，考察了教师的教育背景、所学专业、幼儿教育资格证书等因素对师幼互动情况和幼儿学业成就的影响。结果发现，教师的教育背景、培训经历、幼儿教育资格证书等因素对师幼互动和幼儿学业成就没有太大的关系。他们还对学前教师是否需要学士学位这一问题进行了研究。在整合了美国大规模相关数据的基础上，探讨了教师的教育背景与专业对幼儿教育质量和幼儿的学业成就的影响。结果发现，教师的教育背景和所学专业对幼儿的教育质量和学业成就之间的关系相矛盾。研究者认为，这可能是因为相关的教育政策仅仅只关注了学前教师的教育背景，这对提高幼儿教育质量和幼儿成就并无太大效果。提高师幼互动是提高幼儿教育质量和幼儿学业成就的保障。研究发现，教师的教育背景和教学经验对师幼互动质量的影响呈阶段性。因此，拥有四年幼儿教育经历的教师并不能保证其一定有高质量的教学。学者黄瑾、田方采用CLASS课堂互动评估系统对幼儿园半日活动情景下的师幼互动进行了研究，也得出了相似的结果。他们将教师从事幼儿工作的教龄、学历、职称等作为影响师幼互动的变量，统计结果表明，在教学经验方面，“教龄在15年以上的教师师幼互动水平明显低于5～15年教龄的教师，而5～15年的教师水平最高”。在教师的学历方面，“本科及以上学历的教师在师幼互动的‘尊重幼儿观点’和‘教育学习安排方面’的互动能力明显高于专科”。[①] 该研究结果说明教师的教学经验与师幼间的互动水平并不是随着教龄的增长而不断进步的，而是存在一定的阶段性。但在学历方面，与学历较低的幼师相比，学历较高的幼师在专业学习中获得了更多的学习学科知识的机会，为从事幼儿教学工作奠定了良好的基础。

在一项质性研究中，研究者观察了五位教师与学龄前幼儿的互动。两位是获得正规学位和资格证书的教师，另外三位教师没有任何形式的学位和教学证书。研究发现，与其他教师相比，持幼儿教育资格证书的教师在教学过程中提供了更多适合幼儿发展的活动，并与幼儿间的关系融洽。其他无任何学位的教师的表现很相似，都以自我为中心、惩罚幼儿、忽视幼儿兴趣及爱好等。研究者认为，对于幼儿教育，教师必须要具有相应正规的教育背景。

以上研究表明，在大多数情况下，教师的教育培训和教学经验在与幼儿的交往互动中发挥着重要的作用。同时，幼儿和教师互动的时间越长，不仅有助于二者间形成积极的师幼关系，而且还能将消极的互动转化为积极的互动，同时提高双方的社会交往能力。总的来说，受过高水平正规教育和培训的教师在与幼儿的交往互动中表现更加积极和敏感。然而教师的教育和经验似乎不足以完全代表影响师幼关系的因素，还有一些其他因素，诸如教师对自身角色和教学的认识等，也是影响师幼关系的重要因素。

---

① 黄瑾、田方:《幼儿园半日活动情境下的师幼互动研究——基于CLASS课堂互动评估系统的观察分析》,载《上海教育科研》2012年第10期,第88~91页。

二、教师的课堂管理策略

一堂课的开端，组织成功是十分重要的。如何在短时间内吸引幼儿的注意力，让其快速进入最好的上课状态，是具有重要现实意义的。因此，组织并管理好一堂课的开始是非常必要的。对于这一点，幼儿教师都有方法，但无论是怎样的管理方法，都要符合幼儿的生理与心理特点，有针对性地开展教学活动。比如：顺口溜说唱、猜谜语、多媒体导入、直观教具、情境表演等。《幼儿园教育指导纲要》要求教师关注学生主体的精神状态。良好的精神状态，能够促使学习主体产生自信，进而挑战自我，发展自我，走向自我实现。所以这样的方法能够在最短时间内吸引幼儿的注意力，激发其模仿教师行为的兴趣，进而使教师有纪律、有秩序地进行教学。

有研究者发现，有效的课堂管理策略是减少幼儿不良行为和教师压力所必需的。考虑到早期课堂的必要性，教育者应采取有效的课堂管理策略，以促进幼儿的成长和发展。有效的课堂管理和结构可以帮助改善课堂上幼儿的问题行为。教师通过这种介入，对减少问题行为起到核心作用。此外，幼儿园教师对课堂行为的管理也可作为幼儿提高小学入学准备的重要机制。其中一种是积极的行为支持方式。积极的行为支持策略包括对幼儿进行奖励，对特定的活动进行赞誉、强化适当的行为、对特定错误的修正等。这样的行为在减少幼儿问题行为的方面影响很大，特别是高度赞扬和社会强化与课堂活动的改善有关。有效的命令、警告和有形强化系统的使用还与改善幼儿课堂行为的破坏性和攻击性有关。同时，积极运用课堂管理策略，有助于营造积极的课堂环境，有助于提高幼儿自主学习的能力，有助于预防失控幼儿的行为出现问题，还有助于防止后续犯罪情况的发生。但是，许多幼儿园的教师并不认为他们已经做好了满足幼儿们主要的社会问题和挑战精神的准备。研究报告指出，幼儿教师的作用和培训是很有必要的。另一项研究表明，有必要对幼儿教师进行有效的培训，使他们获得教育那些有问题行为的幼儿如何有效学习的经验。另外，对有问题行为的幼儿进行教导，这是课堂管理和对教师的首要要求。一些教师在帮助有行为障碍的幼儿遇到问题时可能会采取消极的策略来管理。消极策略包括有效减少问题行为，或者通过对幼儿施加压力来控制幼儿行为。还有一些策略，比如对不适当的结果和学生的行为做出反应。处理过幼儿问题行为的教师可能会使用消极的课堂策略，压力比率也会很高。教师对破坏性的幼儿持有更消极的态度，他们与教师们的互动也更消极。

研究还表明，在低收入家庭工作的教师比在高收入家庭工作的教师更冷漠，更有压力。高校教育中之所以有学前教育这一专业，是因为学前儿童具有更特殊的特点，直接关系到幼儿日后的成长与发展。学前幼儿的教育与管理方式，应该更富有科学性、针对性及合理性。师范学校毕业的幼儿教师一般都学习了科学的课堂管理观念，能认识到只有科学的课堂管理才能维持课堂纪律与秩序，才能培养幼儿的自律性、自主性及差异性。因此，幼儿教师必须不断改变直接且具有控制性的管理方式，不断增长幼儿教学与管理知识，不断更新教学与管理观念，不断丰富管理经验。真正从每一个幼儿的实际出发，关注每一个幼儿的内心活动，运用教育学、心理学等相关知识，通过科学的课堂管理方式，为幼儿学习的内容与真实情境提供社会性的教育，进而有效预防幼儿问题行为的发生，有效帮助其培养能力，促进其身心健康发展。

三、教师的职业倦怠感

人的各种行为都要受到动机的激发、调节和维持。动机产生于需要，并与人的兴趣、价值观、抱负水平等心理因素密切相关。当动机消失后，它所推动的行为就会自然消失。当人对所从事的工作缺乏兴趣，却又不得已而为之时，就会感到厌烦，产生一种身心俱疲的心理状态，导致自身潜能不能充分发挥，工作能力和工作效率明显下降，这种状态就是职业倦怠感。职业倦怠感一旦产生，人的态度、行为都会发生很大变化。

在认识上，失去工作兴趣，认为工作毫无意义、毫无价值，枯燥、机械。感到前途黯淡，毫无希望，一有机会就想调出岗位。在情感上，由于对工作感到厌倦，情绪波动很大，而产生压抑、苦闷、怨恨、忧郁等多种消极因素。在意向上，则疏远工作，无心投入。在行为上，对工作敷衍了事，得过且过，没有任何抱负，个人发展停滞，行动无常等。

职业倦怠感因工作而起，反过来会作用于工作，导致工作水平下降，职业倦怠感进一步增强，继而影响到下一次的工作状态，以致进一步恶化，如此而形成一种恶性循环。这种恶性循环不但对工作有极强的破坏力，而且长期下去能导致当事人多种生理疾病的产生，如失眠、头晕、内分泌失调等。

教师的压力常常被定义为教师在工作场所中体验到的消极或不愉快的感情。慢性压力会导致教师的热情消耗殆尽，从而产生职业倦怠感。教师职业倦怠感是一种包括情绪疲劳、个人化和个人成就不足等因素的症候群。因此，教师的职业压力一直是研究者们研究的重要主题。教师被认为是压力最大的职业之一。压力大的教师自我效率低，且与学生的关系不融洽。

在幼儿园和家庭幼儿中心工作的教师们报告，他们的工作最困难的方面是处理有行为或情绪问题的幼儿。幼儿园教师的压力与时间限制、幼儿行为问题、恶劣的工作条件、缺乏资源和教育机构的支持有关。此外，研究表明教师的工作压力过大、教学经验不足会导致其课堂行为管理方面得分较低。所以说，课堂行为的管理可能和教师的压力程度有关。因此，为有效地进行监督和评价，为困难中的教师提供支援和教育而做出努力，可以减少教师的压力和精力消耗，提高课堂教学质量。

四、教师的教学效能感

自我效能感是一种认知过程，包括个体对自己行为结果的预测和个体对自己能否完成某种成就行为的能力的预测，即个体对自己在特定情境中是否有能力实现某个行为的预期，是人们对自身能否利用所拥有的技能去完成某项工作行为的自信程度。自我效能感的形成受许多因素影响，包括一个人以往的成败经验、他人的示范效应、社会劝说、情绪状况和生理唤起。周文霞、郭桂萍等研究者认为，自我效能感会影响人的行为选择、动机性努力、认知过程以及情感过程。因此，加强自我效能感对于提高工作绩效、增强工作动机、改善工作态度都有重要意义。

教师效能感属于自我效能感的一种类型。对于教师效能感的概念，不同的学者见仁见智。比如，外国学者把教师效能感定义为“教师对其影响幼儿发展的能力的信任程度”。[①] 兰德研究小组的研究者在研究教师效能感与教学信念的关系时指出，教师效能感是指教师对自己能够在多大程度上影响幼儿完成学业的信念。[②] 学者俞国良等人将教师教学效能定义为教师对自己在教学活动中能够有效完成教学工作、教学目标的一种能力的知觉与信念。[③] 因此，我们可以说它是指教师的教学信念是如何改变幼儿的行为的，以及教师

---

① Armor D, *Analysis of the School Preferred Reading Programs in Selected Los Angeles Minority Schools*, CA: Rand Corporation, 1979, pp.23–25.

② Tschannen - Noran M, “Woolfolk Hoy, Teacher Efficacy: Its Meaning and Measure”, *Review of Educational Research*, 1998, 68(1), pp.202–248.

③ 杨敏生:《教师效能感影响因素研究述评》,载《广东外语外贸大学学报》2007年第5期,第19~21页。

本身的信念是如何实施教学改变幼儿的行为的。教师效能感被认为是一个重要的解释不同教学效果的变量。教师效能感被用来作为一个重要的变量来研究教学的有效性，它与教师对幼儿的观念和小学课堂教学管理有着密切的联系。

研究者考察了教师效能感和教师管理幼儿之间的关系，结果显示具有较高效能感的教师很少采用外部控制幼儿的行为。在解决课堂问题时更多的是相信幼儿的自觉性。相反，具有较低效能感的教师更容易用外部控制来对幼儿进行管理，比如说惩罚或者有形的奖励。吉布森等人认为，低效能感的教师很容易受日常活动的影响，在课堂教学过程中通常限制幼儿的小组讨论活动。我国很多学者对教师效能感与教学行为和管理的关系也进行了研究。李晔、刘华山在研究教师效能感对教学行为的影响时，调查了高效能感的教师和低效能感的教师在教学行为上的表现。结果发现：第一，在教学的时间安排上，高效能感的教师从事教学活动的时间比低效能感的教师少；而低效能感的教师更多的是将课堂教学时间用来组织课堂、维持课堂纪律。第二，在提问和反馈方式上，高效能感的教师主要是倾向于为幼儿创设真实的问题情境，鼓励幼儿通过独立思考、积极探索，并运用所学知识分析问题和解决问题，答案也不是唯一的；而低效能感的教师会较多地提问一些幼儿不需要过多思考就能回答的简单问题。[①] 李锐等人2003年通过实地调查认为教学效能感与教学效果、学习状况之间存在着密切的关系，是幼儿学习成绩好坏的重要预测变量。他们通过研究教师教学效能感与教学质量之间的关系发现：教学效能感高的教师，其抱负水平较高，在教学中能创造出积极热情的、相互支持和理解的师幼关系，能营造民主、活跃、热烈的课堂气氛，并能按照课程的发展灵活地调整教学，指导幼儿进行有效的学习；而教学效能感较低的教师对待幼儿的态度冷漠，不愿与幼儿交往，不愿采取新的教学方法，教学方法古板、单调，没有控制和管理教学情境的随机应变的能力。[②③]

心理学家波德尔等人研究了两类教师在教学过程中出现的教学偏差及其相互之间的关系，即受过普通教育的教师和纽约市区大学里学习过研究生课

---

① 李晔、刘华山:《教师效能感及其对教学行为的影响》,载《教育研究与实验》2000年第1期,第50~55页。

② 李锐、蒋礼、向会文:《试论教师的教学效能感与教师素质》,载《现代教育科学》2003年第4期,第63~66页。

③ 张庆林:《当代认知心理学在教学中的应用》,西南师范大学出版社1995年版。

程的教师。结果表明，具有低效能感的教师认为，来自较低社会经济地位的具有轻微合作问题的幼儿，需要特殊教育。相反，他们认为来自较高社会经济地位家庭的同样具有轻微合作问题的幼儿则不需要进行特殊教育。此外，研究者还调查了特殊教育教师的教学效能感与教学实践的关系，发现较高效能感的教师更愿意采用公平、公正的态度去对待幼儿，并且会尝试用不同的方法去帮助幼儿。

虽然以前在有关教师效能感的研究中并没有指出教师效能感与师幼关系之间的联系，但是它们却指出了较低效能感的教师对表现出轻微合作问题的幼儿感到不舒服。相反，较高效能感的教师对有特殊需要的幼儿（包括行为紊乱的幼儿）表现出积极的态度。以往对教师效能感的研究中，缺乏对中小学教师教学效能感的研究，研究也没有覆盖到所有的幼儿教师。只有部分学者研究了幼儿园教师的信仰或对幼儿行为的理解或教师对教学环境的态度。博尔顿发现，尽管有丰富的教学经验，87%的教师好像对幼儿的欺负行为无能为力，并希望得到更多的处理此类问题技巧的培训。另外，教师一般认为幼儿的社会技能主要受幼儿内在因素的影响，其自身也可能会对改变幼儿社会技能有一定影响。不管幼儿是否有残疾，教师都应该尽可能促进幼儿认知方面的发展，而不是社会交往方面的技巧。教师们相信，幼儿会从同伴之间的互动中获得社会技能。有学者认为，没有教师的指导和帮助，对那些需要特殊帮助的幼儿来说，他们很难通过同伴之间的互动获得团队合作的技巧。

总之，上述文献表明教师的信念和态度会影响教学过程中的师幼互动。教师效能感与教师的思维、决策和行为等方面有密切的关系。教师的角色信念和教学信念对师幼互动和师幼关系有直接的影响。

五、教师与家长的关系

教师与家长之间的有效交流也被认为是衡量教育质量的一个重要指标。以往的文献表明，教师和家长间的有效交流能够提高家长的参与度并给幼儿带来正面的教育结果。教师和家长间的有效交流是家长参与学校活动并且和教师建立良好关系的第一步。家长与教师之间的有效交流，不仅能够让教师对幼儿有更多的了解，而且也能让家长更多去参与学校活动，多方面了解幼儿的学习生活。通常，教师对父母的态度和行为被认为是影响家长参与学校活动的一个重要因素。对家长参与学校活动持积极态度的教师更容易建立积极、融洽的家长—教师关系。

然而，也有文献表明，现实世界与理想世界大不相同。在早期研究幼儿园教师和家长对彼此态度的文献中，教师并不总是对家长有积极的态度和评论。有学者认为，幼儿园教师通常在与家长的交往关系中表现出不舒服。教师有时还对家长的育儿经验持消极的观点，表示不太赞同。学者王成刚在讨论教师与家长之间的伙伴关系时也指出，家长出于个人意愿对幼儿实施综合教育，只关心自己的幼儿，然而他们要求教师尽可能多去关注自己的幼儿，这对平时忙碌的教师来说是一个很大的挑战。这是导致教师对家长表现不满意的一个重要方面。学者孟宪伟在2013年研究幼儿家师关系冲突时认为，教师对家长的不满意表现为：一方面，家长对幼儿过分溺爱，在学业方面期望过高，常常为了幼儿的学习而自行帮助幼儿“干活”。例如，帮幼儿买参考资料、聘请家教，给幼儿报各种辅导班等等，导致幼儿性格上骄纵跋扈、行为能力差、依赖性强、不团结同学等等。另一方面，家长越来越多地介入到幼儿的教育中，他们更多的是关注自己的子女是否接受恰当的教育，教师的服务质量水平如何，自己的子女是否得到教师公正的对待等。家长还经常对其认为的不妥的教师行为提出质疑。[①] 另外，教师对家长参与学校活动的频率表示不满，只有当教师传唤家长时，家长才会来学校。学者王芳谈到师幼关系与教学质量之间的关系时表示，幼儿家长常常宠溺幼儿，过分袒护幼儿，这种养育观念与幼儿园的养育观念不同。[②] 因此，出现了教师不赞同幼儿家长的养育行为，从而导致教师对家长的育儿经验持消极态度。

除此以外，家长对教师的态度和看法并不总是积极的。一些幼儿家长认为教师的工作做得不到位，往往不太重视幼儿。对此，家长回应说如果教师将其工作做得好一点，对他们的幼儿好一点，对幼儿多关心一点，他们的幼儿也能在学校学得更好。学者宋艳红2007年在家长与教师之间冲突的社会学分析中表示，家长对教师在课堂上不尊重幼儿、不能很好地身教示范以引导幼儿而感到不满意，导致对教师产生敌对情绪或者引发潜在的家长教师冲突。[③] 孟宪伟在研究幼儿家师关系的冲突时，谈到了教师的素质和教师对教育的理解；也谈到了家长对教师的素质存在疑惑，认为教师的素质不高。此外，家长对教师的教育方法不赞同，他们只关心幼儿的学习，家长不赞同教

---

① 孟宪伟：《中学生家长与教师冲突关系研究——以天津市静海县第二中学为研究个案》，长春工业大学2013年硕士学位论文。

② 王芳：《浅谈和谐师幼关系的建立》，载《课程教育研究》2014年第21期，第12~16页。

③ 宋艳红：《家长与教师之间冲突的社会学分析》，首都师范大学2007年硕士学位论文。

师对幼儿实施全面发展的教育。同时，家长很讨厌教师在幼儿犯错时把他们叫到学校接受教师的批评。

研究者还调查了陷入问题困境的家长—教师关系。他们发现，教师和家长往往都不知道彼此对幼儿的基本预期，彼此对家长参与课堂的意见看法不同；同时，二者对在家里如何正确育儿有不同的看法。这反映了负面的家长和教师之间的关系。尽管这项研究并不能解释家长和教师之间的关系是如何陷入困境的，但在这种情况下期望幼儿有一个好的学习结果是不合理的。如果这些教师都期望给幼儿带来最优的学习效果，那么，家长和教师就需要努力创设一个积极的关系，为幼儿创设和谐的学习氛围。另一项研究报道表明，幼儿园教师认为，他们缺乏与家长互动沟通的交流技巧。因此，为了形成家长与教师之间的良好关系，应该特别注重沟通，同时，教师和家长在交流过程中要注意沟通的技巧。社会学家查里斯曾说过，沟通实际上是“人类赖以存在和发展的机制”。总之，家长与教师之间的交流和沟通对其参与学校活动和促使自己的幼儿获得合作成果有很大的影响，并对积极的师幼关系也存在潜在的影响。

第五节　师幼互动因素

影响师幼关系的因素除了课堂环境、幼儿因素、家庭因素和教师因素之外，还有一个很重要的因素——师幼互动因素。在课堂上，教师和学生之间有大量的互动时间，师幼之间的积极关系是提高学生认知能力和情感学习成果的必要条件。教师与幼儿之间的关系是基于教师与幼儿之间的连续互动而发展起来的。因此，教师和幼儿之间的关系受到过去互动的影响，师幼互动对师幼关系的形成以及幼儿的发展也有影响。

教师和幼儿之间的互动质量一直是幼儿教育家和心理学家讨论的问题。因为互动的普遍存在，幼儿在学习基本技术和知识（例如语言、社会技术）方面发挥着积极的作用，教师和幼儿之间的互动对幼儿的未来发展有很大的帮助，通过问多种多样的问题、提出建议和鼓励来增加与幼儿的互动，促进幼儿的成长。教师以催化作用鼓励幼儿学习。一名有爱心的教师，他们对幼儿不苛刻，鼓励用口头交流，并立即以有益的方式与幼儿们进行沟通。当学生能够与教师建立健康、高质量的互动关系时，他们的学业成绩和能力水平往往会提高。[①] 国家科学教育标准已经确定了通往科学素养社会的道路。所有学生，不论年龄、种族、性别或文化背景都有机会学习和理解科学。积极参与科学探究，不仅能让学生了解身边每天发生的自然事件和现象，还能让他们在日常生活中运用科学知识。然而，我们真的平等对待我们的孩子了吗？在性别和种族方面，课堂互动是如何体现的？

一、性别和种族对课堂互动的影响

研究支持这样一种观点，即教师之间的互动可能因学生而异。研究表明，师幼互动会受到性别的影响，如教师与男孩的互动比与女孩的互动更多，特别是在如数学之类的学科中。因此，教师倾向于与男孩进行更多的接触，而不是女孩，他们更加经常地要求男孩回答问题。[②] 此外，教师和学生之间的种族匹配可能会在一些课堂上产生更积极的关系。[③]

一些研究还调查了性别、种族和学生的学业成绩，以及它们与师幼互动差异的关系。不同的方法被用来分析师幼互动，如等待时间分析法、美国心理学家罗威廉的师幼二元互动调查等。通过这些研究积累的知识支持这样一种观点，即教师往往根据幼儿的性别进行不同的互动。美国心理学家高普尼克和达伊在1982年对科学课堂师幼互动的分析中报告说，在教学实践中，教师更青睐男学生而不是女学生。男孩比女孩更受关注，更容易接受高水平的问题。教师对女孩问的问题也比男孩的少，对女孩答案的关注度也比男孩低得多，对女孩回答问题的时间和对正确答案的表扬也明显少于男孩。女孩们在分享她们的想法时会经常被教师打断，她们的名字也不经常被教师提起。其他研究报告还表明，在小学阶段，男孩通常比女孩得到更多的鼓励，教师乐于鼓励他们自己去完成任务和项目。为了完成一项任务，男孩们会得到教师具体的指导，而女孩们要么会得到如何完成任务的指导，要么只是教师们更愿意为她们完成任务。此外，教师更有可能在课堂活动中提问男孩，并更加经常地表扬男孩的智力、能力；而女孩们因整洁受到更多的赞扬，而不是她们的智力、能力。在课堂活动中，男孩不太可能被教师打断，而是被给予

① Hamre B K, Pianta R C, "Early Teacher-child Relationships and the Trajectory of Children's School Outcomes through Eighth Grade", *Child Development*, 2001, 72(2), pp.625–638.

② Good T L, Sikes J N, Brophy J, et al., "Effects of Teacher Sex and Student Sex on Classroom Interaction", *Journal of Educational Psychology*, 1973, 65(1), pp.74–87.

③ Saft E W, Pianta R C, "Teachers' Perceptions of Their Relationships with Students: Effects of Child Age, Gender and Ethnicity of Teachers and Children", *School Psychology Quarterly*, 2001, 16(2), pp.125–141.

更多的时间来表现他们自己。另一方面，在学校早期，女孩比男孩更倾向于与教师建立支持性的关系和亲密的关系。[①]

男孩在与教师的关系中更容易经历冲突，他们的错误行为会比女孩受到更严重的对待。[②]研究者哈姆雷和美国学者皮纳塔2001年调查了幼儿园学生的早期学校适应和后期学习行为表现。研究对象为179名幼儿园学生。研究结果显示，幼儿教师与男孩的冲突和疏远关系多于与女孩的冲突和疏远关系。高冲突和依赖性被发现是整个小学和初中阶段男孩学习成绩差的标志，而不是女孩成绩差的标志。与幼儿园教师有冲突关系的学生，不论性别，在小学高年级时，会形成更多的消极学习习惯，并产生更多的纪律问题。然而，低年级的积极学习习惯表明与幼儿园女教师的关系密切。因此，与幼儿园教师关系密切的小学高年级女孩的纪律问题较少。

在过去十年中，缩小学生之间的成绩差距，特别是不同社会和种族背景的学生之间的成绩差距，也成为国家的优先事项。将种族视为师幼互动因素的研究支持了这样一种说法，即白人学生比他们的非裔美国同龄人受到更多的关注，他们在课堂活动中更容易受到表扬。[③] 1998年，美国心理学家卡斯特研究了非裔美国学生和白人学生的师幼互动和教师待遇差异。来自8所不同学校的417名学生和16名高加索教师参与了研究。利用Brophy-Good二元交互系统中的编码技术，研究者们对每位教师的课堂进行了2小时的观察。研究结果显示，种族是师幼互动的重要因素。非裔美国学生比他们的白人同学经历了更多的消极互动，并且从教师那里得到的赞扬明显少于他们的白人同学。在回答问题时，教师给白人学生提供了更多的线索，并提供了更多的积极反馈。在性别方面，一般来说，男孩比女孩更经常受到教育，教师也更经常表扬男孩而不是女孩。在男孩中，非裔美国男孩得到的表扬比其他所有学生都少，他们与教师的互动也少。另一方面，白人男孩试图通过举手回答更多的教师提问，作为回报，他们得到了教师更多的指导。

---

① Dweck C S, Davidson W, Nelson S, et al., "Sex Differences in Learned Helplessness: The Contingencies of Evaluative Feedback in the Classroom and III, An Experimental Analysis", *Developmental Psychology*, 1978, 14(3), pp.268–276.

② Borg & Falzon, "A Factor - analytic Study of Teachers Perception of Pupils Undesirable Behaviors a Rejoinder", *Developmental Psychology*, 1993, 42(5), p.42.

③ Hillman S B, Davenport G G, "Teacher - student Interactions in Desegregated Schools", *Journal of Educational Psychology*, 1978, 70(4), pp.545–553.

二、课堂互动中的谈话

学校教育的基本目的只能通过管理者、教师和幼儿之间的交流来实现。谈话是支持幼儿理解课堂知识的有效方式，也是课堂互动的核心。通过谈话，教师可以培养幼儿的学习能力，帮助幼儿理解自己的想法。从这个意义上说，谈话是课堂上的一种媒介，它使教师能够呈现新的信息，让幼儿展现他们的学习成果。同时，为幼儿提供通过谈话探索和表达思想的机会，促进幼儿思想的发展。然而，课堂互动在实际中的应用往往会遇到困难。比如，幼儿的语言能力存在很大差异。幼儿的语言能力不同，将导致使用学习工具的结果不同。幼儿在家中谈话经历的数量和质量对他们的发展有很大影响，那些有更好经历的幼儿更有可能在课堂上表现出更好的水平。[①] 因此，教师为所有人提供类似的机会，这些对于提高幼儿的认知发展水平至关重要。

当教师与幼儿的对话模糊不清时，一些幼儿可能会感到困惑、焦虑或抗拒，一些幼儿可能会尽其所能地保持沉默。但这两种情况都不适合有效的学习环境，因此，幼儿需要教师有意识地引导他们掌握高级的沟通技巧。对幼儿语言发展的研究表明，优质的育儿环境和幼儿与成人的言语互动量，不仅影响幼儿的语言技能，而且对幼儿的认知发展有积极的影响。以高阶思维、推理和信息共享为目标的言语互动对幼儿的认知和语言发展具有重要影响。

苏联心理学家维果茨基提出语言是构建知识的主要工具。幼儿的智力发展和学习是由他们的沟通技巧和使用语言作为与他人互动的手段的能力所决定的。语言和沟通是达成协议、解决问题和建立共识的工具。通过社会互动、信息共享和合作工作，幼儿们可以在知识库中添加新的信息，并找到创造性的方法来克服问题。幼儿合作学习及其在信息共享过程中的成功，与他们参与的教育对话和课堂话语的质量密切相关。

向幼儿传播科学需要考虑和支持，因为科学语言包括抽象术语，使用积极时态、特殊词汇等等。这意味着教师要认真、耐心地介绍和教授新单词，帮助幼儿理解新引进的科技词汇。科学语言也包括学生熟悉的日常意义的词汇，但这些词汇可能在科学语境中也有特殊的意义和用途。无论是一个新引进的词还是一个有新意义的已知词，为了解释一种现象，幼儿需要机会使用这些词，从而来理解它们。熟悉和了解科学语言可能需要时间，教师应为幼

---

① Mabry J H, “Review of Hart and Risley’s Meaningful Differences in the Everyday Experience of Young American Children”, *Behavior Analyst*, 1997, 20(1), pp.25-30.

儿创设良好的语言学习环境，帮助幼儿构建语言学习的逻辑思维。

良好的课堂互动谈话有助于幼儿们注意到知识和学习的相互关联性。来自不同学科的课程和主题变得更加相互关联、更有意义、更有吸引力和实用性。在教学过程中注意幼儿的兴趣，不仅可以增加幼儿的参与度，而且可以增加他们对课堂活动的贡献，因为他们对学习更有兴趣。在这样的课堂中，幼儿对任务和实践的关注显著增加，最终可以促进更好的学业成就。

当幼儿被赋予更多的控制课堂对话的权利时，学习的积极成果也会十分明显。当幼儿开始对课堂对话的方向和性质有发言权时，他们往往更频繁地参与课堂对话和学习活动。幼儿们相互反思自己的观点和想法，为他们提供了一个观察与同龄人及与教师互动的机会，同时使彼此的思想对自己和教师的影响更为明显。[①]英国教育学研究者范德尔兹1997年在他们对课堂对话和师幼互动的研究中指出，“反思性话语”有助于幼儿更自由地分享他们的想法和思维过程。提问可以帮助幼儿在监控课堂讨论的同时，以中立的方式更好地分析自己和他人陈述的有效性。幼儿有机会澄清反思性话语中的教师提问，教师自己的思维过程和在课堂讨论中修正对概念的理解并不是为了测试幼儿的知识，而是为了帮助幼儿更好地表达他们对主题的概念理解。在以往幼儿话语的基础上进行讨论，以科学探究教学为目的，要求教师不断调整提问方式，以适应幼儿的思想、信念和观念。教师在课堂上为每个幼儿提供互动机会，对幼儿的学习至关重要。一方面，“一对一”的互动和个别教学可以为教师提供机会，为特定的幼儿提供广泛的帮助。另一方面，在这样做的过程中，当教师在课堂上进行这种“一对一”的互动时，他们可能没有那么多的时间去关注其他幼儿。对于需要教师指导和帮助的课堂活动，也存在着类似的困境。在要求更高的课堂活动中，对于那些需要帮助但对其他幼儿支持较少的人来说，应该有更多的时间用于个人互动。要求较低的课堂活动只需要较少的个人支持，但同时，这些活动可能也只需要较少的幼儿的努力和奉献精神。教师提问是课堂互动和幼儿学习的重要组成部分，正确使用提问有助于增强幼儿对概念的理解，这是一个普遍接受的事实。美国学者伍德1992年批评了教师对提问广泛而无效的使用行为，并声称大多数教师使用提问只是为了得到一个简短的答案，而这个答案通常已经在某种程度上在教师的早期陈述中提供给了学习者。因此，答案更多的是重复信息，幼儿无法通

---

① Van Zee E H, Minstrell J, “Reflective Discourse: Developing Shared Understandings in a Physics Classroom”, *International Journal of Science Education*, 1997, 19(2), pp.209–228.

过谈话对教学做出任何贡献。幼儿需要参与课堂对话的机会，以减少他们接触到的提问的数量，帮助他们为课堂对话做出贡献，更多的时候是增加他们对课堂的贡献程度。教师构建问题以引发更高层次的思考和使用幼儿的答案来引发更多的问题，都是幼儿成功和认知发展的关键。高质量的师幼互动和师幼关系是实现这一目标的必要条件，通常不仅在科学领域，而且在所有学科领域都能有效地进行课堂教学和提高幼儿的学习水平。在以幼儿为中心的教学实践中，研究教师与幼儿互动的性质、质量及其与幼儿理解科学的关系，可以为科学教学的有效开展提供宝贵的信息。

第六节　师幼关系的评估方法

“关系”是指两个个体在长时间相处的过程中形成的一系列连续性的相互影响。心理学家辛德认为，“关系”也指两个个体相互接触的连续性的程度。[①] 例如，两个人现在的关系受到过去关系的影响；同时，现在的关系又会影响将来的关系。众所周知，幼儿会基于早期与他人形成的重要关系（如师幼关系），形成他们的个人记忆、经验、情感和期望，进而形成其特定的人际交往模式。

美国心理学家、教育家奥尔森把人与人的关系分为局内人和局外人两种。局内人（如自我报告者）是指那些参与到关系中的人，而局外人（如旁观者）则是那些没有参与到关系中的人。对于师幼关系的研究来说，从局内人和局外人收集到的信息都是有意义和有效的。虽然研究者长期以来都是以观察者的身份去搜集幼儿与成人互动的信息，但近些年，通过搜集局内人的信息来研究师幼关系，成为研究者们广泛使用的一种方法。美国社会心理学家福曼认为，与局外人相比，局内人更能理解他们自己的感情、观点以及与他人的关系。因此，使用局内人的信息来研究人际关系是更适当的。

目前，教师与幼儿之间的关系可通过两种方法进行评估：师幼关系量表（STRS）和Q-set依恋测试。由于幼儿的可控性较差，可能导致数据信效度较差，所以这两种评估方法都是以幼儿教师为主体。

第一，师幼关系量表（STRS）。该量表可能是衡量教师与个别幼儿之间

① Hinde, *Towards Understanding Relationships*, London: Academic Press, 1979, p.56.

关系质量最常用的和经验性验证的测量工具。STRS确定了师幼关系的三个不同维度：亲密度、冲突和依赖性。亲密度是指教师和幼儿之间的温暖程度和积极情感，以及与幼儿接近时教师的舒适度。冲突是指教师与幼儿之间的消极情感或缺乏融洽的关系。当评估教师对这种关系的看法时，冲突似乎是与幼儿结果最相关的因素。依赖性是指幼儿对教师表现出的依恋或占有的程度。以上这些概念通过关注幼儿对教师的安全感与他们探索环境的能力之间的关系，从概念上映射到亲子依恋的关系上。[①]

第二，Q-set依恋测试。该测试最早是研究者为了测量幼儿和母亲之间的依恋关系而编制的。[②]在一些研究中，有学者认为教师和母亲在照顾和教育幼儿上扮演着类似的角色，亲子关系和师幼关系具有很多相同点。在一些情况下，幼儿和幼儿教师确实会发展出类似依恋的关系，所以在进行相应的修订后，Q-set依恋测试便成了师幼关系评估的常用方法之一。

第三，通过教师对师幼关系的感知进行评估。美国心理学家安斯沃斯等人的观点表明，幼儿依恋行为的预测结果可以表明与其他人的亲近程度，尤其是与主要负责照顾他的特定个人更接近。美国学者皮纳塔1999年根据依恋理论将教师感知的师幼关系分为三个维度：亲密型、冲突型和依赖型。这种教师和幼儿之间的人际模式常被分为三类：第一类师幼关系是亲密关系，第二类师幼关系是冲突关系，第三类师幼关系是依赖关系。这三类师幼关系以不同形式表现在幼儿从幼儿园到小学二年级阶段内。这三种关系的定义以及它们与幼儿教育的关系如下所述：

首先，亲密关系维度揭示了教师对特定幼儿的情感、温暖程度和开放交流的体验程度。教师与幼儿建立了一种温和的、支持的积极关系。与教师关系密切的幼儿认为教师对自己是支持的，并可以有效地利用教师资源。当幼儿与教师有良好的互动时，他们相信当自己需要帮助的时候，他们能从教师那里得到帮助，这使他们在课堂上感到情感上的安全。与教师在情感上感到安全的幼儿将教师作为探索课堂学习机会的安全基础和资源，这种安全感帮助幼儿把精力和注意力集中在学习上。因此，与教师关系亲密的幼儿可以利用这种积极关系提供的支持来探索和学习。

其次，冲突关系是指幼儿和教师之间有冲突的消极关系。教师与幼儿之

① Hamre B K, Pianta R C, "Early Teacher-child Relationships and the Trajectory of Children's School Outcomes Through Eighth Grade", *Child Development*, 2001, 72(2), pp.625–638.

② 侯静、陈会昌：《依恋研究方法述评》，载《心理发展与教育》2002年第3期，第80~84页。

间产生冲突，幼儿的情绪不可预测，教师会产生挫败感。为此，教师与幼儿之间建立了一种经常发生冲突的消极关系。如果一个幼儿与教师有冲突的关系，幼儿就不能把这种关系作为支持的基础，这可能会妨碍幼儿把注意力集中在完成学习和获得成就上。此外，冲突关系可能会导致幼儿产生对上学的焦虑和恐惧情绪。

再次，依赖关系反映了幼儿对教师的过度依赖。依赖型师幼关系的特点是过度依赖和不成熟的互动，而不是亲密和积极的互动。过度依赖的幼儿经常在实际不需要帮助的时候请求教师的帮助，并且他们也不太可能与同龄人互动以及探索环境。

幼儿能够从与自己有密切关系的教师那里获得比有分离关系或冲突关系的教师那里更多的倾听、关注和学习的机会。因此，冲突型和依赖型的师幼关系会干扰幼儿的学校适应、学习能力和学业成就。有关研究也表明支持这一论点——教师与幼儿的关系质量与幼儿适应和幼儿的社会、情感和教育结果有关。

由于我国农村幼儿园存在诸多的客观困难和特殊性，上述因素对农村幼儿园师幼关系的影响更加明显。环境因素方面，我国农村幼儿园的环境普遍较差。农村幼儿园中的课堂教学过渡不足、师幼比过高、教室物理空间和材料不完善、班级日常活动不足等现象普遍存在，这些都会严重影响农村幼儿园的师幼关系。幼儿因素方面，我国农村幼儿园中的留守儿童占比较高。这导致他们气质的“适合度”不高，也容易出现更多的问题行为，从而进一步影响师幼关系。家庭因素方面，由于我国农村存在青年劳动力外出务工的现象，一般由爷爷奶奶抚养幼儿，这导致农村家庭教养方式以疏离型或溺爱型居多。不良的家庭教养方式进一步影响农村幼儿依恋类型的发展，这都会对农村幼儿园的师幼关系产生影响。此外，幼儿父母外出务工也会导致其家庭结构发生变化，进而影响到师幼关系。教师因素方面，我国农村幼儿园师资极其匮乏，教师学历普遍偏低。大多数农村幼儿教师主要以高中、中专或职业技术教育背景为主。这在很大程度上会影响教师的课堂管理策略、教师的职业倦怠感以及教师的教学效能感，从而影响师幼关系。师幼互动因素方面，我国农村幼儿园，尤其西北地区的农村幼儿园中，许多幼儿都属于少数民族。当幼儿园中的幼儿民族种类较多时，民族生活习性的差异，也会影响师幼互动，从而影响农村幼儿园的师幼关系。

综上所述，环境因素、幼儿因素、家庭因素、教师因素和师幼互动因素对我国农村幼儿园师幼关系有着非常大的影响。改善农村幼儿园的师幼关系，从上述影响因素着手解决是最有效的方法。此外，通过本章对师幼关系评估方法进行的总结，本研究将采用更易实施且更加贴合农村幼儿园实际情况的师幼关系量表（STRS）作为评估农村幼儿园师幼关系的主要工具。

第四章
农村师幼关系的研究方法与过程

第一节　研究框架与路径

从文献梳理中我们可以看出，对于农村学前教育问题，研究者主要从政府职能定位、办学体制改革、投资体制改革、资源配置、师资建设等物理和制度环境建设方面，对提高和改善农村学前教育质量进行了深入研究。但是，对于影响幼儿园教学质量的关键因素——人际环境建设关注相对较少。良好的师幼关系会促进幼儿，特别是农村留守幼儿的社会性发展和入学适应，而不良的师幼关系则会阻碍幼儿的社会性发展和入学适应。此外，研究还发现，在一定条件下，不良的师幼关系可以转变为良好的师幼关系。因此，研究哪些因素会影响农村幼儿园的师幼关系，对于改善不良的师幼关系和促进幼儿园内涵发展具有重要意义。

目前，研究发现影响师幼关系的因素主要包括环境因素、幼儿因素和教师因素三个方面。其一，环境因素包括教室空间和课堂材料、师幼比、课堂活动过渡等。其二，幼儿因素包括幼儿的性别、问题行为、气质以及身体状况等。但是，目前专门从教师角度探讨师幼关系的研究相对较少。由于幼儿缺乏自我保护和独立生活能力，幼儿园教师对于幼儿的健康成长具有不可替代的独特作用。特别是最近几年在农村，越来越多6岁以下的幼儿进入幼儿园。幼儿园教师必须教授幼儿基本常识，安抚幼儿的情绪，协助幼儿的基本生理需求，陪伴或指导幼儿在游戏中学习，幼儿园教师已成为幼儿学习各种社会互动及各项智能活动的最佳伙伴。幼儿园教师如何影响幼儿各方面的发展及学习已成为学前教育领域的热点话题。其三，对于影响师幼关系的教师因素，主要集中在教师的专业背景和教学经验两个方面。研究发现，教师的专业背景和教学经验与良好的师幼关系密切相关。获得学士学位的教师与大专及以下学历的教师相比，在教学过程中与幼儿互动更频繁，师幼关系更好。当教师储备的有关幼儿发展的知识越多，或者对幼儿问题行为能有相对全面的了解时，教师对待幼儿的问题行为就会越坦然和接纳。这将大大增加师幼之间的互动频率和质量，有利于形成良好的师幼关系。此外，教师的培训经历越丰富，工作时间越长，越有可能采用支持的、温暖的方式对待幼儿。但也有研究发现，教师的专业背景和教学经验与师幼关系没有关系。

假使教师的专业背景和教学经验对建立良好的师幼关系很重要，但是它们并不能完全代表所有影响师幼关系的教师因素。因此，我们有理由追问还有哪些教师因素会影响师幼关系？根据保教效能感理论，教师的保教效能感也可能会影响师幼关系。教师的保教效能感是教师关于自己如何影响幼儿行为以及如何在课堂中运用教学策略改变幼儿行为和合作的信念。与保教效能感低的教师相比，保教效能感高的教师更少批评幼儿，并对幼儿持积极态度。已有研究发现，小学教师的保教效能感会影响其与幼儿的课堂互动模式。因此，有理由相信，幼儿园教师的保教效能感也会影响师幼关系。

此外，依据布朗芬·布伦纳的生态学理论和莫萨尔夫的交互理论，家长与教师的关系也可能会影响师幼关系。研究发现，当家长与教师之间建立起积极的交流伙伴关系时，能互相分享孩子的学习和生活情况，教师就会对幼儿有较高的期待。依据生态学理论，家长、幼儿和教师之间形成了一个三角形的关系系统。家长与幼儿的关系、师幼关系、家长与教师的关系三者相互影响，相互作用。因此，教师如何看待其与幼儿家长之间的关系也是影响师幼关系的一个重要变量。

总之，教师和幼儿作为师幼关系的两方，已有相关文献主要从幼儿的角度出发研究师幼关系，而从教师角度切入的研究相对较少。通过对已有相关文献的梳理可以看出，教师的专业背景、教学经验、保教效能感、家长与教师的关系等变量都可能会影响师幼关系，但是已有研究并未对上述变量进行系统全面的考察。因此，我们从教师角度出发，系统考察影响师幼关系的教师因素，并有针对性地提出改善农村幼儿园师幼关系的建议和措施。具体研究内容如下：

本部分内容主要研究以下几个问题：第一，农村幼儿园教师的学历背景与师幼关系有什么关系？第二，农村幼儿园教师的职称与师幼关系有什么关系？第三，农村幼儿园教师的保教效能感与师幼关系有什么关系？第四，农村幼儿的家长和农村幼儿园教师的关系与师幼关系有什么关系？第五，农村幼儿园教师的社会支持与师幼关系有什么关系？第六，农村幼儿园工作氛围与师幼关系有什么关系？第七，农村幼儿园教师工资水平与师幼关系有什么关系？第八，在上述影响因素中，哪个因素对师幼关系的影响最大？

针对上述问题，笔者假设：第一，农村幼儿园教师的学历背景与师幼关系存在正相关。教师的学历水平越高，师幼关系也越好。第二，农村幼儿园教师的职称与师幼关系存在正相关。幼儿园教师的职称越高，越容易形成积极的师幼关系。第三，农村幼儿园教师的保教效能感与师幼关系存在正相关。教师的保教效能感越高，师幼关系越融洽。第四，家长与教师的关系和师幼关系存在正相关。教师与家长的关系越融洽，师幼关系也越和谐。第五，农村幼儿园教师的社会支持与师幼关系存在正相关。农村幼儿园教师的社会支持越好，师幼关系也越好。第六，农村幼儿园工作氛围与师幼关系存在正相关。第七，农村幼儿园教师工资水平与师幼关系存在正相关。工资水平越高，师幼关系越好。第八，其中，农村幼儿园教师的保教效能感对师幼关系的影响最大。

在系统考察上述变量对师幼关系影响的基础上，笔者将有针对性地提出相应的对策和措施，为政府、教育研究机构等职能部门改善农村幼儿园的师幼关系提供理论指导和方法借鉴。

第二节 研究方法、对象和工具

一、研究方法、对象

我们将所收集的数据录入SPSS软件进行统计分析。首先，将进行基本资料分析和描述性统计量分析；其次，检验问卷的信度效度；再次，采用*T*检验、χ^2检验和方差分析，考察教师变量对师幼关系的影响。我们使用SPSS2.0软件对数据进行分析，主要研究方法为问卷调查法。

我们采用方便抽样的方法，选取了甘肃省内的农村幼儿园教师进行调查。共发放问卷1011份，回收有效问卷949份，有效回收率为93.9%。

其中，本科及以上学历教师435名（占45.84%），大专学历教师394名

（占41.52%），中专学历教师120名（占12.64%）；30岁以下教师512人（占53.95%），30～50岁教师393人（占41.41%），50岁以上教师44人（占4.64%）；教龄10年以下教师583名（占61.43%），教龄10～15年教师174人（占18.34%），教龄15年以上教师192人（占20.23%）。在抽样调查时，尽可能平衡了重点和非重点、专业等各种影响变量。

表4.1　农村幼儿园教师基本情况汇总表

项目	人数	项目	人数	项目	人数
本科及以上学历	435	30岁以下	512	教龄10年以下	583
大专学历	394	30～50岁	393	教龄10～15年	174
中专学历	120	50岁以上	44	教龄15年以上	192
总计	949	总计	949	总计	949

二、研究工具

我们使用了家长—教师关系问卷、保教效能感问卷、功儿园教师基本情况调查表和师幼关系问卷、社会支持问卷、教师工作氛围问卷等测量工具。这几份问卷都是在借鉴国外已有成熟量表的基础上，加以修订，使其符合我国农村幼儿园的实际情况。量表具体情况如下：

（一）家长—教师关系问卷

家长—教师关系问卷借鉴了埃利克等人编制的家长—教师关系量表。该问卷由35个问题组成，考察了幼儿园家长与教师的互动关系。该量表采用5点量表计分，分数越高，表明家长和教师的关系越密切。该量表的信度系数为0.94。

（二）保教效能感问卷

保教效能感问卷采用由吉普森和邓布编制的教师保教效能感量表。该量表中文版经过我国学者黄喜珊的信效度检验后，目前已广泛应用于我国中小学教师保教效能感的研究中。该量表主要分为两个分量表：教师一般保教效能感和教师个人保教效能感，共22个项目。该量表采用6点量表计分，分数越高，表示保教效能感越高。

（三）幼儿园教师基本情况调查表

教师基本情况调查表主要用来收集教师的背景信息。这些信息主要包括：第一，教师的性别；第二，教师的最高学历和专业；第三，教师的工作年限；第四，教师的专业水平；第五，教师的家庭经济状况；第六，教师的婚姻状况；第七，教师的民族等。

（四）师幼关系问卷

师幼关系问卷借鉴了美国学者皮安特编制的师幼关系问卷。该问卷由28道题目组成，主要测量教师对自己与幼儿关系状况的知觉。该问卷采用5点量表计分，分数越高代表教师与幼儿的关系越好。该量表的信效度良好，信度系数为0.89。

（五）社会支持问卷

我们采用学者赵丽君编制的幼儿园教师社会支持问卷（2007）。该问卷由45个题目组成，包括物质性支持（4个题目）、情绪性支持（12个题目）、尊重性支持（12个题目）、信息性支持（12个题目）和陪伴性支持（5个题目）五个维度。该问卷的内部一致性系数为0.88，分半信度系数为0.80，说明该问卷符合心理测量学的基本要求，具有良好的信度和效度。

（六）教师工作氛围问卷

教师工作氛围问卷主要用来测量农村幼儿园教师在工作过程中所体验到的工作氛围环境。该问卷由18个题目组成，分别从幼儿园管理风格、同事之间人际关系、幼儿配合程度等多方面调查了农村幼儿园教师的工作环境。该问卷采用5点量表计分，分数越高，代表幼儿园教师体验到的工作氛围越好。量表的信效度良好，信度系数为0.88。

第五章
农村师幼关系的研究结果及分析

第一节　师幼关系的影响因素分析及回归分析

一、师幼关系的影响因素分析

我们对每个幼儿园教师师幼关系的影响因素都采用了三种方法进行交替性验证，以保证结果的可靠性。首先，用非参数检验（Kruskal Wallis *H* 检验或Mann-Whitney *U*检验）或独立样本*T*检验来分析师幼关系在每个影响因素上是否存在差异。如果差异显著，将用方差分析进一步验证此差异；如果差异不显著，则不进行进一步验证。此外，还对师幼关系和它的每个影响因素之间求相关（斯皮尔曼相关或皮尔逊相关），来分析每个影响因素和师幼关系之间的变化关系。

（一）幼儿教师的婚姻状态、学历、职称、性别、教龄和年龄因素对师幼关系的影响

1. 婚姻状态

我们以婚姻状态（已婚、未婚）为自变量，幼儿园教师师幼关系得分为因变量，进行独立样本*T*检验。结果发现，未婚幼儿园教师的师幼关系均分（$M=107.74$，$SD=13.51$）与已婚幼儿园教师的师幼关系均分（$M=107.45$，$SD=13.46$）差异不显著，t（947）$=0.304$，$P>0.05$。表明幼儿园教师的师幼关系与教师的婚姻状态无关。

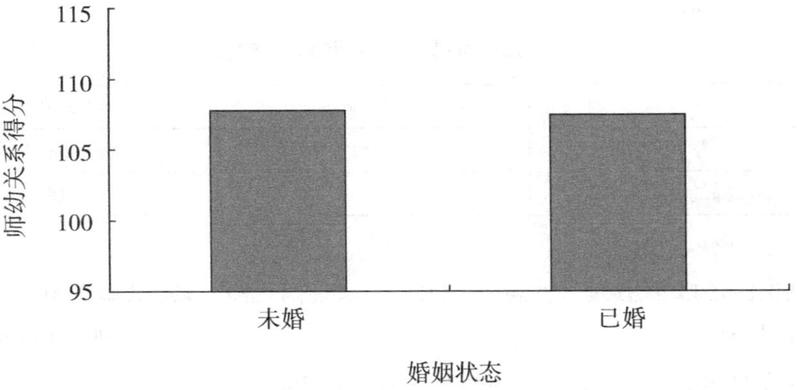

图5.1　未婚、已婚的幼儿园教师师幼关系平均分示意图

同时，我们还求出幼儿园教师师幼关系得分和幼儿园教师的婚姻状态之间的相关系数。用斯皮尔曼相关分析发现，师幼关系和幼儿园教师的婚姻状态相关不显著（$r=-0.03$，$P>0.05$）。此结果进一步验证了上述结果，幼儿园教师的婚姻状态与师幼关系没有关系。

2. 学历

我们以幼儿园教师师幼关系得分的平均分（$M=107.43$，$SD=13.48$）为分割线，高于平均分的人为高分组，低于平均分的人为低分组。再以不同学历（中专、大专、本科）的人数为自变量，师幼关系高、低分组人数为因变量，进行Kruskal Wallis H 检验。结果发现，学历越高，师幼关系高分组的人数越多（$\chi^2=85.49$，$df=2$，$P<0.01$）。此结果表明农村幼儿园教师的学历越高，师幼关系越好。

表5.1　不同学历的幼儿园教师在师幼关系高、低分组的人数及百分比

	师幼关系		总人数
	低分组	高分组	
中专	88(19%)	32(6%)	120
大专	224(49%)	170(34%)	394
本科	141(32%)	294(60%)	435
总计	453	496	949

我们还求出了幼儿园教师师幼关系得分和幼儿园教师学历的相关系数。用斯皮尔曼相关分析发现，幼儿园教师学历与师幼关系得分存在显著正相关（$r=0.363$，$P<0.01$）。这进一步验证了上面的结论，幼儿园教师学历越高，

其师幼关系越好。

表5.2　幼儿园教师学历与师幼关系的相关系数

	学历	师幼关系
学历	1.00	0.363**
师幼关系		1.00

注：**$P<0.01$

我们还以学历为自变量（中专、大专、本科），幼儿园教师师幼关系得分为因变量，进行单因素方差分析。结果发现，幼儿园教师师幼关系得分存在显著的学历差异，F（2，946）=74.36，$P<0.01$。进一步多重事后比较发现，中专学历幼儿园教师的师幼关系得分显著低于大专（$P<0.01$）、本科（$P<0.01$）学历幼儿园教师的师幼关系得分，大专学历幼儿园教师的师幼关系得分显著低于本科学历幼儿园教师的师幼关系得分（$P<0.01$）。此结果再一次表明，幼儿园教师学历越高，师幼关系越好。

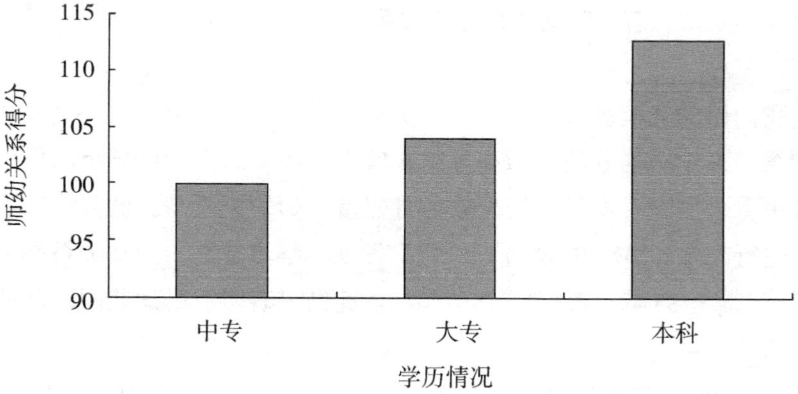

图5.2　不同学历的幼儿园教师师幼关系平均分示意图

上述三种统计方法都表明，学历越高，师幼关系越好。该原因可能在于，幼儿园教师的学历越高，表明他们对学前教育专业的了解程度越多，对相关知识学习得更为专业和精细。因此，他们更懂得如何与孩子进行有效沟通，相应地，师幼关系也更加良好。

3. 职称

我们以幼儿园教师师幼关系得分的平均分（M=107.43，SD=13.48）为分割线，高于平均分的人为高分组，低于平均分的人为低分组。再以幼儿园教师不同职称（未定级、小教二级、小教一级、小教高级）的人数为自变量，幼儿园教师师幼关系得分高、低组人数为因变量，进行Kruskal Wallis *H* 检验。结果发现，幼儿园教师职称越高，师幼关系高分组的人数就越多（$\chi^2=62.94$，$df=3$，$P<0.01$）。此结果表明，幼儿园教师职称越高，师幼关系越好。

表5.3　不同职称的幼儿园教师在师幼关系高、低分组的人数及百分比

	师幼关系		总人数
	低分组	高分组	
未定级	71(16%)	60(12%)	131
小教二级	185(41%)	103(21%)	288
小教一级	69(15%)	153(31%)	222
小教高级	128(28%)	180(36%)	308
总计	453	496	949

我们对幼儿园教师师幼关系得分和幼儿园教师的职称进行斯皮尔曼相关分析。结果发现，师幼关系和幼儿园教师职称存在较弱的正相关（$r=0.289$，$P<0.01$）。此结果进一步验证了幼儿园教师职称越高，师幼关系越好。

表5.4　幼儿园教师的职称与师幼关系的相关系数

	职称	师幼关系
职称	1.00	0.289**
师幼关系		1.00

注：$^{**}P<0.01$

我们还以幼儿园教师的职称为自变量（未定级、小教二级、小教一级、小教高级），幼儿园教师师幼关系得分为因变量，进行单因素方差分析。结果发现，幼儿园教师的师幼关系得分存在显著的职称差异，$F(3, 945)=28.28$，$P<0.01$。进一步多重事后比较发现，未定级幼儿园教师的师幼关系得分显著低于小教二级（$P<0.05$）、小教一级（$P<0.01$）以及小教高级（$P<0.01$）幼儿园教师师幼关系得分，小教二级幼儿园教师的师幼关系得分显著低于小教一级（$P<0.01$）以及小教高级（$P<0.01$）幼儿园教师师幼关系得分，小教一级幼儿园教师师幼关系得分显著低于小教高级幼儿园教师师幼关系得分（$P<0.01$）。此结果再一次表明，幼儿园教师职称越高，师幼关系越好。

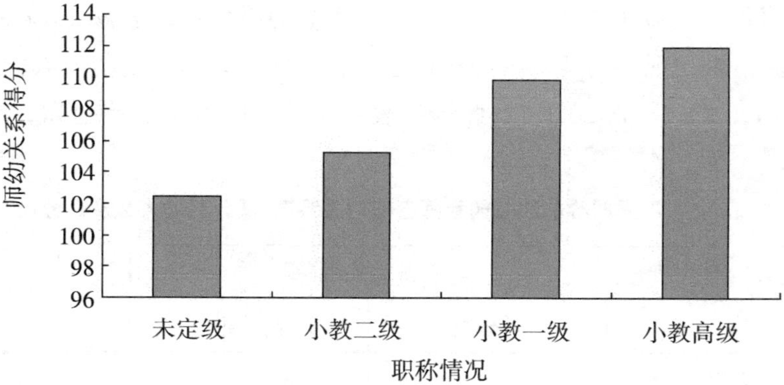

图5.3 不同职称的幼儿园教师师幼关系平均分示意图

上述三种统计结果均表明，职称越高，师幼关系越好。原因可能有以下两点：一方面，职称高的幼儿园教师从事本行业时间长，专业知识丰富，因此，他们有更好的能力与幼儿进行有效沟通。另一方面，职称高的幼儿园教师信心强，他们相信自己能很好地处理与孩子之间的关系，遇到问题会积极面对并解决，因此，他们的师幼关系更好。

4. 性别

我们以性别为自变量，幼儿园教师师幼关系得分为因变量，进行独立样本T检验。结果发现，男性幼儿园教师的师幼关系均分（$M=103.38$，$SD=13.25$）与女性幼儿园教师的师幼关系均分（$M=107.67$，$SD=13.45$）差异显著，t（947）$=2.26$，$P<0.05$。女性幼儿园教师的师幼关系得分显著高于男性幼儿园教师的师幼关系得分。然而，通过描述性统计发现，在本次问卷调查中，男性人数只有53人，而女性人数则有896人之多。建议在今后农村幼儿园教师的调查中多增加男性幼师人数，适当调整男女幼师比例。同时，由于人数差异过大，在此处将不做性别与师幼关系的相关分析。

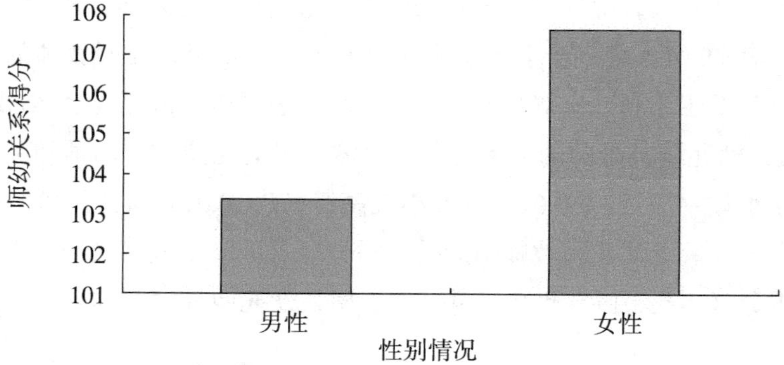

图5.4 男性、女性幼儿园教师师幼关系平均分示意图

5. 教龄

我们以幼儿园教师的教龄为自变量（5年以下、5～10年、10～15年、15年以上），幼儿园教师师幼关系得分为因变量，进行单因素方差分析。结果发现，师幼关系得分不存在显著的教龄差异，F（3，945）=0.429，P>0.05。此结果表明幼儿园教师师幼关系与幼儿园教师教龄无关。

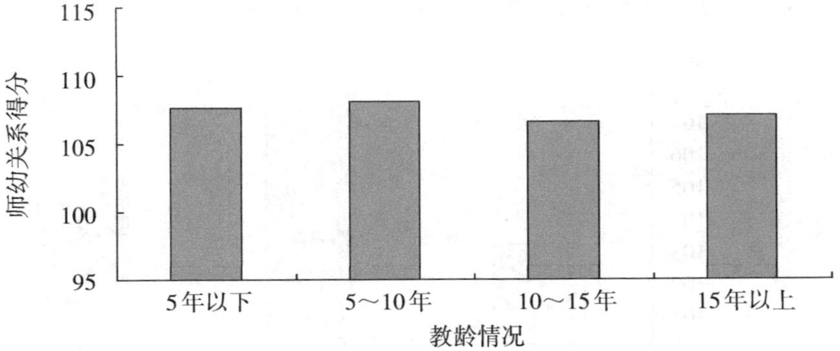

图5.5　不同教龄的幼儿园教师师幼关系平均分示意图

我们还对幼儿园教师师幼关系得分和幼儿园教师教龄进行了斯皮尔曼相关分析。结果发现，师幼关系和幼儿园教师教龄相关不显著（r=−0.02，P>0.05）。此结果进一步表明，幼儿园教师的教龄与师幼关系之间没有关系。

6. 年龄

我们以幼儿园教师师幼关系得分的平均分（M=107.43，SD=13.48）为分割线，高于平均分的人为高分组，低于平均分的人为低分组。再以不同年龄（20岁以下、21～40岁、40岁以上）的人数为自变量，幼儿园教师师幼关系得分高低组人数为因变量，进行Kruskal Wallis H 检验。结果发现，21～40岁幼儿园教师在师幼关系高分组的人数要显著多于其他两组的人数（χ^2=8.51，df==2，P<0.05）。此结果表明，21～40岁幼儿园教师的师幼关系要好于20岁以下、40岁以上幼儿园教师的师幼关系。

表5.5　不同年龄的幼儿园教师在师幼关系高、低分组的人数及百分比

	师幼关系		总人数
	低分组	高分组	
20岁以下	14(3%)	8(2%)	22
21～40岁	355(78%)	424(85%)	779
40岁以上	84(19%)	64(13%)	148
总计	453	496	949

我们还以年龄为自变量（20岁以下、21～40岁、40岁以上），幼儿园教师师幼关系得分为因变量，进行单因素方差分析。结果发现，师幼关系得分存在显著的年龄差异，$F(2, 946)=3.89$，$P<0.05$。进一步多重事后比较发现，年龄在21～40岁的幼儿园教师的师幼关系得分显著高于40岁以上幼儿园教师的师幼关系得分（$P<0.05$）。然而，本次调查中，年龄在21～40岁之间教师占总人数的绝大多数，而40岁以上的教师较少。

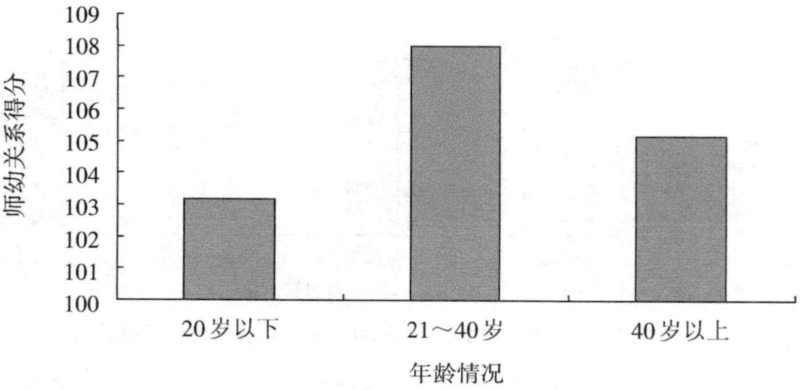

图5.6 不同年龄的幼儿园教师师幼关系平均分示意图

（二）幼儿园的园所性质、所在地、月工资水平和工作氛围对师幼关系的影响

1. 园所性质

我们以园所性质为自变量（公立、私立），幼儿园教师师幼关系得分为因变量进行独立样本T检验。结果发现，公立幼儿园教师的师幼关系均分（$M=107.74$，$SD=13.42$）与私立幼儿园教师的师幼关系均分（$M=105.15$，$SD=13.67$）差异不显著，$t(947)=1.91$，$P>0.05$。表明幼儿园教师的师幼关系与幼儿园园所性质无关。

我们还对幼儿园教师师幼关系得分及幼儿园教师所在幼儿园园所性质进行了斯皮尔曼相关分析。结果发现，师幼关系和幼儿园教师所在幼儿园园所性质相关不显著（$r=-0.05$，$P>0.05$）。此结果进一步表明，幼儿园的园所性质与师幼关系之间没有关系。

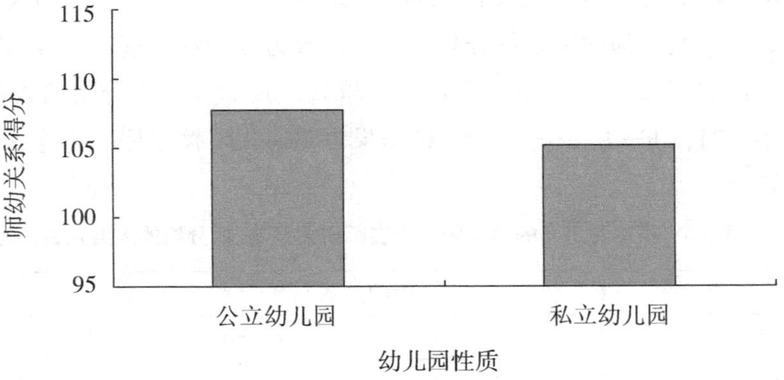

图5.7　公立、私立幼儿园教师师幼关系平均分示意图

2.所在地

我们以幼儿园所在地为自变量（农村、乡镇、县城、城乡接合部、城市），幼儿园教师师幼关系得分为因变量，进行单因素方差分析。结果发现，师幼关系得分不存在显著的幼儿园所在地的差异，$F(4, 944)=1.522$，$P>0.05$。此结果表明，幼儿园教师的师幼关系与幼儿园所在地无关。

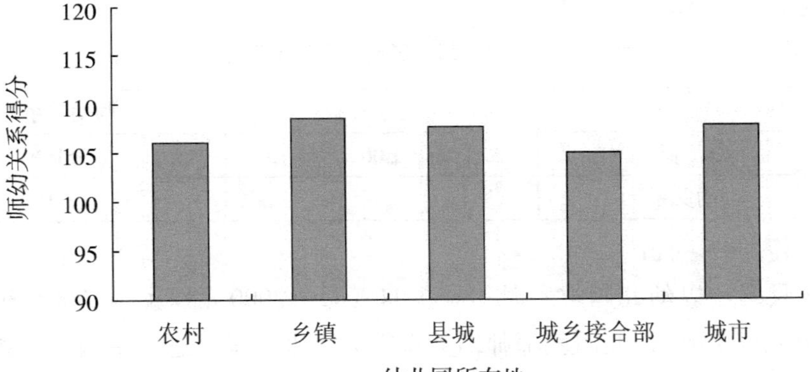

图5.8　不同所在地的幼儿园教师师幼关系平均分示意图

我们还对幼儿园教师师幼关系得分及幼儿园所在地进行了斯皮尔曼相关分析。结果显示，师幼关系和幼儿园所在地相关不显著（$r=-0.02$，$P>0.05$）。此结果进一步表明，幼儿园所在地与师幼关系之间没有关系。

3.月工资水平

我们以幼儿园教师师幼关系得分的平均分（$M=107.43$，$SD=13.48$）为分割线，高于平均分的人为高分组，低于平均分的人为低分组。再以幼儿园教师不同月工资（2000元以下、2000～3000元、3000元以上）的人数为自变量，幼儿园教师师幼关系得分高、低组人数为因变量，进行Kruskal Wallis *H*检验。结果发现，幼儿园教师月工资越高，师幼关系高分组的人数就越多（$\chi^2=101.21$，$df=2$，$P<0.01$）。该结果表明幼儿园教师月工资越高，师幼关系越好。

表5.6　不同月工资的幼儿园教师在师幼关系高、低分组的人数及百分比

	师幼关系		总人数
	低分组	高分组	
2000元以下	195(43%)	72(15%)	267
2000～3000元	148(33%)	201(41%)	349
3000元以上	110(24%)	223(44%)	333
总计	453	496	949

我们还对幼儿园教师师幼关系得分和幼儿园教师的月工资进行了斯皮尔曼相关分析。结果发现，幼儿园教师月工资与师幼关系得分存在显著正相关（$r=0.361$，$P<0.01$）。这就进一步验证了上面分析的结论，幼儿园教师月工资越高，其师幼关系越好。

表5.7　幼儿园教师月工资与师幼关系的相关系数

	月工资	师幼关系
月工资	1.00	0.361**
师幼关系		1.00

注：**$P<0.01$

我们还以幼儿园教师月工资为自变量（2000元以下、2000～3000元、3000元以上），幼儿园教师师幼关系得分为因变量，进行单因素方差分析。结果发现，师幼关系得分存在显著的月工资差异，$F(2, 946)=84.331$，$P<0.01$。进一步多重事后比较发现，工资为2000元以下的幼儿园教师师幼关系得分显著低于工资为2000～3000元（$P<0.01$）及工资在3000元以上（$P<0.01$）幼儿园教师的师幼关系得分。此研究结果进一步表明，工资为2000元以下的幼儿园教师师幼关系比工资为2000～3000元、3000元以上幼儿园教师的师幼关系差。

以上三种统计结果均发现，幼儿园教师月工资越高，师幼关系越好。这可能是因为高工资的幼儿园教师对教学的热情更多，更愿意投入时间和精力于师幼关系之中；同时，他们也有较充裕的资金用来培训自己的相关技能，提升师幼关系。

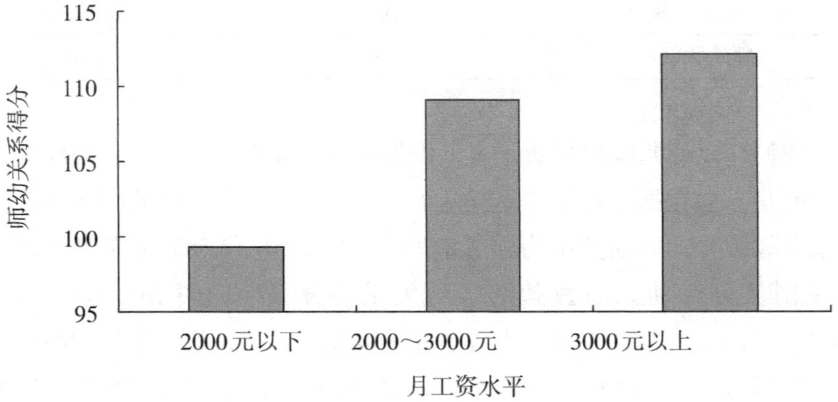

图5.9 不同月工资的幼儿园教师师幼关系平均分示意图

4.工作氛围

我们以幼儿园教师师幼关系得分的平均分（$M=107.43$，$SD=13.48$）为分割线，高于平均分的人为高分组，低于平均分的人为低分组。再以幼儿园教师幼儿园工作氛围得分的平均分（$M=74.08$，$SD=11.44$）为分割线，高于平均分的人为高分组，低于平均分的人为低分组。以幼儿园教师幼儿园工作氛围得分高、低组人数为自变量，幼儿园教师师幼关系得分高、低组人数为因变量，进行Mann-Whitney U检验。结果发现，幼儿园工作氛围得分越高，师幼关系得分高分组的人数就越多（$Z=8.78$，$P<0.01$）。此结果表明，幼儿园工作氛围越好，师幼关系得分越高。

表5.8 幼儿园工作氛围高、低分组及幼儿园教师在师幼关系高、低分组的人数及百分比

	师幼关系		总人数
	低分组	高分组	
低分组	300(66%)	187(38%)	487
高分组	153(34%)	309(62%)	462
总计	453	496	949

我们还对幼儿园工作氛围得分和师幼关系得分进行了皮尔逊相关分析。结果发现，幼儿园教师幼儿园工作氛围得分及师幼关系得分之间存在显著的正相关（$r=0.366$，$P<0.01$）。此结果进一步表明，幼儿园工作氛围越好，师幼关系越好。

表 5.9　幼儿园工作氛围与师幼关系的相关系数

	幼儿园工作氛围	师幼关系
幼儿园工作氛围	1.00	0.366**
师幼关系		1.00

注：$^{**}P<0.01$

我们还以幼儿园教师幼儿园工作氛围得分高低为自变量，师幼关系得分为因变量，对数据进行了独立样本T检验。结果发现，幼儿园工作氛围高分组幼儿园教师的师幼关系均分（$M=111.94$，$SD=12.58$）显著高于幼儿园工作氛围低分组幼儿园教师的师幼关系均分（$M=103.16$，$SD=12.90$），$t(947)=10.613$，$P<0.01$。此结果进一步表明，幼儿园工作氛围高分组的幼儿园教师的师幼关系好于幼儿园工作氛围低分组的幼儿园教师的师幼关系。

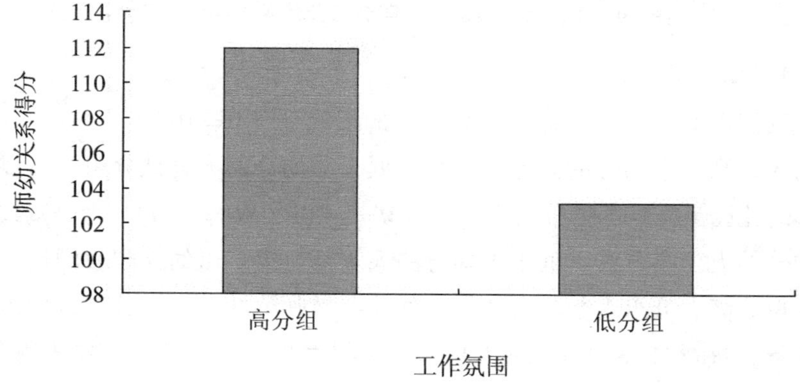

图 5.10　幼儿园工作氛围高、低分组的幼儿园教师师幼关系平均分示意图

以上三种统计结果均发现，幼儿园工作氛围越好，师幼关系越好。原因可能在于：一方面，幼儿园工作氛围越好，说明幼师同事之间关系良好，幼师与领导之间隔阂较少，幼师在工作中有一定的存在感，也会更加热情地投入到幼儿园的工作中去。另一方面，幼儿园工作氛围越好，幼师的心情也就越舒畅，就会有更多的精力对待幼儿。因此，师幼关系也就越好。

（三）幼儿教师所教班级、社会支持状态、家师关系和保教效能感对师幼关系的影响

1. 所教班级

我们以幼儿园教师所教班级为自变量（学前班、大班、中班、小班、小小班），幼儿园教师师幼关系得分为因变量，进行单因素方差分析。结果发

现，幼儿园教师的师幼关系得分不存在显著的所教班级差异，$F(4, 944) = 2.069$，$P > 0.05$。此结果表明，幼儿园教师的师幼关系与所教班级无关。

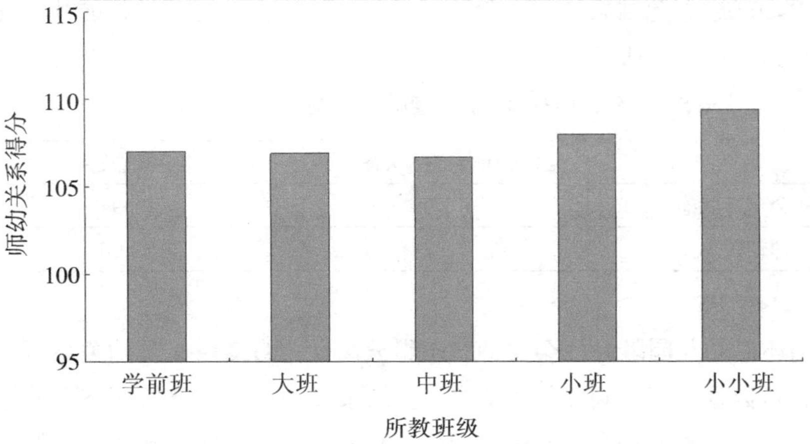

图5.11　所教不同班级的幼儿园教师的师幼关系平均分示意图

我们还对幼儿园教师师幼关系得分和幼儿园教师所教班级进行了斯皮尔曼相关分析。结果发现，师幼关系和幼儿园教师所教班级相关不显著（$r = 0.07$，$P < 0.05$）。此结果进一步表明，幼儿教师所教班级不同，与师幼关系之间没有关系。

2. 社会支持状态

我们以幼儿园教师师幼关系得分的平均分（$M = 107.43$，$SD = 13.48$）为分割线，高于平均分的人为高分组，低于平均分的人为低分组。再以幼儿园教师社会支持状态得分的平均分（$M = 186.52$，$SD = 23.89$）为分割线，高于平均分的人为高分组，低于平均分的人为低分组。以幼儿园教师社会支持状态得分高、低组人数为自变量，幼儿园教师师幼关系得分高、低组人数为因变量，进行Mann-Whitney U检验。结果发现，幼儿园教师的社会支持状态得分越高，在师幼关系高分组的人数就越多（$Z = 7.50$，$P < 0.05$）。此结果表明，幼儿园教师的社会支持状态越好，师幼关系越好。

表5.10　社会支持状态高、低分组幼儿园教师在师幼关系高、低分组的人数及百分比

	师幼关系		总人数
	低分组	高分组	
低分组	284(63%)	190(38%)	474
高分组	169(37%)	306(62%)	475
总计	453	496	949

我们还求出了社会支持状态和师幼关系的相关系数并进行了皮尔逊相关分析。结果发现，社会支持状态得分及师幼关系得分存在显著正相关（$r=0.394$，$P<0.05$）。此结果进一步验证了上面的结论，幼儿园教师的社会支持越好，则其师幼关系越好。

表5.11　幼儿园教师保教效能感与师幼关系的相关系数

	社会支持状态	师幼关系
社会支持状态	1.00	0.394*
师幼关系		1.00

注：$^*P<0.05$

我们还以幼儿园教师社会支持状态得分高低为自变量，师幼关系得分为因变量，对数据进行了独立样本T检验。结果发现，社会支持状态高分组幼儿园教师的师幼关系均分（$M=111.10$，$SD=13.11$）与社会支持状态低分组幼儿园教师的师幼关系均分（$M=103.76$，$SD=12.83$）差异显著，t（947）$=8.71$，$P<0.05$。社会支持状态高分组幼儿园教师的师幼关系得分显著高于社会支持状态低分组幼儿园教师的师幼关系得分。该结果进一步表明，社会支持状态高分组幼儿园教师的师幼关系要好于社会支持状态低分组幼儿园教师的师幼关系。

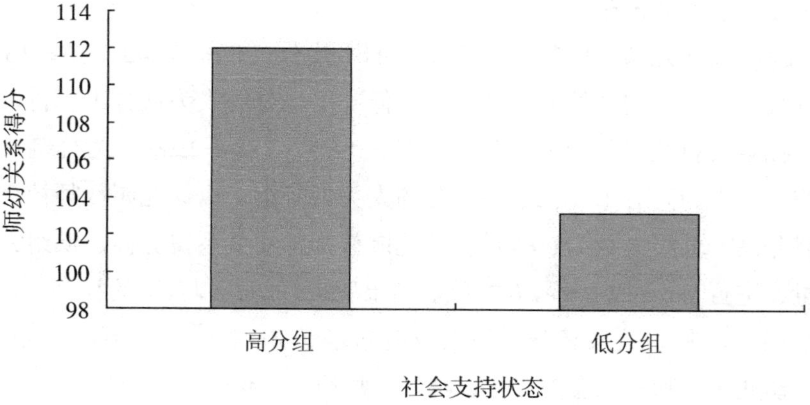

图5.12　社会支持状态高、低分组幼儿园教师师幼关系平均分示意图

以上三种统计结果均发现，社会支持状态越好，师幼关系越好。原因可能有以下两点：第一，如果社会支持越多，幼师得到的资源也就越多。幼师就可以更好地发展自己的专业知识和提高与幼儿沟通的技能。第二，幼师得到的社会支持越多的话，他们就会有更多的时间和精力投入到自己所热爱的事业上，也会有更多的热情投入到与孩子的沟通上。因此，社会支持状态越好，师幼关系也就越好。

3. 家师关系

我们以幼儿园教师师幼关系得分的平均分（M=107.43，SD=13.48）为分割线，高于平均分的人为高分组，低于平均分的人为低分组。再以幼儿园教师家师关系得分的平均分（M=101.03，SD=12.09）为分割线，高于平均分的人为高分组，低于平均分的人为低分组。以幼儿园教师家师关系得分高、低组人数为自变量，幼儿园教师师幼关系得分高、低组人数为因变量，进行Mann-Whitney U检验。结果发现，幼儿园教师的家师关系越好，师幼关系高分组的人数就越多（Z=10.97，P<0.05）。该结果表明，幼儿园教师的家师关系越好，师幼关系越好。

表5.12　家师关系高、低分组幼儿园教师在师幼关系高、低分组的人数及百分比

	师幼关系		总人数
	低分组	高分组	
低分组	317(70%)	170(34%)	487
高分组	136(30%)	326(66%)	462
总计	453	496	949

我们还对幼儿园教师家师关系得分和师幼关系得分进行了皮尔逊相关分析。结果发现，幼儿园教师家师关系得分及师幼关系得分存在显著正相关（r=0.414，P<0.05）。此结果进一步验证了幼儿园教师家师关系越好，其师幼关系越好。

表5.13　幼儿园教师保教效能感与师幼关系的相关系数

	家师关系	师幼关系
家师关系	1.00	0.414*
师幼关系		1.00

注：*P<0.05

我们还以幼儿园教师家师关系得分高低为自变量，师幼关系得分为因变量，对数据进行了独立样本T检验。结果发现，家师关系高分组幼儿园教师的师幼关系均分（M=111.58，SD=12.07）显著高于家师关系低分组幼儿园教师的师幼关系均分（M=103.50，SD=13.56），t（947）=9.68，P<0.05。此结果进一步表明，家师关系高分组幼儿园教师的师幼关系明显好于家师关

系低分组幼儿园教师的师幼关系。

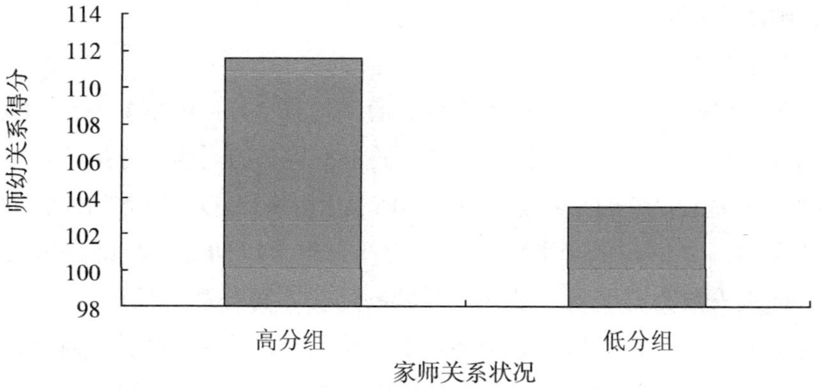

图5.13 家师关系高、低分组幼儿园教师师幼关系平均分示意图

以上三种统计结果均表明，家师关系越好，师幼关系也就越好。原因可能有：第一，家师关系得分越高，说明幼师很注重孩子的成长，认识到了家长对孩子教育的重要性，他们懂得通过家长这条“线”与孩子进行良好的间接沟通。第二，家师关系良好，说明幼师愿意花费大量时间和精力与孩子家长进行有效沟通，他们会与孩子家长一起解决孩子当前遇到的问题，使得与孩子的交流更加有效。因此，家师关系良好的幼儿园教师师幼关系更好。

4. 保教效能感

我们以幼儿园教师师幼关系得分的平均分（$M=107.43$，$SD=13.48$）为分割线，高于平均分的人为高分组，低于平均分的人为低分组。再以幼儿园教师保教效能感得分的平均分（$M=91.80$，$SD=9.94$）为分割线，高于平均分的人为高分组，低于平均分的人为低分组。以幼儿园教师保教效能感得分高、低组人数为自变量，幼儿园教师师幼关系得分高、低组人数为因变量，进行Mann-Whitney U检验。结果发现，幼儿园教师保教效能感越高，师幼关系高分组的人数就越多（$Z=6.84$，$P<0.05$）。该结果表明，幼儿园教师保教效能感越高，师幼关系越好。

表5.14 保教效能感高、低分组幼儿园教师在师幼关系高、低分组的人数及百分比

	师幼关系		总人数
	低分组	高分组	
低分组	296(65%)	214(43%)	510
高分组	157(35%)	282(57%)	439
总计	453	496	949

我们还对幼儿园教师保教效能感得分和师幼关系得分进行了皮尔逊相关分析。结果发现，幼儿园教师保教效能感得分及师幼关系得分存在显著正相关（$r=0.434$，$P<0.05$）。此结果进一步表明，幼儿园教师保教效能感越高，其师幼关系越好。

表5.15　幼儿园教师保教效能感与师幼关系的相关系数

	保教效能感	师幼关系
保教效能感	1.00	0.434*
师幼关系		1.00

注：$^{*}P<0.05$

我们还以幼儿园教师保教效能感得分高低为自变量，师幼关系得分为因变量，对数据进行了独立样本T检验。结果发现，保教效能感高分组幼儿园教师的师幼关系均分（$M=111.58$，$SD=12.86$）显著高于保教效能感低分组幼儿园教师的师幼关系均分（$M=103.87$，$SD=12.97$），t（947）$=9.16$，$P<0.05$。此结果进一步表明，保教效能感高分组幼儿园教师的师幼关系好于保教效能感低分组幼儿园教师的师幼关系。

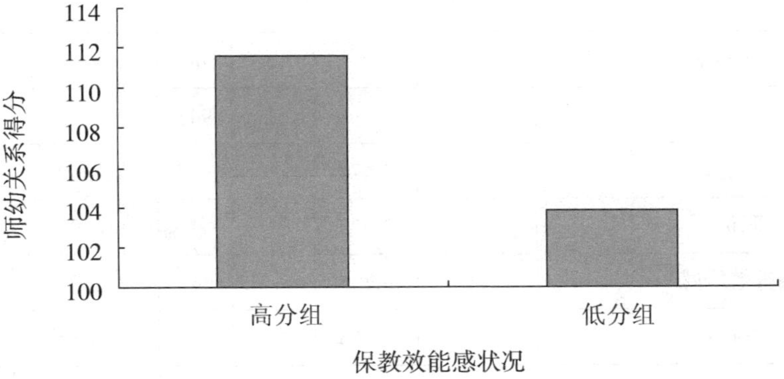

图5.14　保教效能感高、低分组幼儿园教师师幼关系平均分示意图

以上三种统计结果均发现，教师保教效能感越高，师幼关系越好。原因可能有以下三点：第一，幼师保教效能感高，说明他们相信自己已掌握了相应的专业知识，拥有和孩子良好沟通的技能。他们有信心处理自己与孩子的关系，也会更积极地与孩子沟通。第二，当幼师与孩子沟通出现问题时，保教效能感高的幼师会积极面对并处理这些问题。第三，保教效能感高的幼师会对自己要求更高，会频繁参加各种培训来提升自己的专业知识以及与孩子沟通的技能。因此，保教效能感越高的幼师，师幼关系也就越好。

二、师幼关系影响因素的回归分析

为了更彻底地了解教师因素和师幼关系，以及确定哪些因素对师幼关系的影响最大，我们对于数据（幼儿园教师师幼关系、学历、职称、幼儿园教师保教效能感、幼儿园教师家师关系、幼儿园教师社会支持状态、幼儿园工作氛围、月工资等）进行了多元回归分析。结果显示，学历、职称、幼儿园教师保教效能感、家师关系、社会支持状态与幼儿园教师师幼关系存在显著的多重线性关系。自变量解释了整个因变量变异程度的37.2%（矫正的R^2=0.372）。建立标准化的回归方程为：

$$Y=0.155X_1+0.083X_2+0.199X_3+0.009X_4+0.185X_5+0.212X_6+0.186X_7$$

其中，X_1代表学历，X_2代表职称，X_3代表幼儿园工作氛围，X_4代表社会支持状态，X_5代表家师关系，X_6代表保教效能感，X_7代表月工资。该方程表明幼儿园教师学历、职称、月工资、保教效能感、家师关系、社会支持状态、幼儿园工作氛围都对幼儿园教师的师幼关系有直接影响。同时，幼儿园教师的保教效能感对师幼关系的影响最大。

表5.16 多元回归分析结果（n=949）

独立样本	R^2	R^2矫正	t	df_1	df_2	sig.	Final Beta
	0.377	0.372		7	941		
学历			5.472			0.000	0.155
职称			2.928			0.000	0.083
保教效能感			6.235			0.003	0.212
社会支持状态			0.266			0.010	0.009
家师关系			6.264			0.000	0.185
幼儿园工作氛围			6.988			0.000	0.199
月工资			6.459			0.000	0.186

第二节
保教效能感、家师关系等变量的现状分析

一、幼儿园教师保教效能感现状分析

（一）幼儿园教师的婚姻状态、学历、性别、职称、教龄和年龄对保教效能感的影响

1. 婚姻状态

以幼儿园教师的婚姻状态（已婚、未婚）为自变量，保教效能感得分为因变量，进行独立样本*T*检验。结果发现，未婚幼儿园教师保教效能感均分（$M=90.42$，$SD=10.35$）与已婚幼儿园教师保教效能感均分（$M=92.51$，$SD=9.70$）差异显著，$t(931)=0.003$，$P<0.05$，未婚幼儿园教师保教效能感得分显著低于已婚幼儿园教师保教效能感得分。结果表明，未婚幼儿园教师保教效能感差于已婚幼儿园教师保教效能感。这一结果与前人的研究不同，这可能是因为在我们的调查中，未婚幼儿园教师的年龄大部分低于已婚教师的年龄，其教学经验也小于已婚幼儿园教师，从而产生了低保教效能感。

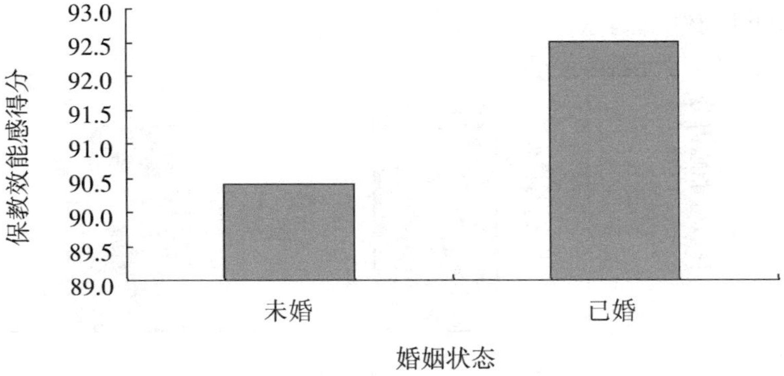

图5.15　未婚、已婚幼儿园教师的保教效能感平均分示意图

2. 学历

以幼儿园教师学历为自变量（中专、大专、本科），幼儿园教师保教效能感得分为因变量，进行单因素方差分析。结果显示，幼儿园教师保教效能感得分存在显著的学历差异，$F(2, 946)=22.80$，$P<0.01$。进一步多重事后比较发现，中专学历的幼儿园教师保教效能感得分显著低于大专学历、本

科学历的幼儿园教师保教效能感得分（$P<0.01$），大专学历的幼儿园教师保教效能感得分显著低于本科学历的幼儿园教师保教效能感得分（$P<0.01$）。该结果表明，幼儿园教师的学历越高，其保教效能感越高。

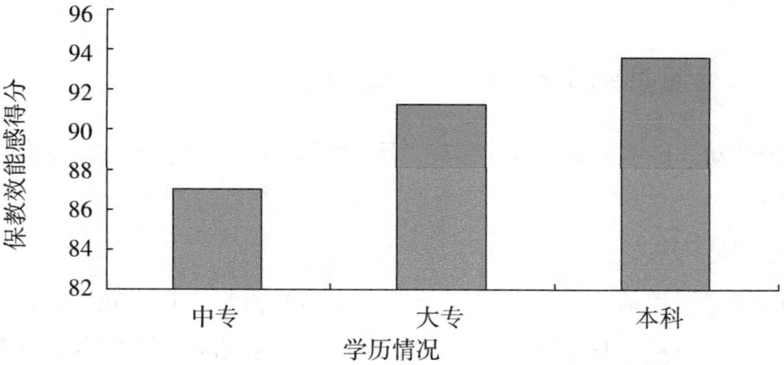

图5.16　不同学历的幼儿园教师的保教效能感平均分示意图

3. 性别

以性别为自变量，幼儿园教师保教效能感得分为因变量，进行独立样本T检验。结果发现，男性幼儿园教师保教效能感均分（$M=91.85$，$SD=10.77$）与女性幼儿园教师保教效能感均分（$M=91.80$，$SD=9.89$）差异不显著，t（947）$=0.033$，$P>0.05$。该结果表明，女性幼儿园教师保教效能感与男性幼儿园教师保教效能感无显著差异。

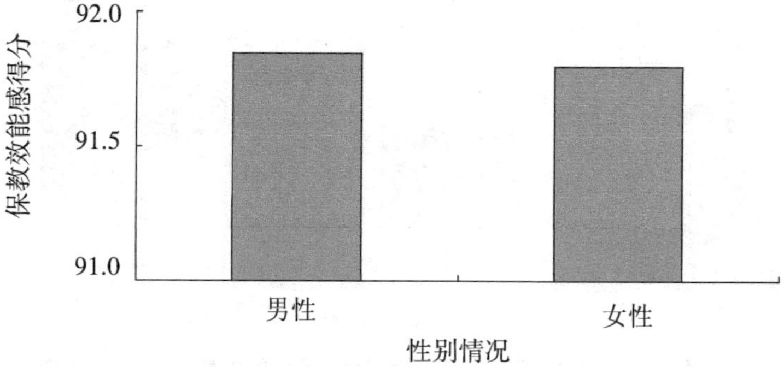

图5.17　男性、女性幼儿园教师的保教效能感平均分示意图

4. 职称

以幼儿园教师的职称为自变量（未定级、小教二级、小教一级、小教高级），幼儿园教师保教效能感得分为因变量，进行单因素方差分析。结果发现，幼儿园教师保教效能感得分存在显著的职称差异，F（3，945）$=$

37.07，$P<0.01$。进一步多重事后比较发现，未定级幼儿园教师保教效能感得分显著低于小教一级（$P<0.01$）、小教二级（$P<0.01$）、小教高级（$P<0.01$）幼儿园教师的保教效能感得分。此结果表明，未定级幼儿园教师保教效能感差于小教一级、小教二级、小教高级幼儿园教师的保教效能感。

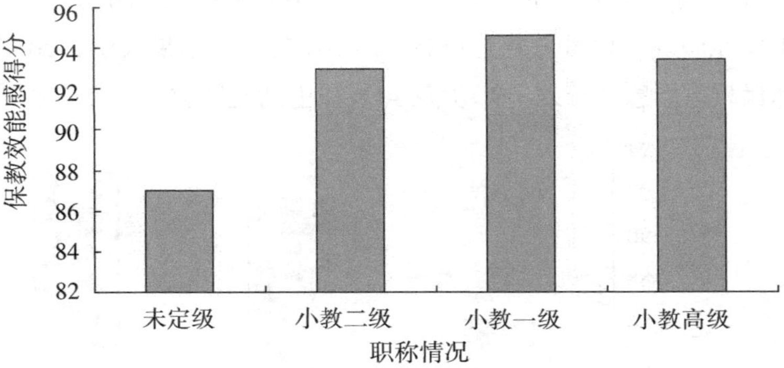

图5.18　不同职称的幼儿园教师的保教效能感平均分示意图

5. 教龄

以幼儿园教师的教龄为自变量（5年以下、5～10年、10～15年、15年以上），幼儿园教师保教效能感得分为因变量进行单因素方差分析。结果显示，幼儿园教师的保教效能感得分存在显著的教龄差异，$F(3, 945)=9.15$，$P<0.05$。进一步多重事后比较发现，教龄在5年以下的幼儿园教师的保教效能感得分显著小于教龄在10～15年及15年以上的幼儿园教师（$P<0.05$），教龄为5～10年幼儿园教师的保教效能感显著小于10～15年及15年以上的幼儿园教师（$P<0.05$）。结果表明，教龄在5年以下的幼儿园教师的保教效能感差于教龄在10～15年及15年以上的幼儿园教师，教龄在5～10年的幼儿园教师的保教效能感差于教龄在10～15年及15年以上的幼儿园教师。

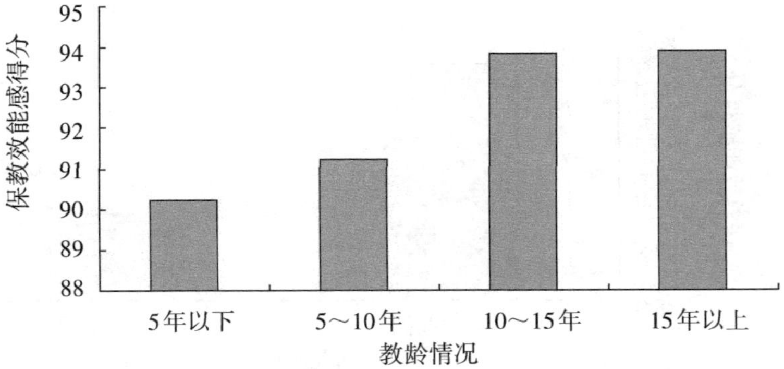

图5.19　不同教龄的幼儿园教师的保教效能感平均分示意图

6. 年龄

以年龄为自变量（20岁以下、21～40岁、40岁以上），幼儿园教师保教效能感得分为因变量，进行单因素方差分析。结果发现，幼儿园教师保教效能感得分存在显著的年龄差异，F（2，946）=4.71，P<0.05。进一步多重事后比较发现，20岁以下幼儿园教师保教效能感得分均小于21～40岁及40岁以上幼儿园教师保教效能感得分（P<0.05）。该结果表明，20岁以下幼儿园教师保教效能感差于21～40岁及40岁以上幼儿园教师保教效能感。

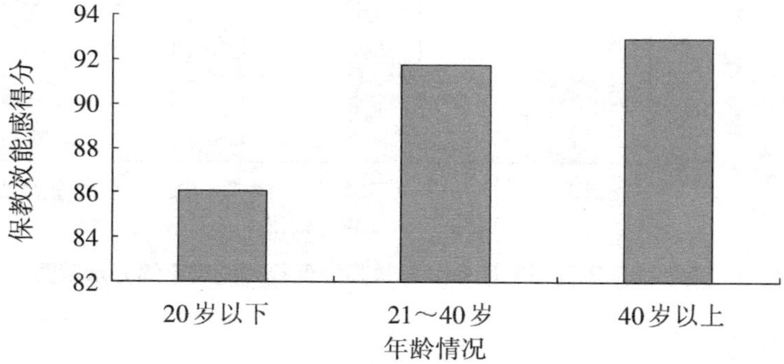

图5.20　不同年龄的幼儿园教师的保教效能感平均分示意图

(二)幼儿园的园所性质、所在地、教师月工资水平和工作氛围对保教效能感的影响

1. 园所性质

以幼儿园的园所性质为自变量（公立、私立），幼儿园教师保教效能感得分为因变量，进行独立样本T检验。结果发现，公立幼儿园教师保教效能感均分（M=90.21，SD=9.84）与私立幼儿园教师保教效能感均分（M=88.81，SD=10.17）存在显著差异，t（947）=3.412，P<0.05。该结果表明，公立幼儿园教师的保教效能感高于私立幼儿园教师的保教效能感。

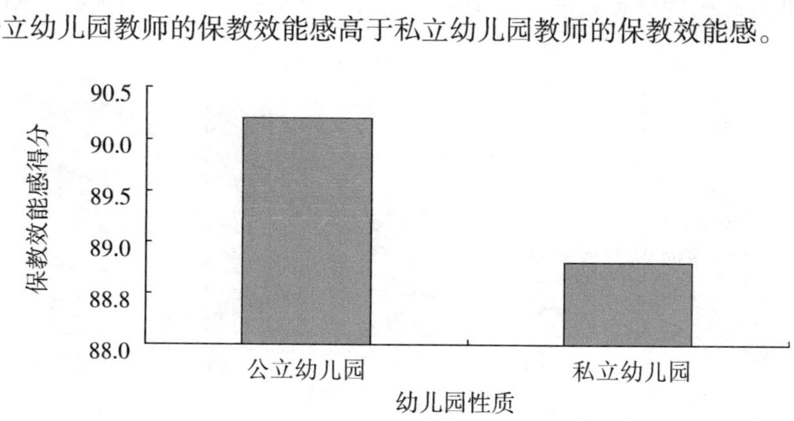

图5.21　公立、私立幼儿园教师的保教效能感平均分示意图

2. 所在地

以幼儿园所在地为自变量（农村、乡镇、县城、城乡接合部、城市），幼儿园教师保教效能感得分为因变量进行单因素方差分析。结果发现，幼儿园教师保教效能感得分不存在显著的幼儿园所在地的差异，F（4，944）=2.32，$P>0.05$。该结果表明，幼儿园教师保教效能感与幼儿园所在地无关。

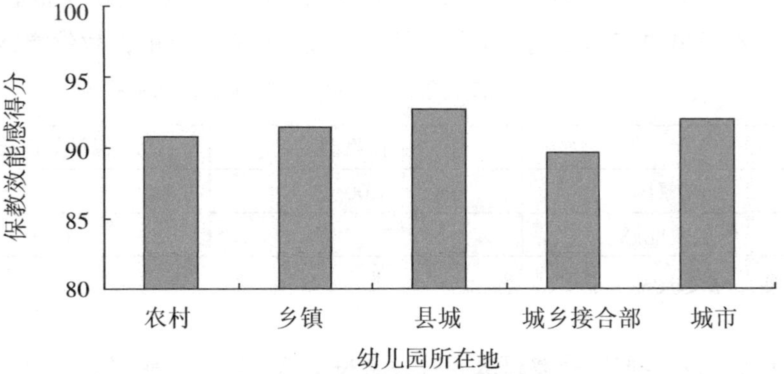

图5.22　不同所在地的幼儿园教师保教效能感平均分示意图

3. 教师月工资水平

以幼儿园教师月工资为自变量（2000元以下、2000～3000元、3000元以上），幼儿园教师保教效能感得分为因变量进行单因素方差分析。结果发现，幼儿园教师保教效能感得分存在显著的月工资差异，F（2，946）=51.66，$P<0.01$。进一步多重事后比较发现，工资在2000元以下的幼儿园教师保教效能感得分显著小于工资为2000～3000元（$P<0.01$）及工资高于3000元的幼儿园教师的保教效能感（$P<0.01$）。这一结果表明，工资在2000元以下的幼儿园教师保教效能感差于工资为2000～3000元的幼儿园教师的保教效能感、高于3000元的幼儿园教师的保教效能感。

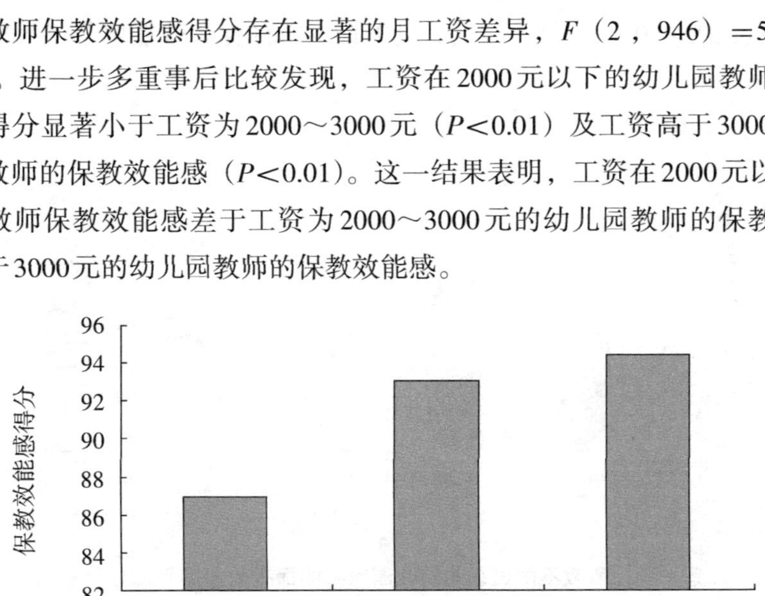

图5.23　不同月工资的幼儿园教师的保教效能感平均分示意图

4. 工作氛围

我们对幼儿园工作氛围得分及保教效能感得分进行了皮尔逊相关分析，结果发现，幼儿园工作氛围得分及保教效能感得分存在显著正相关（r=0.373，P<0.05）。该结果表明，幼儿园教师所在幼儿园工作氛围越好，则幼儿园教师保教效能感越高。这可能是因为幼儿园工作氛围越好，意味着拥有更好的教学设备，而这有助于提升幼儿园教师的教学技能，丰富教学活动。因此，在环境更好的幼儿园工作的幼儿园教师拥有更高的保教效能感。

表 5.17 幼儿园工作氛围与教师保教效能感的相关系数

	工作氛围	保教效能感
工作氛围	1.00	0.373*
保教效能感		1.00

注：*P<0.05

（三）幼儿园教师所教班级和社会支持状态对保教效能感的影响

1. 所教班级

以幼儿园教师所教班级为自变量（学前班、大班、中班、小班、小小班），幼儿园教师保教效能感得分为因变量，进行单因素方差分析。结果发现，幼儿园教师保教效能感得分不存在显著的所教班级差异，F（4，944）=1.471，P>0.05。该结果表明，幼儿园教师的保教效能感与所教班级没有关系。

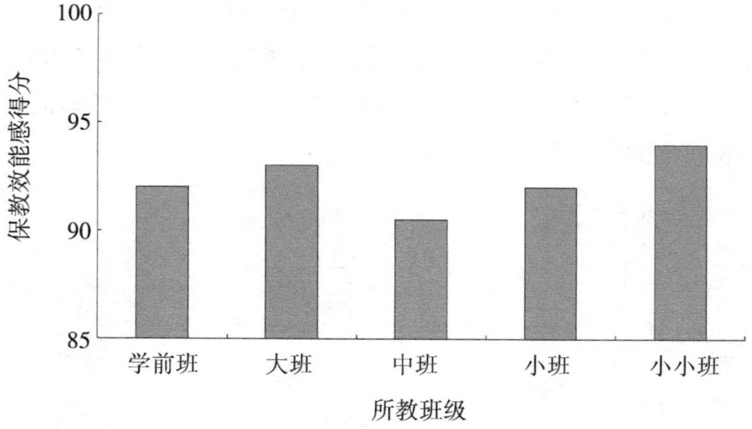

图 5.24 所教不同班级的幼儿园教师的保教效能感平均分示意图

2. 社会支持状态

我们对社会支持状态得分及保教效能感得分进行了皮尔逊相关分析，结果发现，社会支持状态得分与保教效能感得分存在显著正相关（$r=0.549$，$P<0.05$）。该结果表明，幼儿园教师的社会支持状态越好，则其保教效能感越高。这一结果与前人研究一致，这可能是因为社会支持状态得分越高的幼儿园教师，接收到的来自他人的尊重、理解和积极的评价越多。特别是来自幼儿园领导和幼儿家长的信任及积极支持，能够让幼儿园教师感到自身工作的意义，而且是幼儿园教师自信心最有力的后盾。同时，社会支持状态越好的幼儿园教师在入职后拥有更多的继续教育机会和更好的教学环境，均能够提升其自身的教学技能和对幼儿教学的认识，从而提升其保教效能感。

表 5.18　幼儿园教师社会支持状态与保教效能感的相关系数

	社会支持状态	保教效能感
社会支持状态	1.00	0.549*
保教效能感		1.00

注：$^*P<0.05$

二、幼儿园教师家师关系的现状分析

（一）幼儿园教师的婚姻状态、学历、职称、性别、教龄和年龄对家师关系的影响

1. 婚姻状态

以婚姻状态（已婚、未婚）为自变量，幼儿园教师家师关系得分为因变量，进行独立样本T检验。结果发现，未婚幼儿园教师的家师关系均分（$M=100.60$，$SD=11.81$）与已婚幼儿园教师的家师关系均分（$M=101.23$，$SD=12.16$）差异不显著，$t(931)=0.748$，$P>0.05$。该结果表明，未婚幼儿园教师的家师关系与已婚幼儿园教师的家师关系无显著差异。

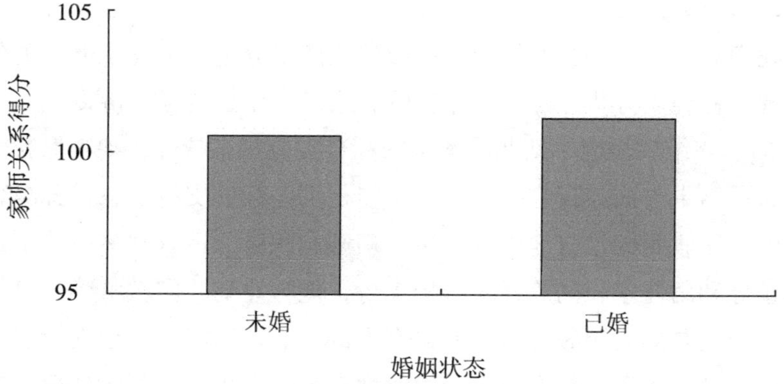

图5.25　未婚、已婚的幼儿园教师的家师关系平均分示意图

2. 学历

以幼儿园教师学历为自变量（中专、大专、本科），幼儿园教师家师关系得分为因变量，进行单因素方差分析。结果显示，幼儿园教师的家师关系得分存在显著的学历差异，$F(2, 946)=94.96$，$P<0.05$。进一步多重事后比较发现，中专学历的幼儿园教师的家师关系得分显著低于大专学历、本科学历的家师关系得分（$P<0.05$），大专学历的幼儿园教师的家师关系得分显著低于本科生学历的家师关系得分（$P<0.05$）。此研究结果表明，幼儿园教师学历越高，家师关系越好。

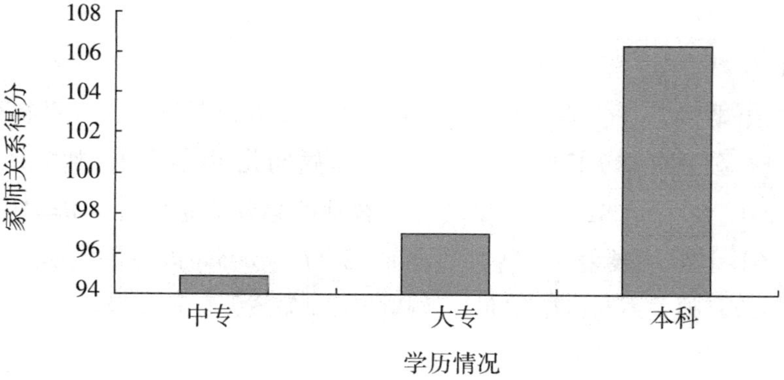

图5.26　不同学历的幼儿园教师的家师关系平均分示意图

3. 职称

以幼儿园教师的职称为自变量（未定级、小教二级、小教一级、小教高级），幼儿园教师家师关系得分为因变量，进行单因素方差分析。结果发现，幼儿园教师的家师关系得分存在显著的职称差异，$F(3, 945)=18.20$，P

<0.01。进一步多重事后比较发现，未定级幼儿园教师的家师关系得分显著低于小教一级（$P<0.01$）、小教高级（$P<0.01$）幼儿园教师的家师关系得分，小教二级幼儿园教师的家师关系得分显著低于小教一级（$P<0.01$）、小教高级（$P<0.01$）幼儿园教师的家师关系得分。此结果表明，未定级幼儿园教师的家师关系差于小教一级、小教高级幼儿园教师的家师关系，小教二级幼儿园教师的家师关系差于小教一级、小教高级教师的家师关系。

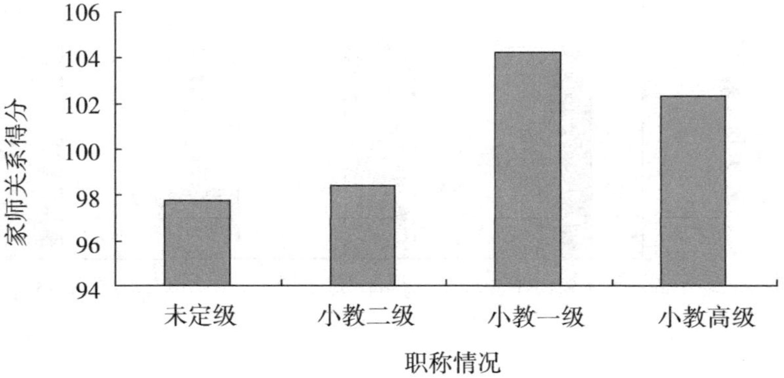

图5.27　不同职称的幼儿园教师的家师关系平均分示意图

4. 性别

以性别为自变量，幼儿园教师的家师关系得分为因变量，进行独立样本*T*检验。结果发现，男性幼儿园教师的家师关系均分（$M=98.81$，$SD=13.39$）与女性幼儿园教师的家师关系均分（$M=101.17$，$SD=12.00$）差异不显著，t（947）$=1.37$，$P>0.05$。该结果表明，女性幼儿园教师的家师关系与男性幼儿园教师的家师关系无显著差异。

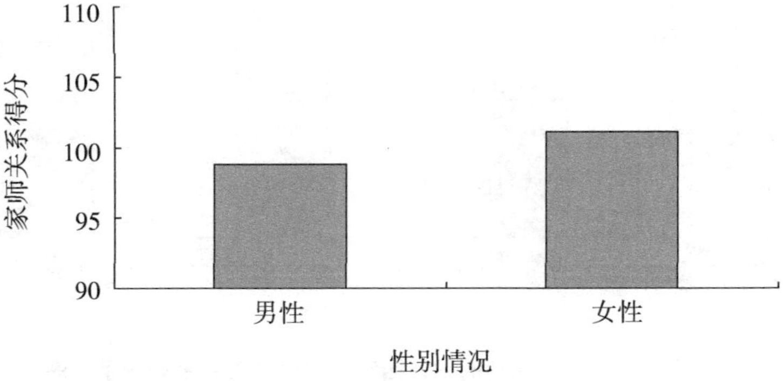

图5.28　男性、女性幼儿园教师的家师关系平均分示意图

5. 教龄

以幼儿园教师的教龄为自变量（5年以下、5～10年、10～15年、15年以上），幼儿园教师的家师关系得分为因变量，进行单因素方差分析。结果发现，不同教龄的幼儿园教师的家师关系得分不存在显著差异，$F(3, 945)=1.77$，$P>0.05$。该结果表明，幼儿园教师的家师关系与教龄无关。

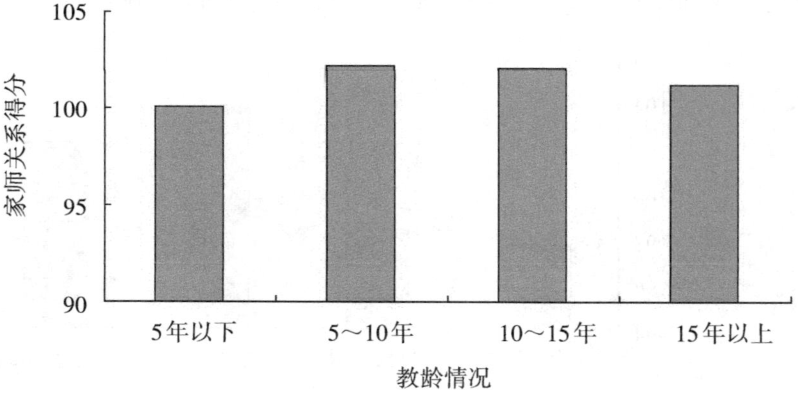

图5.29 不同教龄的幼儿园教师的家师关系平均分示意图

6. 年龄

以年龄为自变量（20岁以下、21～40岁、40岁以上），幼儿园教师家师关系得分为因变量进行单因素方差分析。结果发现，幼儿园教师的家师关系得分不存在显著的年龄差异，$F(2, 946)=1.47$，$P>0.05$。该结果表明，幼儿园教师的家师关系与年龄无关。

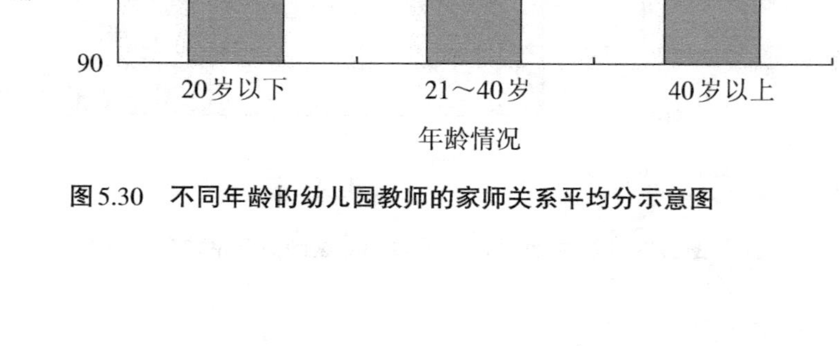

图5.30 不同年龄的幼儿园教师的家师关系平均分示意图

(二)幼儿园的园所性质、所在地、教师月工资水平和工作氛围对家师关系的影响

1. 园所性质

以幼儿园的园所性质为自变量（公立、私立），幼儿园教师家师关系得分为因变量，进行独立样本*T*检验。结果发现，公立幼儿园教师家师关系均分（*M*=101.43，*SD*=12.09）与私立幼儿园教师家师关系均分（*M*=98.05，*SD*=11.66）存在显著差异，*t*（947）=2.79，*P*<0.05，公立幼儿园教师家师关系得分显著高于私立幼儿园教师家师关系。该结果表明，公立幼儿园教师的家师关系好于私立幼儿园教师的家师关系。

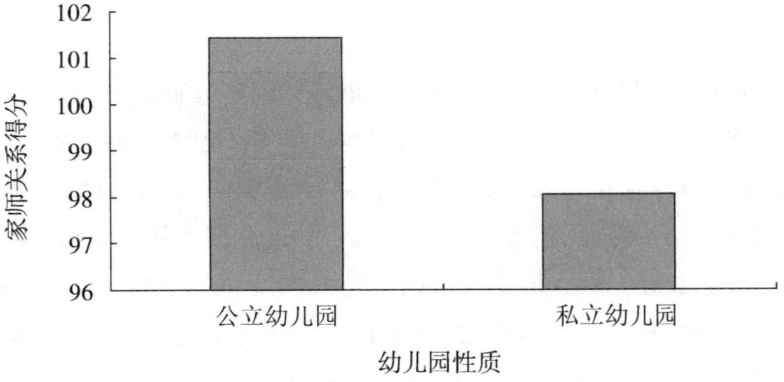

图5.31　公立、私立幼儿园教师的家师关系平均分示意图

2. 所在地

以幼儿园所在地为自变量（农村、乡镇、县城、城乡接合部、城市），幼儿园教师家师关系得分为因变量，进行单因素方差分析。结果发现，家师关系得分存在显著的幼儿园所在地的差异，*F*（4，944）=8.94，*P*<0.05。进一步多重事后比较发现，农村幼儿园教师家师关系得分显著小于乡镇、县城、城乡接合部、城市幼儿园教师家师关系得分（*P*<0.05），乡镇幼儿园教师家师关系得分显著小于城市幼儿园教师家师关系得分（*P*<0.05）。此结果表明，农村幼儿园教师家师关系差于乡镇、县城、城乡接合部、城市幼儿园教师家师关系，乡镇幼儿园教师家师关系差于城市幼儿园教师家师关系。

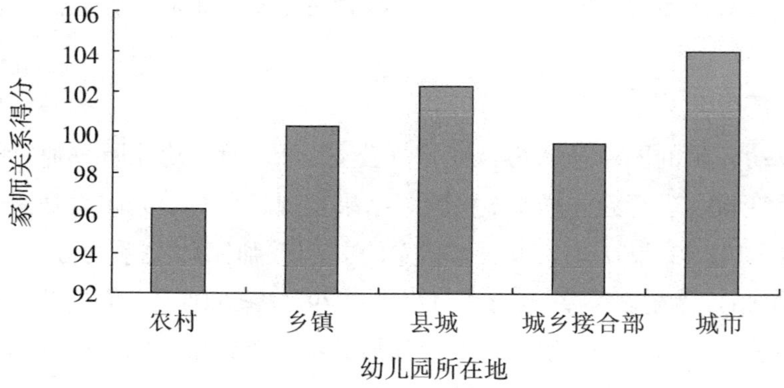

图5.32 不同所在地的幼儿园教师家师关系平均分示意图

3. 教师月工资水平

以幼儿园教师月工资为自变量（2000元以下、2000～3000元、3000元以上），幼儿园教师家师关系得分为因变量，进行单因素方差分析。结果发现，家师关系得分存在显著的月工资差异，F（2，946）=36.03，P<0.01。进一步多重事后比较发现，工资在2000元以下的幼儿园教师的家师关系得分显著低于工资为2000～3000元（P<0.01）及3000元以上（P<0.01）幼儿园教师的家师关系得分。表明工资在2000元以下的幼儿园教师的家师关系差于工资为2000～3000元及3000元以上的幼儿园教师的家师关系。

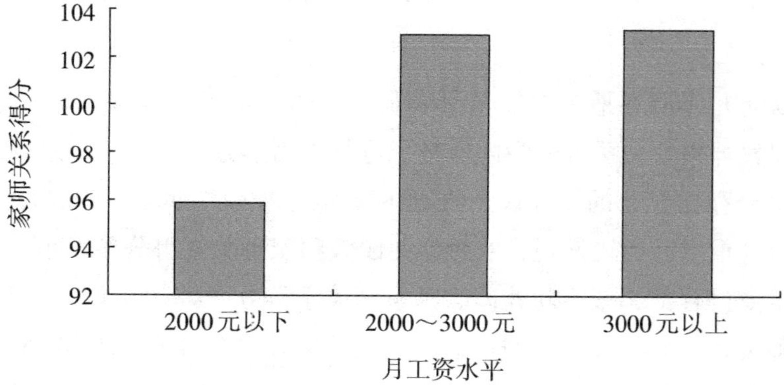

图5.33 不同月工资的幼儿园教师的家师关系平均分示意图

4. 工作氛围

对幼儿园工作氛围得分及幼儿园教师的家师关系得分进行皮尔逊相关分析，结果发现，幼儿园工作氛围得分及家长和教师关系得分之间存在显著相关（r=0.316，P<0.01）。该结果表明，幼儿园工作氛围越好，其家师关系

越好。

表5.19　幼儿园工作氛围与家师关系的相关系数

	工作氛围	家师关系
工作氛围	1.00	0.316**
家师关系		1.00

注：**$P<0.05$

(三)幼儿教师所教班级和社会支持状态对家师关系的影响

1. 所教班级

以幼儿园教师所教班级为自变量（学前班、大班、中班、小班、小小班），幼儿园教师家师关系得分为因变量，进行单因素方差分析。结果发现，幼儿园教师的家师关系得分不存在显著的所教班级差异，$F(4, 944)=2.32$，$P>0.05$。该结果表明，幼儿园教师的家师关系与所教班级无关。

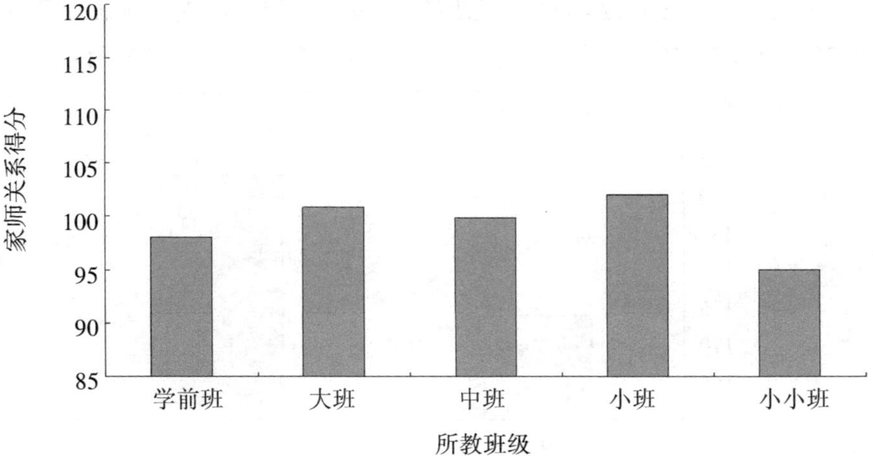

图5.34　不同班级的幼儿园教师的家师关系平均分

2. 社会支持状态

对社会支持状态得分及幼儿园教师的家师关系得分进行皮尔逊相关分析，结果发现，社会支持状态得分与家师关系得分存在显著正相关（$r=0.374$，$P<0.05$）。该结果表明，幼儿园教师社会支持状态越好，家师关系越好。

表5.20 幼儿园社会支持状态与家师关系的相关系数

	社会支持状态	家师关系
社会支持状态	1.00	0.414*
家师关系		1.00

注：*$P<0.05$

三、幼儿园教师社会支持的现状分析

（一）幼儿教师的婚姻状态、学历、职称、性别、教龄和年龄状态对社会支持的影响

1. 婚姻状态

以婚姻状态（已婚、未婚）为自变量，幼儿园教师社会支持状态得分为因变量，进行独立样本*T*检验。结果发现，未婚幼儿园教师的社会支持状态均分（$M=173.82$，$SD=24.45$）与已婚幼儿园教师的社会支持状态均分（$M=192.35$，$SD=21.35$）差异不显著，$t(931)=11.71$，$P<0.05$。该结果表明，幼儿园教师的社会支持状态与幼儿园教师的婚姻状态无关。

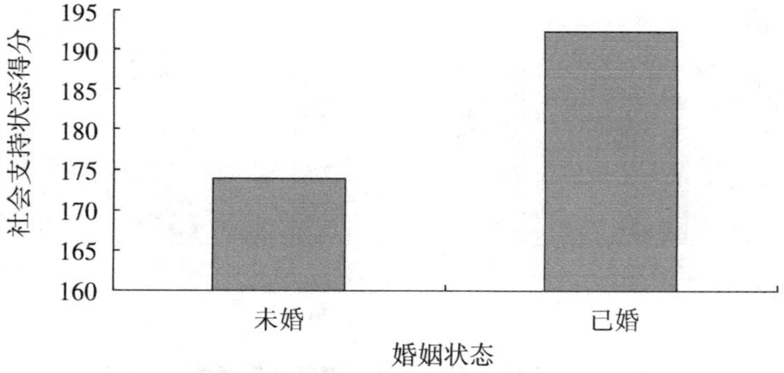

图5.35 未婚、已婚的幼儿园教师的社会支持状态平均分示意图

2. 学历

以幼儿园教师学历为自变量（中专、大专、本科），幼儿园教师社会支持状态得分为因变量，进行单因素方差分析。结果显示，幼儿园教师的社会支持状态得分存在显著的学历差异，$F(2, 946)=68.81$，$P<0.05$。进一步多重事后比较发现，中专学历的幼儿园教师的社会支持状态得分显著低于本科学历的幼儿园教师社会支持状态得分（$P<0.05$），大专学历的幼儿园教师社会支持状态得分显著低于本科学历的幼儿园教师的社会支持状态得分（*P*

<0.05)。该结果表明，中专学历的幼儿园教师的社会支持状态差于本科学历的幼儿园教师的社会支持状态，大专学历的幼儿园教师的社会支持状态差于本科学历的幼儿园教师的社会支持状态。

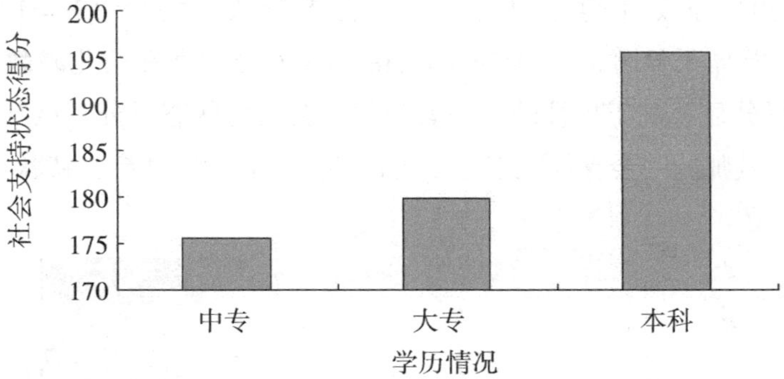

图5.36　不同学历的幼儿园教师的社会支持状态平均分示意图

3. 职称

以幼儿园教师的职称为自变量（未定级、小教二级、小教一级、小教高级），幼儿园教师社会支持状态得分为因变量，进行单因素方差分析。结果发现，幼儿园教师社会支持状态得分存在显著的职称差异，$F(3, 945)=48.52$，$P<0.01$。进一步多重事后比较发现，未定级幼儿园教师社会支持状态得分显著低于小教二级（$P<0.01$）、小教一级（$P<0.01$）、小教高级幼儿园教师的社会支持状态得分（$P<0.01$），小教二级幼儿园教师社会支持状态得分显著低于小教一级（$P<0.01$）、小教高级（$P<0.05$）幼儿园教师的社会支持状态得分。此研究结果表明，未定级幼儿园教师社会支持状态差于小教二级、小教一级、小教高级幼儿园教师的社会支持状态，小教二级幼儿园教师社会支持状态差于小教一级、小教高级幼儿园教师的社会支持状态。

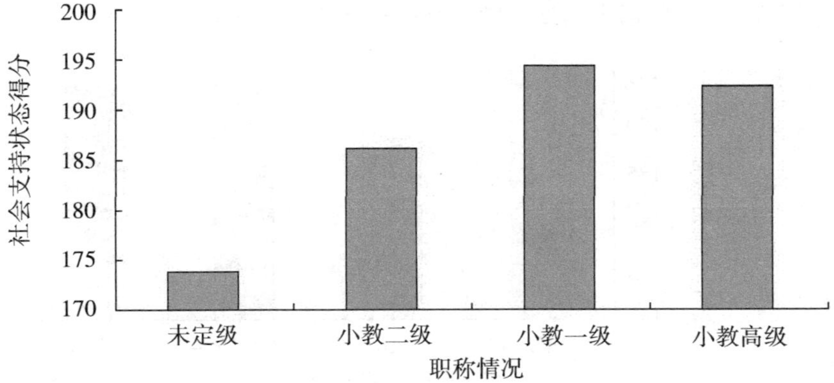

图5.37　不同职称的幼儿园教师的社会支持状态平均分示意图

4. 性别

以性别为自变量，幼儿园教师社会支持状态得分为因变量，进行独立样本T检验。结果发现，男性幼儿园教师的社会支持状态均分（M=181.79，SD=24.39）与女性幼儿园教师的社会支持状态均分（M=186.79，SD=23.84），差异不显著，t（947）=1.48，P<0.05。女性幼儿园教师的社会支持状态得分显著高于男性幼儿园教师的社会支持状态得分。该结果表明，女性幼儿园教师的社会支持状态好于男性幼儿园教师的社会支持状态。

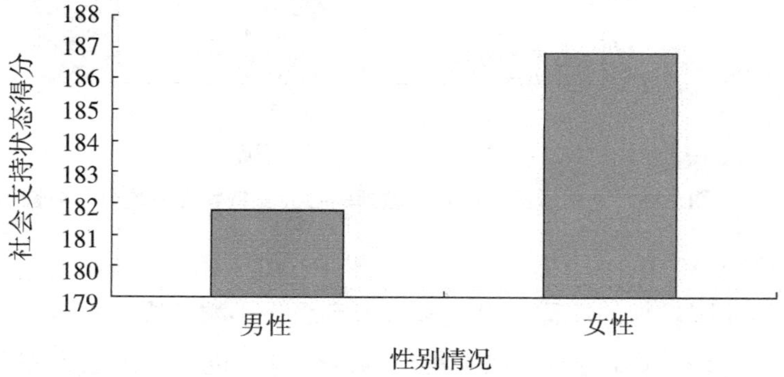

图5.38　男性、女性幼儿园教师的社会支持状态平均分示意图

5. 教龄

以幼儿园教师的教龄为自变量（5年以下、5～10年、10～15年、15年以上），幼儿园教师的社会支持状态得分为因变量，进行单因素方差分析。结果显示，幼儿园教师的社会支持状态得分存在显著的教龄差异，F（3，945）=24.52，P<0.05。进一步多重事后比较发现，教龄为5年以下的幼儿园教师的社会支持状态显著低于教龄为5年以上的幼儿园教师的社会支持状态（P<0.05）。该结果表明，教龄为5年以下的幼儿园教师的社会支持状态要差于教龄为5年以上的幼儿园教师的社会支持状态。

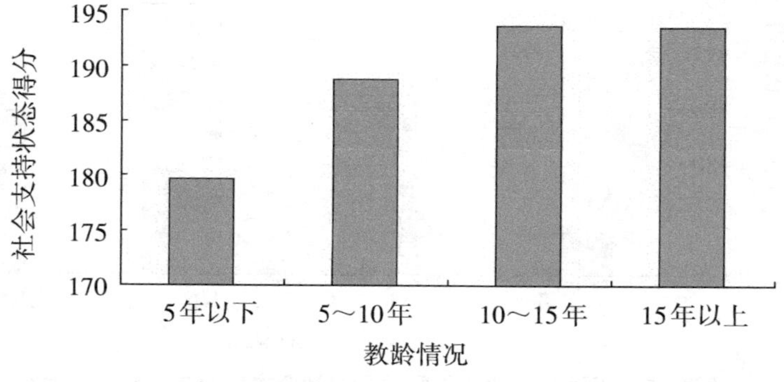

图5.39　不同教龄的幼儿园教师的社会支持状态平均分示意图

6. 年龄

以年龄为自变量（20岁以下、21～40岁、40岁以上），幼儿园教师社会支持状态得分为因变量，进行单因素方差分析。结果发现，幼儿园教师社会支持状态得分存在显著的年龄差异，$F(2, 946)=9.44$，$P<0.05$。进一步多重事后比较发现，20岁以下幼儿园教师的社会支持状态均分低于21～40岁幼儿园教师、40岁以上幼儿园教师（$P<0.05$），21～40岁幼儿园教师（$P<0.05$）的社会支持状态均分低于40岁以上幼儿园教师。此研究结果表明，20岁以下幼儿园教师的社会支持状态差于21～40岁、40岁以上幼儿园教师的社会支持状态，21～40岁幼儿园教师的社会支持状态差于40岁以上幼儿园教师的社会支持状态。

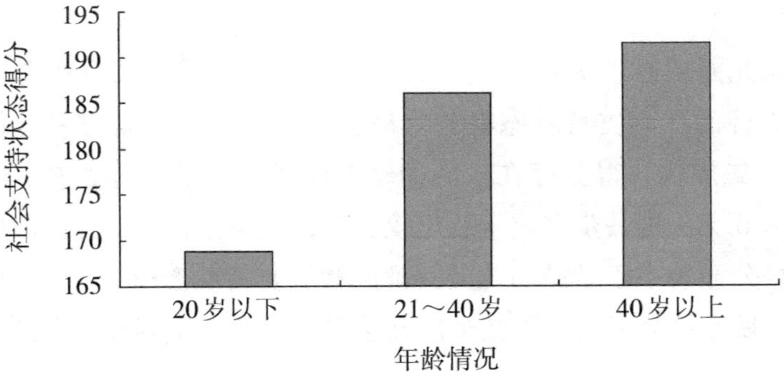

图5.40 不同年龄的幼儿园教师的社会支持状态平均分示意图

（二）幼儿园的园所性质、所在地、教师月工资水平、幼师所教班级和工作氛围对社会支持的影响

1. 园所性质

以园所性质为自变量（公立、私立），幼儿园教师社会支持状态得分为因变量，进行独立样本T检验。结果发现，公立幼儿园教师社会支持状态均分（$M=188.53$，$SD=23.42$）与私立幼儿园教师社会支持状态均分（$M=171.40$，$SD=21.87$）存在显著差异，$t(947)=7.327$，$P<0.05$。公立幼儿园教师的社会支持状态得分显著高于私立幼儿园教师的社会支持状态得分。该结果表明，公立幼儿园教师的社会支持状态好于私立幼儿园教师的社会支持状态。

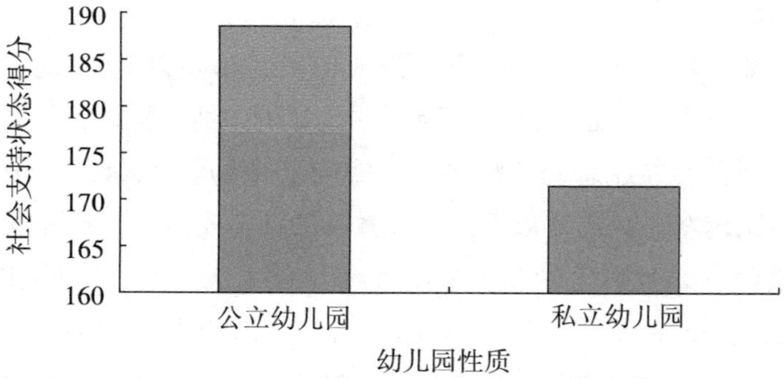

图5.41 公立、私立幼儿园教师的社会支持状态平均分示意图

2. 所在地

以幼儿园所在地为自变量（农村、乡镇、县城、城乡接合部、城市），幼儿园教师的社会支持状态得分为因变量，进行单因素方差分析。结果发现，社会支持状态得分存在显著的幼儿园所在地的差异，$F(4, 944)=5.02$，$P<0.05$。进一步多重事后比较发现，城乡接合部幼儿园教师的社会支持状态得分显著小于县城幼儿园教师的社会支持状态得分（$P<0.05$）。该结果表明，城乡接合部幼儿园教师的社会支持状态差于县城幼儿园教师的社会支持状态。

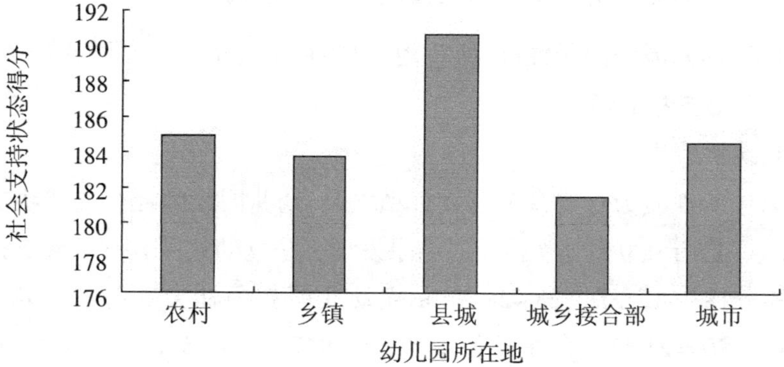

图5.42 不同所在地的幼儿园教师社会支持状态平均分示意图

3. 教师月工资水平

以幼儿园教师月工资为自变量（2000元以下、2000～3000元、3000元以上），幼儿园教师社会支持状态得分为因变量，进行单因素方差分析。结果发现，社会支持状态得分存在显著的月工资差异，$F(2, 946)=84.80$，P

<0.01。进一步多重事后比较发现，工资在2000元以下的幼儿园教师社会支持状态得分显著低于工资为2000～3000元（$P<0.01$）及3000元以上（$P<0.01$）幼儿园教师的社会支持状态得分。该结果表明，工资在2000元以下的幼儿园教师的社会支持状态差于工资为2000～3000元、3000元以上的幼儿园教师的社会支持状态。

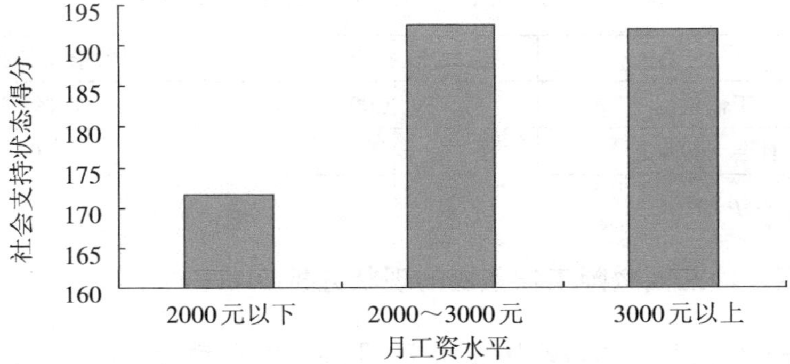

图5.43 不同月工资的幼儿园教师的社会支持状态平均分示意图

4. 所教班级

以幼儿园教师所教班级为自变量（学前班、大班、中班、小班、小小班），幼儿园教师的社会支持状态得分为因变量，进行单因素方差分析。结果发现，幼儿园教师的社会支持状态得分不存在显著的所教班级差异，$F(4, 944)=1.56$，$P>0.05$。该结果表明，幼儿园教师的社会支持状态与所教班级无关。

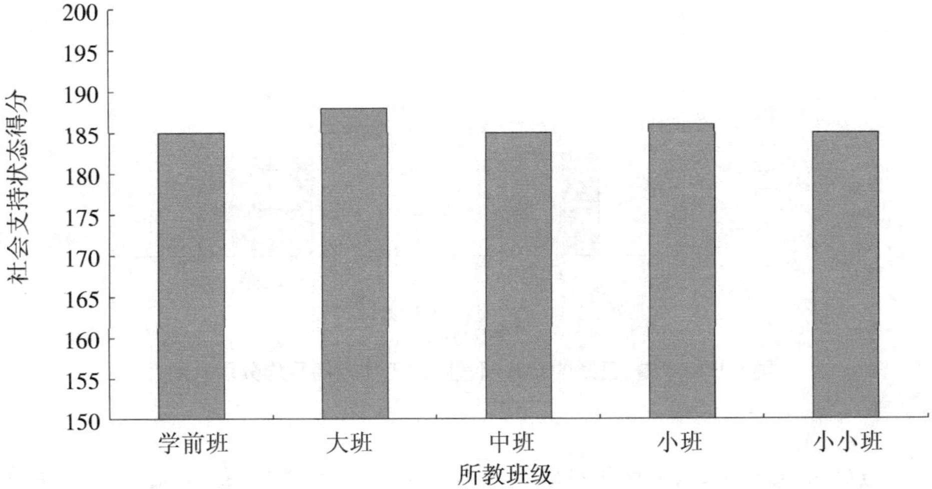

图5.44 所教不同班级的幼儿园教师的社会支持状态平均分示意图

5. 工作氛围

对幼儿园工作氛围得分和幼儿园教师社会支持状态得分进行皮尔逊相关分析，结果发现，幼儿园工作氛围得分及幼儿园教师社会支持状态得分之间存在显著相关（r=0.449，P<0.01）。该结果表明，幼儿园工作氛围越好，教师的社会支持状态越好。

表 5.21 幼儿园工作氛围与社会支持状态的相关系数

	工作氛围	社会支持状态
工作氛围	1.00	0.449**
社会支持状态		1.00

注：**P<0.01

四、幼儿园教师工作氛围的现状分析

(一)幼儿教师的婚姻状态、学历、职称、性别、教龄和年龄对工作氛围的影响

1. 婚姻状态

以婚姻状态（已婚、未婚）为自变量，幼儿园教师工作氛围得分为因变量，进行独立样本T检验。结果发现，未婚幼儿园教师的工作氛围均分（M=74.28，SD=11.24）与已婚幼儿园教师的工作氛围均分（M=74.07，SD=11.50）差异不显著，t（931）=0.267，P>0.05。该结果表明，幼儿园教师的工作氛围与教师的婚姻状态无关。

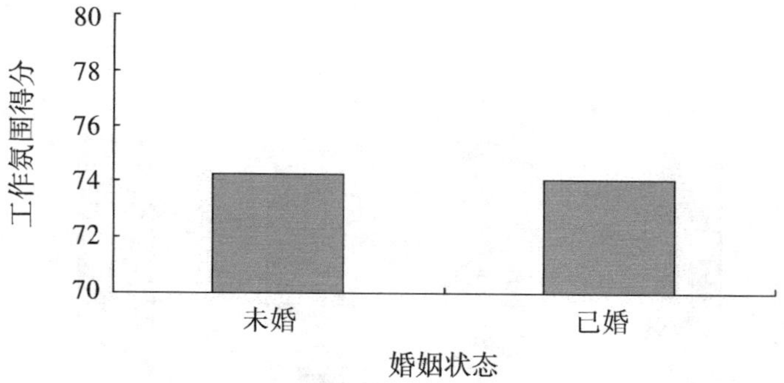

图 5.45 未婚、已婚的幼儿园教师的工作氛围平均分示意图

2. 学历

以幼儿园教师学历为自变量（中专、大专、本科），幼儿园教师工作氛

围得分为因变量，进行单因素方差分析。结果显示，幼儿园教师的工作氛围得分不存在显著的学历差异，$F(2, 946)=2.00$，$P>0.05$。该结果表明，幼儿园教师工作氛围与学历无关。

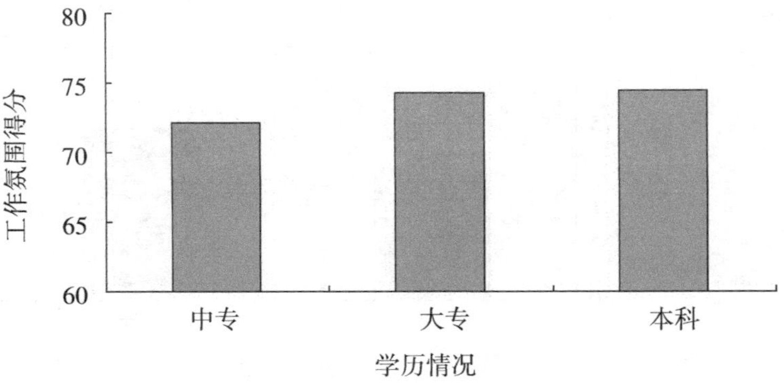

图5.46　不同学历的幼儿园教师的工作氛围平均分示意图

3. 职称

以幼儿园教师的职称为自变量（未定级、小教二级、小教一级、小教高级），幼儿园教师工作氛围得分为因变量，进行单因素方差分析。结果发现，幼儿园教师的工作氛围得分不存在显著的职称差异，$F(3, 945)=5.61$，$P<0.01$。进一步多重事后比较发现，未定级幼儿园教师的工作氛围得分显著低于小教二级（$P<0.05$）、小教高级（$P<0.01$）幼儿园教师的工作氛围得分。该结果表明，未定级幼儿园教师的工作氛围差于小教二级、小教高级幼儿园教师的工作氛围。

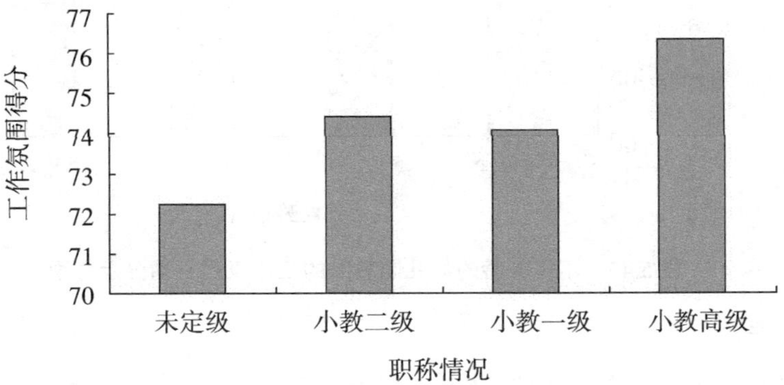

图5.47　不同职称的幼儿园教师的工作氛围平均分示意图

4. 性别

以性别为自变量，幼儿园教师工作氛围得分为因变量，进行独立样本 *T*

检验。结果发现，男性幼儿园教师的工作氛围均分（M=72.34，SD=11.58）与女性幼儿园教师的工作氛围均分（M=74.21，SD=11.41）差异不显著，t（947）=1.158，P>0.05。该结果表明，幼儿园教师的工作氛围与教师的性别无关。

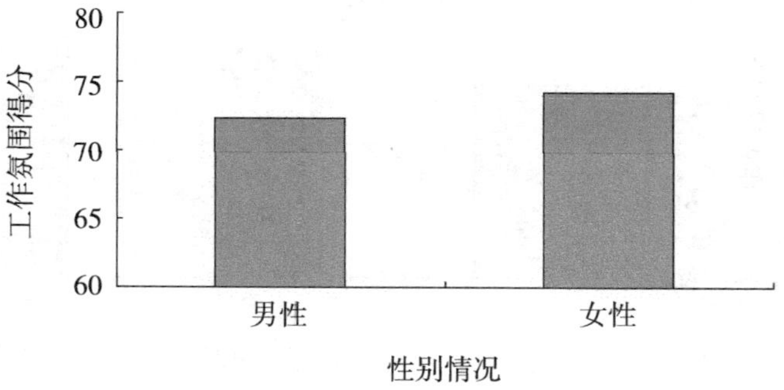

图5.48　男性、女性幼儿园教师的工作氛围平均分示意图

5. 教龄

以幼儿园教师的教龄为自变量（5年以下、5～10年、10～15年、15年以上），幼儿园教师的工作氛围得分为因变量，进行单因素方差分析。结果显示，幼儿园教师的工作氛围得分不存在显著的教龄差异，F（3，945）=0.45，P>0.05。该结果表明，幼儿园教师的工作氛围与教师的教龄无关。

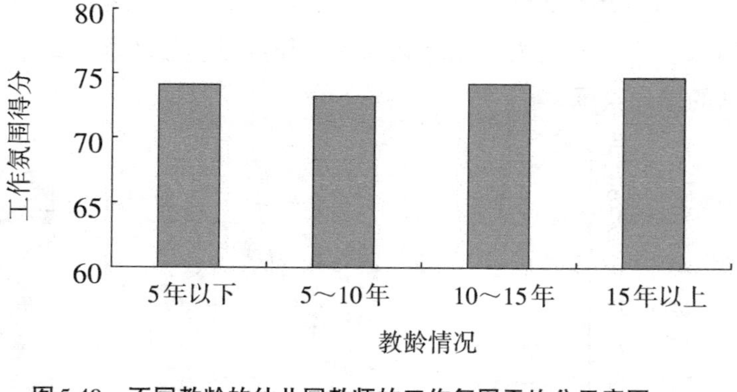

图5.49　不同教龄的幼儿园教师的工作氛围平均分示意图

6. 年龄

以年龄为自变量（20岁以下、21～40岁、40岁以上），幼儿园教师工作氛围得分为因变量，进行单因素方差分析。结果发现，幼儿园教师工作氛围得分不存在显著的年龄差异，F（2，946）=0.50，P>0.05。该结果表明，幼儿园教师的工作氛围与教师的年龄无关。

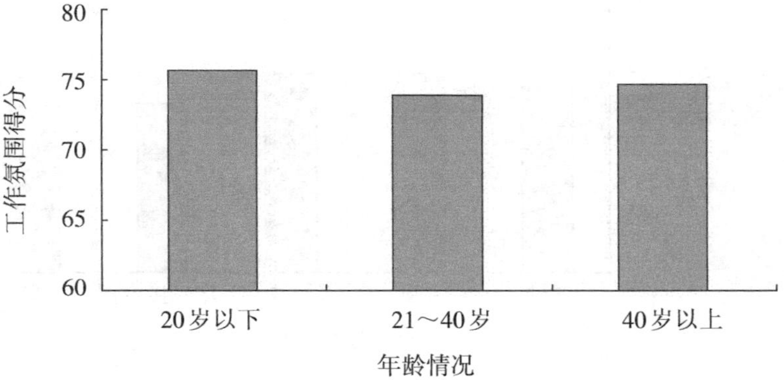

图5.50　不同年龄的幼儿园教师的工作氛围平均分示意图

(二)幼儿园的园所性质、所在地、教师月工资水平和所在班级对工作氛围的影响

1. 园所性质

以园所性质为自变量（公立、私立），幼儿园教师工作氛围得分为因变量，进行独立样本*T*检验。结果发现，公立幼儿园教师工作氛围均分（$M=74.24$，$SD=11.36$）与私立幼儿园教师工作氛围均分（$M=73.07$，$SD=11.91$）不存在显著差异，$t(947)=1.02$，$P>0.05$。该结果表明，幼儿园教师的工作氛围与园所性质无关。

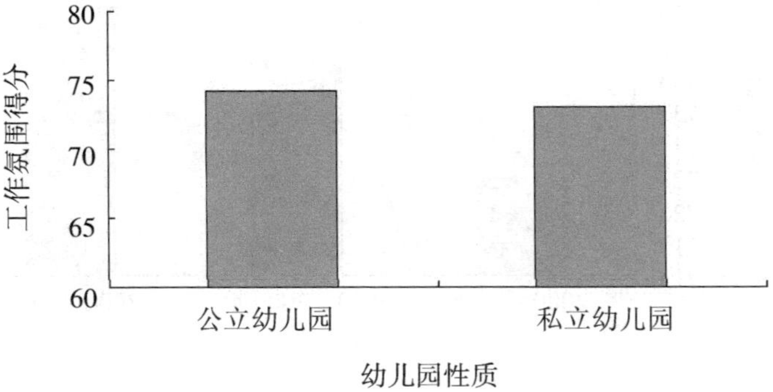

图5.51　公立、私立幼儿园教师的工作氛围平均分示意图

2. 所在地

以幼儿园所在地为自变量（农村、乡镇、县城、城乡接合部、城市），幼儿园教师工作氛围得分为因变量，进行单因素方差分析。结果发现，幼儿园教师工作氛围得分不存在显著的幼儿园所在地的差异，$F(4, 944)=1.93$，$P>0.05$。该结果表明，幼儿园教师的工作氛围与幼儿园所在地无关。

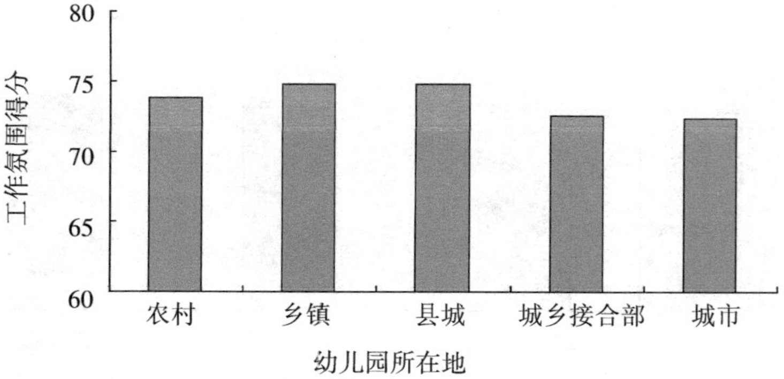

图5.52 不同所在地的幼儿园教师工作氛围平均分示意图

3. 教师月工资水平

以幼儿园教师月工资为自变量（2000元以下、2000～3000元、3000元以上），幼儿园教师工作氛围得分为因变量，进行单因素方差分析。结果发现，工作氛围得分不存在显著的月工资差异，*F*（2，946）=4.34，*P*<0.05。进一步多重事后比较发现，工资为3000元以上的幼师的工作氛围得分显著高于工资为2000元以下幼师的工作氛围得分（*P*<0.05）。该结果表明，工资为3000元以上的幼儿园教师的工作氛围好于工资为2000元以下的幼儿园教师的工作氛围。

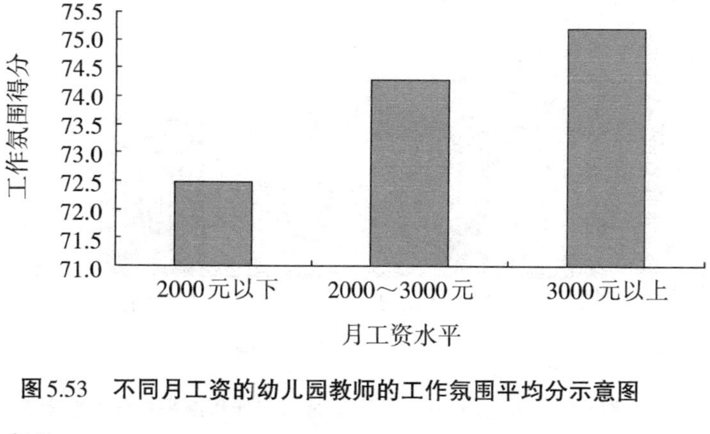

图5.53 不同月工资的幼儿园教师的工作氛围平均分示意图

4. 所教班级

以幼儿园教师所教班级为自变量（学前班、大班、中班、小班、小小班），幼儿园教师工作氛围得分为因变量，进行单因素方差分析。结果发现，幼儿园教师的工作氛围得分不存在显著的所教班级差异，*F*（4，944）=0.24，*P*>0.05。该结果表明，幼儿园教师的工作氛围与所教班级无关。

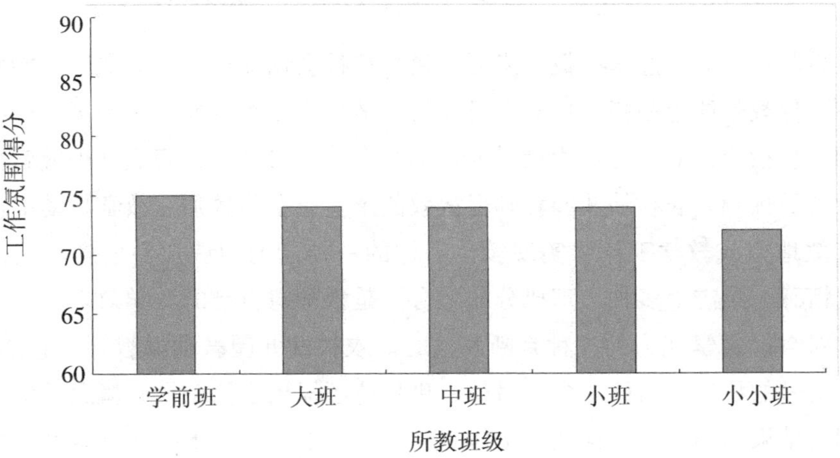

图5.54 所教不同班级的幼儿园教师的工作氛围平均分示意图

第三节 农村师幼关系的讨论与研究结论

学前教育是基础教育的重要组成部分，也是我国学校教育的基础阶段。可以说，学前教育的发展不仅影响着幼儿未来的成长方向，还关系到我国人力资源的竞争，对我国未来的发展有着深远的意义。但是，目前我国农村的学前教育是提高我国学前教育水平的难点。在众多农村学前教育的影响因素中，师幼关系是不容忽视的一项重要指标。农村幼儿园师幼关系是幼儿园最基本、最重要的人际关系，师幼关系的好坏对于农村幼儿园教师和幼儿具有重大影响。良好的师幼关系不仅有助于农村幼儿园教师的专业发展、教学质量的提高，更可贵的是对于农村幼儿主体性的发挥和可持续性的发展具有重要意义。因此，我们以农村幼儿园教师的视角，在生态理论、互动理论以及保教效能感理论的基础上，结合前人对农村幼儿园人际关系的研究，探索了农村幼儿园师幼关系影响因素模型，认为农村幼儿园教师的保教效能感、社会支持状态、幼儿园工作氛围、家师关系、职称、工资、学历因素共同影响了农村幼儿园的师幼关系。

一、农村幼儿园教师保教效能感对师幼关系的影响

教师保教效能感这一概念来源于班杜拉社会认知理论中对保教效能感的阐述。保教效能感是指个体对自己在特定情境中是否有能力实现某个行为的预期，包括个体对自己行为结果的预测和个体对自己能否完成某种成就行为的能力的预测。农村幼儿园教师保教效能感实质上是教师在教学活动中对其能有效地完成教学工作、实现教学目标的一种能力的认知和信念。它是认知、情感、意志等多种心理成分的整合，是教师对自己的教学效果的一种预期和对自己教学能力的一种判断和信心。农村幼儿园教师保教效能感越强，个体所做的积极努力就越多。另外，班杜拉还提出了两个核心概念，即效能预期与结果预期。效能预期是个体对可以成功地执行要求并达到某种结果的行为的信念，结果预期是个体对某一固定行为将导致某种结果的估计。基于上述班杜拉对教师保教效能感的理论研究，我们可以从以下三个方面分析农村幼儿园教师的保教效能感是如何对师幼关系产生影响的：

首先，农村幼儿园教师的高效能感能够调整幼儿园教师的心理。农村幼儿园教师的心理调整包括农村幼儿园教师信心的建立和态度的转换。效能感高的农村幼儿园教师能够表现出对自身岗位的坚持与承诺，充满自信，更愿意努力克服各种困难，履行自己的责任。这种信念使农村幼儿园教师的情绪稳定，积极上进，避免出现焦虑、紧张等不良情绪对工作和生活的干扰，可以促进师幼关系的健康发展。效能感较低的农村幼儿园教师常常表现为对教师职业承诺水平不高，职业倦怠现象明显，对工作状态不满意，工作压力大，甚至怀疑自己的能力，面对困难不知所措，无法完成教学任务，导致师幼关系紧张。

其次，农村幼儿园教师效能感的高低能够影响幼儿园教师的教学行为表现及行为效果。农村幼儿园教师保教效能感在教学活动中，决定农村幼儿园教师对教学活动的选择及对教学活动的坚持性，决定农村幼儿园教师对教学困难的态度，并且影响新的教学行为的获得和新行为在此后的表现，以及在教学时的情绪状态。保教效能感高的农村幼儿园教师通常会有较强的教学监控能力，他们确信自己能够很好地掌控课堂，能够以正面的、积极的情绪应对，并解决教学过程中可能出现的问题，能够根据幼儿的反应及时调整教学策略，使教学效果达到最佳状态；而保教效能感低的农村幼儿园教师总是处于对自己教学的不自信状态，这样势必会在教学情境发生意外变化时，难以

控制自己的教学行为和教学情绪。所以提高农村幼儿园教师效能感有利于提高农村幼儿园教师素养，改善农村幼儿园教师的情绪表现，提高农村幼儿园教师的心理健康水平，进而促进师幼关系的健康发展。

再次，农村幼儿园教师效能感的高低影响幼儿的效能感水平。农村幼儿园教师的教学态度影响着幼儿对学习的态度。农村幼儿园教师在教学过程中表现出的自信和遇到困难时的勇敢，必然会传递给幼儿相应的自信与勇敢，起到示范作用。高效能感的农村幼儿园教师对教学和评价都展现出积极活跃的态度，他们对幼儿的学习能力和学习效果充满了信心，这种正方向的引导和期望将会让幼儿增加自信心，使农村幼儿园教师与幼儿的关系能够在积极、良好的方向上持续发展。

二、农村幼儿园教师的社会支持对师幼关系的影响

社会支持是指个体通过社会联系所获得的，能减轻心理应激反应、缓解精神紧张状态、提高社会适应能力的影响。社会支持是一个多元结构的概念，它既包括环境因素，又包含个体内在的认知因素，直接反映了个体与他人之间的相互作用。良好的社会支持对农村幼儿园教师师幼关系的健康发展有着直接影响，通过社会支持的作用机制可以进一步分析其原因，该机制主要有三种假说：

第一种，主效应模型。主效应模型认为，社会支持具有普遍的增强作用，无论农村幼儿园教师目前的社会支持水平如何，只要增加社会支持，必然使农村幼儿园教师的健康状况得到提高。它不一定是要在出现心理危机的情况下才发挥作用，而是能够在平时维持农村幼儿园教师愉悦的情绪体验，有益于农村幼儿园教师的身心健康。无论是否面对压力情境，高社会支持的农村幼儿园教师不仅能保持平稳的情绪，增加自信心，而且对待幼儿更有耐心，能积极地向幼儿传递良好的情感体验，促使农村幼儿园教师与幼儿之间形成良性循环的亲密关系；而低社会支持的农村幼儿园教师往往会出现各种心理问题，由心理问题导致外在的行为产生消极的影响，不利于师幼关系的良好发展。

第二种，缓冲器模型。缓冲器模型认为，社会支持代表一个缓冲器，社会支持仅在农村幼儿园教师出现心理危机时发生作用，其作用在于缓冲消极事件对农村幼儿园教师的负面影响。已有研究发现，拥有较多社会支持的农村幼儿园教师，比较能够弹性处理生活上的挫折与压力，使生活中出现较少

的不良身心问题，因此，社会支持被认为具有缓冲的效果。农村幼儿园教师拥有正向的社会支持，可帮助农村幼儿园教师消除负面的心理状态（如焦虑和沮丧等），通过这种社会关系的网络，不但可以向农村幼儿园教师提供情绪支持及肯定的自我价值，而且能帮助农村幼儿园教师正确面对与幼儿的关系。高社会支持的农村幼儿园教师能对师幼关系起到增益作用，能够维持教师良好的情绪体验，因为社会支持能满足农村幼儿园教师的很多需求，能够提升农村幼儿园教师的身心健康和幸福感。面对幼儿的各种问题时，可以减少负面的情绪，使自己用积极的方式来处理与幼儿之间的关系。

第三种，动态效应模型。动态效应模型认为，社会支持和压力同时作为自变量对农村幼儿园教师的身心健康起作用，它们之间并不是简单的直线关系，有时可能是曲线关系，有时可能是阶段性变化或阈限的关系，这种关系随着时间的改变而发生变化。动态效应模型可以较好地揭示社会支持影响农村幼儿园教师的身心健康的内在作用机制。

综上所述，这三种模型都可以解释社会支持对师幼关系产生影响的根本原因。农村幼儿园教师在社会交往活动中，无论是受到来自正式社会支持状态的舆论支持、团体帮助、组织表彰，还是非正式社会支持状态的朋友、家人、同事的关注与认可，都会对农村幼儿园教师起到精神鼓励的作用。而这种精神鼓励不仅有助于规范农村幼儿园教师在教育教学中的行为，还可以促进师幼关系的和谐发展，还能够对农村学前教育的发展产生积极的推动作用。

三、农村幼儿园的工作氛围对师幼关系的影响

农村幼儿园工作氛围是指组织环境要素与组织成员相互作用下而形成的，并能为成员所知觉，从而影响组织成员心理和行为反应的一系列具有独特性的组织属性集合。农村幼儿园教师与幼儿的良好关系发展会受到工作氛围的影响，主要可以从以下两个理论来解释：

第一，社会信息加工理论。该理论提出，人类是适应性的有机体，常依据环境所提供的线索来理解和解释自己和他人的行为，并根据获得的信息调整自己的态度和行为。简而言之，农村幼儿园教师对幼儿的教育态度和教育行为，取决于其所在幼儿园的社会环境中可获得的信息。农村幼儿园教师对幼儿的教育行为方式受到两个因素的影响，即幼儿园的工作环境及过去行为的结果。而工作氛围产生于农村幼儿园成员之间的社会互动，通过提供关于

幼儿园工作氛围所期望、鼓励和支持的行为的线索、信息，进而影响农村幼儿园教师的态度和行为，并在此过程中得以发展。同事行为、领导行为通过提供有关适宜行为的线索而直接影响工作氛围的形成，而工作场所的各个维度亦会通过同级和上下级交流而影响工作氛围的形成。已有研究发现，工作氛围作为幼儿园组织的中介变量，可以影响到农村幼儿园教师的一系列结果变量，比如农村幼儿园教师的教学动机、教育信念、对待幼儿的态度等。所以社会信息加工理论可以很好地解释工作氛围在改善农村幼儿园教师师幼关系中所发挥的关键作用。

第二，双因素理论。美国行为科学家弗雷德里克赫茨伯格提出的双因素理论，又称激励保健理论。该理论强调工作动机是由保健因素和激励因素引起的。保健因素即造成农村幼儿园教师不满意的因素。当农村幼儿园教师的保健因素满足不了时，就会情绪不满、消极怠工，严重的易造成一些对抗行为，对师幼关系产生恶劣影响。激励因素，即可以让农村幼儿园教师感到满意的因素。改善激励因素以达到农村幼儿园教师满意的程度，不仅可以使农村幼儿园教师充满热情的工作，而且能够在很大程度上改善农村幼儿园教师与幼儿之间的关系。在努力提高农村良好师幼关系的实践中，双因素理论的运用具有重大指导意义。作为幼儿园教师队伍中的特殊群体，农村幼儿园教师不仅仅关注保健因素，比如幼儿园管理与政策、幼儿园工作环境、幼儿教师个人生活，更关注激励因素，比如关注其自身发展、广泛认同的责任感、热切地追求成就等。保健因素与激励因素的满足，会使农村幼儿园教师产生更多的工作乐趣、成就感、责任感等，影响着农村师幼关系的不断进步与发展。

为此，幼儿园管理者必须坚持“人本理念”，不仅要做到尊重、关怀农村幼儿园教师，而且要强调开发农村幼儿园教师的潜力，促使农村幼儿园教师注重自我价值，更加自主地改善师幼关系；及时发现并肯定农村幼儿园教师的每一点进步，建立客观且科学的业绩考评体系，公平地按照农村幼儿园教师的贡献大小进行表扬；完善农村幼儿园教师管理的规章制度，为农村幼儿园教师的培训、在职进修提供政策和经济支持。

四、农村幼儿家师关系对师幼关系的影响

家师关系是指幼儿所在的家庭和幼儿园教师之间的沟通，是幼儿园和家庭之间信息流动的过程，是指他们交换数据、信息、观点、意见、情感和态

度，以达到共同了解、信任与互动合作的过程的关系。家师关系的质量、状况和方式等将会影响到幼儿园的工作质量，由此而反映到师幼关系上。对此，我们可以从社会互动理论来阐述根本原因。社会互动的相关理论较多，根据研究需要，我们将“符号互动”理论、社会角色理论和参照群体理论作为理论依据，这三种理论对改善农村师幼关系具有重要的指导意义。

第一，“符号互动”理论。该理论认为“符号互动”是人际互动的独特特征，所谓符号，是指能够有意义地代表其他事物的事物。也就是说，在互动过程中，农村幼儿园教师通过站在家长的角度来解释其思想和意向，并以此为根据指导自己的行为；农村幼儿园教师通过家长对自己的看法和态度来认识自己、形成并修改师幼关系中的自我概念。在幼儿园教师与家长的沟通中，沟通双方应充分发挥各种符号在沟通中的作用。沟通者要善于运用符号促进沟通，有意识地运用正面积极的符号进行相互沟通，有利于沟通对象做出积极的反馈，形成良性互动。沟通双方还需深刻分析彼此行为所隐含的思想和观念，加深相互理解。这样，幼儿园教师和家长才能在各种沟通方式中达到相互理解、积极合作、吸收彼此的合理化建议的效果，改善幼儿园教师与幼儿的关系。

第二，社会角色理论。该理论认为，角色与互动是密不可分的。互动是农村幼儿园教师与家长角色之间的互动，互动的双方都遵循一定的角色规范进行交往，如果一方角色失调，就可能使互动中断，或者改变原来的互动方向。在农村幼儿园教师与家长互动的过程中，农村幼儿园教师和幼儿家长不仅要了解自身，按照自己的角色规范行事，也要互换角色，站在对方的角度看问题。只有这样，才能相互理解，了解对方的需要，增进教师与家长的互动，使幼儿无论在家庭中还是在学校中都能获得良好的亲密关系。

第三，参照群体理论。参照群体是指个体在心理上所从属的群体，是个人认同的为其树立和维持各种标准、提供比较框架的群体。参照群体理论揭示了非面对面的家师接触对农村幼儿园教师行为的制约作用。对农村幼儿园教师来说，参照群体有两个基本的作用：一是规范作用，即参照群体在农村幼儿园教师内化价值规范、形成社会态度的过程中具有重要的影响；二是比较作用，即农村幼儿园教师往往把参照群体作为评价自我、他人的比较性标准。良好的家师关系能够使农村幼儿园教师形成与家长一致的教育价值理念，促进师幼关系发展，为幼儿建立良好的内部工作模型和安全基地，从而为幼儿成长提供必要的安全感。

五、农村幼儿园教师职称、工资、学历对师幼关系的影响

农村幼儿园教师自身素质以及福利待遇的提高，在一定程度上会激励一线的幼儿园教师扎根农村，为农村的幼儿园教育带来一些新的机遇。同时，农村幼儿园教师的职称、工资、学历都关系到自身的切实利益，对师幼关系的改善有着直接的影响。主要原因可以依据马斯洛的需要层次理论来解释。

马斯洛的需要层次理论涵盖五个方面：生理需要、安全需要、归属和爱的需要、自尊需要、自我实现的需要。生理需要，作为这一理论的基础，是生存的基本需要，包括最原始的、最基本的需要，比如，吃穿住用行、婚姻、疾病治疗。马斯洛认为，当一个人满足不了所有五个方面的需要，就会被生理需要所控制，其他的需要都显得不重要。安全需要，指的是避免遭受身心伤害，并且满足就业安全、保障将来生活的需要。比如，身体健康与安全、生活稳定、劳动保护、社会生活保障等。归属需要，指的是渴望爱与被爱、人际关系和谐、有特定的组织或团体可以依附的需要。尊重的需要，是使人在现实社会中觉得有价值的需要，其满足将给人以自信，包括自尊、自重、自信，被认可、被尊重的需要。自我实现的需要是实现潜力的需要，是人渴望自我完成、自我发挥的倾向。当其他各种需要基本得到满足的时候，人们为了感受到更大的满足感，会产生强大的动力来挖掘自身的无穷潜力。

这五个层次之间的关系是逐层递升的，只有低层次需要满足后才能满足高层次的需要。即使是处在同一发展时期中，各层次的需要可以并存、相互依赖、重叠，下一高层次需要的发展将不会终结上一低层次的需要。当不同年龄的人处在不同的发展时期时，其中一种需要总是将占据主导地位，剩余的需要会居于次要地位。需要是农村幼儿园教师产生积极行为的基础，农村幼儿园教师的行为总是为了满足某种需要，那些没被满足的需要是农村幼儿园教师产生消极行为的根源。因此，幼儿园管理者要以满足农村幼儿园教师的需要作为实施激励的基础。农村幼儿园教师的需要是根据其自身文化水平、个人道德观念、教师职业特征等多方面产生的，兼具高层次性、精神性的特点。因此，农村幼儿园必须尽量以精神激励为主，满足农村幼儿园教师的职称、工资以及提高学历的需要。因为只有满足了这些需要，农村幼儿园教师才能产生强大的动力，对幼儿教育工作迸发出热情，从而使农村幼儿园师幼关系得到健康发展。

综上所述，我们得出主要结论如下：

农村幼儿园的师幼关系对学前教育的发展有着深刻的影响。而优质师幼关系需要具备互动性、互主体性、发展性、分享性、民主性和平等性的特点。为形成这样的优质师幼关系，农村幼儿教师要不断提高自身素质，深刻认识到自己的责任所在，努力创设民主、平等的交流环境，促进幼儿的全面健康发展。根据此次的研究分析发现，农村幼儿园教师的保教效能感、社会支持状态、幼儿园工作氛围、家师关系、职称、工资、学历因素都对师幼关系有着直接影响。而性别、年龄、教龄、园所性质、所教班级、婚姻状况、幼儿园所在地等对师幼关系没有直接影响。其中，在有直接影响的因素中，农村幼儿园教师的保教效能感对师幼关系的影响最大。

第六章
提高农村幼儿园师幼关系的对策与建议

师幼关系对幼儿早期的社会认知、行为方式会产生重大影响，甚至可能影响其一生的性格和人生成就。对幼儿来说，幼儿园是幼儿离开家庭进入社会后的第一个社会环境，教师是幼儿离开父母进入社会接触的第一个“重要他人”。幼儿在幼儿园教育教学活动中与教师之间的关系是影响幼儿社会性发展的重要因素。只有在幼儿园这个社会环境中发展出良好的人际关系，即师幼关系，才能为幼儿的社会性发展起到良好的引导作用。如何营造良好的农村幼儿园师幼关系，对提高学前教育的质量、促进幼儿的身心健康发展和全面发展，具有重要的现实意义。[①]我们在分析了问卷调查结果的基础之上，结合我国当前农村幼儿园的实际情况，对如何改善农村幼儿园师幼关系提出了一些建议。

第一节　提高农村幼儿园教师的保教效能感

保教效能感是指教师对自己影响幼儿学习行为和学习成绩能力的主观判断。这种判断，会影响教师对幼儿的期待、对幼儿的指导等行为，进而影响到教师的工作效率。我们发现，农村幼儿园教师保教效能感越高，师幼关系越好。为了能在农村幼儿园教师的整个职业生涯中有效提升其保教效能感，我们可以采取以下措施：

① Schaffer H R, Liddell C, “Adult - child Interaction Under Dyadic and Polyadic Conditions”. *British Journal of Developmental Psychology*, 1984, 2(1), pp.33–42.

一、建立有效奖励机制，加强幼师的成功体验

农村幼儿园教师在教学过程中，其成败经验对保教效能感的形成和发展有极大影响。其中，成功的经验是影响保教效能感获得的重要因素。对此，幼儿园应当以促进农村幼儿园教师的专业发展为工作方向，建立合理的奖惩制度，使具有良好职业道德、教学能力强的农村幼儿园教师得到应有的奖励，并发挥模范带头作用，以激励其他农村幼儿园教师。与此同时，也要重视农村幼儿园教师间的个体差异，善于发现各农村幼儿园教师的闪光点，及时予以激励；善于用发展的眼光看待农村幼儿园教师的教学工作，并及时予以鼓励。使得农村幼儿园教师能够在工作中获得成功的体验，从而获得自信，并使其保教效能感获得良好的发展。最为重要的是，应当大力支持并鼓励农村幼儿园教师进行教育改革，并给予适当帮助。积极扶持农村幼儿园教师在教学改革中获得的新成果，并推广教育改革的成功经验，以增强农村幼儿园教师的教学责任感和教育使命感，使得他们的保教效能感也能得到有效提升。

二、加强职后培训，学习他人的教学经验

农村幼儿园教师的保教效能感不是一种与生俱来的心理品质，而是根植于教师的教学活动之中，并从中逐渐形成和发展起来的。农村幼儿园教师只要不断提高自身素质，保教效能感也会逐渐得到提升。[①]首先，应参照农村自身特点，做好农村幼儿园教师的职后培训工作。针对农村幼儿园教师的职后培训，不是简单地将城市的职后培训内容和方法生搬硬套，而应因地制宜。编写与当地地方特色相契合的培训教材，使培训内容与农村幼儿园教师的教学相契合，而不是与实际相脱节。例如，利用农村天然的优势资源，用自然材料制作教学用具等。其次，促进农村幼儿园教师间的交流学习，推动城乡间的互动式培训。一是建立教师支教制度。建议该制度可规定，进入县镇担任农村幼儿园教师前或县镇农村幼儿园教师在评高级职称前，都须在农村工作满一年或一年以上。二是进行轮岗制度。建议该制度可规定，城市农村幼儿园教师每工作一定年限后，须到农村幼儿园工作一年。三是实行顶岗

---

① Simpson A W, Erickson M T, "Teachers' Verbal and Nonverbal Communication Patterns as a Function of Teacher Race, Student Gender and Student Race", *American Educational Research Journal*, 1983, 20(2), pp.183-198.

实习制度。建议该制度可规定，为缩小城乡农村幼儿园师资间的差距，各高校学前教育专业的准幼儿园教师须到农村幼儿园进行一定时间的顶岗实习。

我们从以下两位农村幼儿园教师的访谈资料中可以看出培训对农村幼儿园教师的重要性：

农村幼儿园A教师的访谈记录

为期半个月的农村幼儿园转岗教师国培学习马上就要结束了，时光如梭，一切都仿佛还是昨天。这次培训中，众多来自各地幼教领域的专家学者对幼儿发展规律、幼儿园教师的专业成长和角色内涵等方面的阐述让我受益匪浅。另外，教育学院在这次培训中给予我们的关照也细致入微，如舒适的生活和学习环境、丰富多彩的实践活动等。这些都带给了我很多感动，也让我感受到了国家对幼儿教育事业的关注与重视。这次培训让我感受到了时光的匆匆，一分一秒都变得尤为可贵，让我满是感慨与收获，也心存感谢与留恋；这次培训也成为我人生的一个重要阶段，对我的影响深刻久远，也为我指明了今后努力的方向。这次培训我的收获有：一是重新解读了3~6岁幼儿的年龄特点、学习特点和学习兴趣；二是对幼儿园的保教结合、教育特点有了更加清晰的认识与理解；三是明确了幼儿园教师专业化成长的目标与方法；四是重新认识了幼儿园教师的角色内涵，感受到了幼师美；五是名师荟萃，精英群集，让我看到了自己的差距与今后的努力方向。

农村幼儿园B教师的访谈记录

暑期，我有幸参加了为期一周的农村幼儿园骨干教师培训学习。学习期间，多位专家学者以鲜活的实例、丰厚的知识储备和精湛的理论授课使我们深受感染、为之震撼，并给予了我们理论的引领。9月26日、27日，我们所有参加培训的老师在文化新村幼儿园跟岗学习、观摩，对四位幼儿园老师的教学活动课进行了旁听，还旁听了两节农村骨干教师的展示课。课后，所有老师进行了认真的研讨和交流，并在指定的班级观摩了该班的一日活动。文幼的一切给我们留下了深刻的印象。这次的培训办得非常成功，也让我受益匪浅。通过这次培训，我更加明白：只有与时俱进，努力做一名终身学习型的教师，才能成为一名合格的教师。所谓终身学习型教师，就是要在整个职业生涯中不断学习和坚持思考，并不断更新已有的知识储备和转变教育观念。在教学过程中，不断摸索新的教学方法，尤其要将现代化教学技术和手段运用到教学活动中去。只有具备栉风沐雨、探幽发微的求索精神，才会厚积薄发，得心应手。

三、营造和谐的人际关系，增强幼儿园教师的积极情绪

农村幼儿园所的人际关系不仅仅包括农村幼儿园所中领导与教师的关系，也包括农村幼儿园所教师间的关系。在园所中，和谐的园所人际关系不仅能促进教师间的交流学习，形成良好的氛围和积极向上的学习共同体，而且能在与领导和同事的交流中获得帮助和鼓励，从而增强农村幼儿园教师的教学自信心。这些，归根结底，都能有效提升农村幼儿园教师的保教效能感。同时，农村幼儿园教师拥有健康的心理状态和积极良好的情绪将有助于其主观能动性的发挥，以及教学工作中创造性的发展，使得其教师保教效能感进一步提升。良好人际关系的重要程度，可以从以下两位农村幼儿园教师的访谈资料中看出：①

农村幼儿园C教师的访谈记录

俗话说："人心齐，泰山移。"幼儿园的工作与各个家庭和社会息息相关，不容忽视。因而，我们必须同心协力、团结一致，来保证孩子们的安全，来守护孩子们的未来。努力构建一个人际关系和谐融洽、工作环境舒心有序、同志们之间配合默契、人与单位之间相依共融、单位与外部环境融洽联通的和谐氛围，幼儿园教师也才会有更多的成功体验。

农村幼儿园D教师的访谈记录

一个幼儿园的健康快速发展需要有一支政治素养好、业务水平高、服务质量好、团队协同合作、气氛和谐融洽的教师队伍。幼儿园要尽可能地为每个农村幼儿园教师的智慧和才能的发挥创造机会和条件，给农村幼儿园教师"充电"的空间及发展的机会，发掘农村幼儿园教师的潜能，激发农村幼儿园教师的内驱动力，帮助农村幼儿园教师牢固树立敬业的精神和乐业的态度。始终关心、关注农村幼儿园教师的成长，大家一起同呼吸、共命运、心连心、重实际、说实话、办实事、求实效。以和为贵，以情感凝聚人心。我园女同志比较多，我们的学历、经历、家庭、兴趣、爱好各不相同，每个人

① 俞国良、罗晓路：《教师教学效能感及其相关因素研究》，载《北京师范大学学报》2000年第1期，第72~79页。

都有自己的长处和不足，每个人都有烦恼，但我们的园长，能够正确地面对农村幼儿园教师的不同需要，做到将心比心，设身处地地为每位教师考虑，她更多地看到了我们的优点和长处，善待每一位同事，帮助我们做一些力所能及的事。同时，她也能做到以情动人、以心换心，让我们农村幼儿园教师从内心深处真切地感受到了关心，从而唤起了我们每位教师的内驱动力，促使我们以饱满的热情投入工作，从而达到了工作效率的最大化。

第二节　建立家师关系制度 提升家师合作沟通能力

教师与家长的关系是指教师和幼儿家长在交往过程中所形成的特殊领域里的人际关系。家长与教师的关系作为一种社会关系，是社会的产物，具有社会关系的一般特点，它遵循社会关系的一般原则。我们发现，农村幼儿园教师家师关系越好，师幼关系越好。为了改善农村幼儿园教师与家长的关系，我们可以采取以下措施：

一、完善家长参与制度，鼓励家长与幼儿园教师加强联系

现如今的农村，虽然经济已得到相应发展，但父母对幼儿的教育观念并没有特别大的改变。因此，农村幼儿园要建立相关的制度，鼓励家长与幼儿园建立伙伴关系。首先，建议为农村幼儿园家长制定一个系统的参与制度，让家长有计划地参与到幼儿园对孩子的教学工作之中。农村幼儿园教师可以制定一个宏观的家长参与计划，然后再根据本班幼儿的实际情况制定具体的月计划，甚至更加详细的周计划，以便将计划更深入地贯彻与实施。其次，建议制定“好家长”奖励评选制度。农村幼儿园要为教师提供一定的物资帮助，来支持家长参与教学活动的顺利开展。例如，提供场地、设备，以及给家长提供各类有关幼儿教育方面的书籍。在开展“好家长”评选的时候，应让农村幼儿也充分参与其中，这会最大程度地增强农村幼儿家长的模范心理，进一步调动家长的参与热情。再次，建议农村幼儿园可以将家长的参与情况与教师的工作考核有效结合在一起，建立一套系统的家长与教师合作的评价体系，包括评价的目的、方法和标准等等，以便有效避免那些只注重合作结果而忽视过程的表面形式。

二、提升农村幼儿园教师与家长的合作意识与交流能力

家庭是影响幼儿发展的重要场所，但家庭不具备教育的专业性，家长也不具备专业能力。教师应当主动承担指导家庭科学育儿的责任和义务，以专业者的身份与家长建立有效的沟通渠道，促成家庭与幼儿园的合作，促进幼儿的健康发展。首先，教师要尊重每个家庭的尊严、文化、风俗、习惯和信仰，与家长建立互相信任的合作关系。其次，农村幼儿园要为家长提供与教师及时沟通的平台，建立共同支持幼儿发展的互动体系。可以利用家长会、宣传栏、QQ群、家长沙龙等多种渠道和形式，以教师的专业理念引导家长的家庭教育观念，用专业知识指导家长科学育儿，以教师的专业技能和榜样示范作用，帮助家长形成教养幼儿的基本能力，促进家长对幼儿的了解和理解，不断提高家长为人父母的知识和能力。再次，应以“幼儿为本”的发展观为导向，构建家园教育共同体。教师应主动与家长交流幼儿的点滴进步，帮助家长理解、意识到促进幼儿发展的教育活动（游戏活动）方案的价值，使幼儿园教育在家庭中得到有效延续和内化，从根本上保障幼儿的发展。

农村幼儿园教师作为家园合作活动的领导者、组织者、实施者，其自身素质和对家长参与教育所持的态度将直接影响合作效果。为此，必须更新农村幼儿园教师的合作观念，提升农村幼儿园教师开展家园合作活动的能力。[①]

为此，农村幼儿园教师与家长沟通时应做到以下几点：第一，农村幼儿园教师要尊重家长。教师应当抱着平等、尊重的态度对待家长，尊重家长的人格和观点。在努力营造和谐的沟通氛围的同时，悉心听取家长的一些合理建议。在平等、尊重、和谐的沟通氛围中，家园才能保持协调一致。第二，农村幼儿园教师要肯定孩子。教师不经意的一句夸赞，如“你真棒，老师喜欢你”，不仅会使孩子喜笑颜开，充满动力，也会让家长感到高兴，甚至会影响到家长对待孩子的态度。另外，这样的肯定，也给予了家长们以轻松、自在、自信地面对教师的勇气，从而能让家长们主动与教师交流孩子的情况或询问一些育儿困惑。教师与家长之间的沟通交流因围绕孩子得到展开，也会成为有效的沟通。第三，农村幼儿园教师应帮助和辅导家长运用科学的育儿方法。许多家长因各种原因不能合理有效地育儿，如不了解孩子的年龄特

① 张帆：《幼儿教师与家长相互作用的研究》，华东师范大学2005年硕士学位论文。

点，不知道如何教育孩子等。甚至有些家长只是一味地宠爱孩子，任其放纵。因而，教师应通过各种方式逐步启发和引导家长，让他们了解自己的孩子，学习并掌握科学合理的育儿方法。第四，农村幼儿园教师应平等地对待家长。家长在众多方面都存在着差异，如学历、职业等。但无论家长之间存在着怎样的差异，都需要教师一视同仁，让每位家长都能感受到老师的尊重和重视。对此，就需要教师深入了解家长的情况，以便能够有针对性地与家长沟通。第五，农村幼儿园教师应当学会换位思考。随着现在教师的年轻化趋势，许多教师还没有为人父母的体验。即使有些教师已有儿女，但在与家长沟通育儿问题时，却常常不能与家长达成共识。为此，需要教师从父母的角度出发，来体会家长的心情和需求。第六，农村幼儿园教师应当充分发挥语言的魅力。在与家长的沟通交流中，必然会谈到孩子的缺点，教师应当不掺杂自身情绪、客观地向家长告知孩子的各种情况，应一分为二地与家长交流。交流需要双方共同努力，家长的积极参与又是沟通的重要条件。有些家长因各种原因，如不好意思给教师添麻烦等，而不能主动与教师沟通，这为双方之间的良好沟通造成了阻碍，也不利于家园共育的进行。因此，教师应当采取一定措施，鼓励家长主动与其进行沟通。

三、加强农村幼儿园与社区的沟通合作

社区作为幼儿生活、成长的地方，是幼儿园不可或缺的教育资源。教师要充分借助社区的资源优势，优化并推进保教工作。与社区工作人员形成有效的沟通互动，借助所在社区人文优势，为幼儿提供接触不同职业的人以及不同事务的机会，丰富幼儿的知识和社会经验。一方面，定期邀请社区工作人员和居民进园指导工作，提出改进意见；在幼儿入园、离园时得到社区治安联防、辖区公安派出所的安保支持；幼儿园周边环境的整治也需要社区的积极配合。另一方面，利用自身的专业性、教育资源为社区适龄幼儿和居民提供服务；在双休日或节假日开放幼儿园游戏设施，让社区的适龄幼儿有游戏场所；联合社区举办育儿知识讲座，开班建立家长学校或社区亲子中心，普及育儿知识；特殊节日，如重阳节时，组织幼儿带着自己准备的小礼物去社区敬老院看望老人，与老人一起唱歌跳舞，共度一个有意义的节日，不仅老人们开心，幼儿也习得了关爱老人的美好情感，这也是幼儿园以实际行动回报社区支持的表现。

第三节　加强农村幼儿园教师的社会支持

农村幼儿园教师想要有出色的工作表现不仅需要自己的努力，而且需要来自同事、家庭等方面的社会支持。我们发现，农村幼儿园教师社会支持越好，其师幼关系就越好。为了更好地加强农村幼儿园教师的社会支持，我们提出以下三点建议：

一、构建成熟的园本支持体系

我们研究所涉及的农村幼儿园，总体来说发展实力较弱，没有能力支持教师的专业发展。因此，农村幼儿园应构建园本支持体系争取社会各方面的支持，促进农村幼儿园教师的专业发展。第一，争取帮扶资金。农村幼儿园普遍来说资金短缺，无力支持教师的专业发展。针对这一点，园所可以通过社会帮扶，向政府部门争取补助以及专项奖励。在《国家教育事业发展第十二个五年规划》中强调积极扶持农村幼儿园，并推动各地制定完善扶持普惠性幼儿园的政策。因此，从政策层面上已有依据，农村幼儿园可根据相关标准积极申请政府的帮扶，来提升教师的专业发展以及幼儿园的办学质量。第二，争取学习机会。农村幼儿园应该为本园幼儿园教师的专业发展争取更多学习的机会。随着学前教育“三年计划”的推荐，国家和地方政府每年都会为农村幼儿园教师提供多途径、高质量的培训，例如，“国培计划”“省培计划”等，通过这些多方面的培训项目，农村幼儿园教师可以与更专业的幼儿园教师沟通交流，学习到更成熟的教学经验，同时也增强自己的工作热情和信心。这些培训项目都是农村幼儿园自身无法提供给教师的。因此，农村幼儿园应该拓宽自己的办园思路，通过各种计划为本园教师争取更多的资源和机会。

二、为农村幼儿园投放多元化的学习资源

学习资源对于农村幼儿园教师的发展至关重要。首先，学习材料的类型要丰富。学习材料可以是图书期刊类，可以是光盘影碟类，可以是电脑网络类等。不同类型的学习资源可以满足农村幼儿园教师不同的学习方式。其

次，学习材料的内容要繁多。农村幼儿园不能为了满足眼前教学活动的顺利开展，只为教师提供相关的教学活动设计资料；而应该关注农村幼儿园教师专业精神的培养、专业知识的积累和专业能力各方面的提升。[①]例如，提供不同种类的图书、报纸和杂志，满足农村幼儿园教师实践能力和理论基础的双重学习需要。再次，农村幼儿园教师普遍反映的五项基本功——弹、唱、跳、画、讲的水平有限，农村幼儿园可针对教师这方面的学习欲求，购置相应的光盘，用于教师观看模仿和借鉴。农村幼儿园要经常统计教师对学习资源的使用率，对经常使用的学习资料进行统计，保证数量的充足；对使用频率较低的资料适度更换，保证所投放的资料能够激发教师的学习兴趣和使用价值。最后，循环利用学习资源。[②]农村幼儿园资金紧缺，没有办法满足所有教师对不同学习资源的需求，也无条件做到定时更新各类学习资源。那么，农村幼儿园可以和乡镇其他幼儿园沟通协商，共享学习资源，形成本园学习资源与其他幼儿园的循环使用，这样既能满足农村幼儿园教师对学习资源的使用需求，也可以帮助农村幼儿园节约成本。

三、建立教师成长档案袋，助推教师专业发展

教师成长档案袋是描述教师职业生涯中专业发展的有效工具，它将教师在保教实践中遇到的问题及回应方式、过程，以“档案”的形式予以保留，以此作为对教师保教行为进行诊断、评价和指导的依据，从而有目的地解决保教实际问题，促进教师的专业发展。教师成长档案也是教师专业成长的记录袋，它承载着教师的经历、梦想和成果，记录着教师在其专业成长过程中的收获与困惑、感悟与感动、智力与情感、自我评价与他人评价。教师成长档案袋的呈现方式可以是档案袋、电子文件夹或有实际意义的档案袋等多种形式。

作为教师成长的档案袋，应包括以下基本项目和信息：

第一，基本信息。基本信息便于快速了解教师的个人基本情况。主要包括个人简历、所学专业、学历学位、专业技术职称、教学年限、教学风格以及个人爱好等，也可以包括教师对其工作和学习背景的清晰描述。基本信息翔实可靠的，可用于教师专业发展态势的快速预测。

---

① Rose S L, Rose S A, Feldman J F, “Stability of Behavior Problems in Very Young Children”, *Development and Psychopathology*, 1989, 1(1), pp.5–19.

② 毛艳美：《社会支持与幼儿教师职业倦怠的关系研究》，河南大学2010年硕士学位论文。

第二，目标资料。目标资料涵盖个人专业发展规划和不同阶段的发展目标。

第三，过程资料。过程资料是能够反映教师专业发展水平和绩效的印证性资料。包括论文、著作、获奖证书的复印件，参加课题研究、教研活动的记录、报告、证明等，继续教育证件、专业发展中的重要事件记录、保教案例、个人反思以及班级幼儿的学习和发展情况等。

第四，评价资料。评价资料主要记录教师在各个专业发展阶段的专业发展情况和评价。包括自我评价、幼儿评价、家长评价、同事评价、幼儿园评价和专家评价等。

第四节
建立科学民主的管理制度 改善幼儿园工作氛围

农村幼儿园教师在工作过程中所体验到的工作氛围的好坏对师幼关系的影响很大。我们发现，农村幼儿园教师的工作氛围越好，其师幼关系就越好。为了更好地改善农村幼儿园教师的工作氛围，我们提出以下三点建议：

一、农村幼儿园领导要形成民主化的管理风格

首先，农村幼儿园领导要给予教师足够的信任，并鼓励幼儿园教师进行自我管理和决策。同时，可以让幼儿园教师自己做选择，对幼儿园的发展建言献策，大胆提出自己的想法和意见，而领导要认真听取各方面的建议。农村幼儿园本身规模小、任务重，园长一人分身乏术，更应该集幼儿园教师们的智慧、能力于一体，将教师看作合作者，给予教师自我发展的空间，共同为幼儿园的明天谋发展，为教师专业发展献计策。良好的农村幼儿园领导管理思路，可以从以下农村幼儿园领导的访谈资料中看出：

A农村幼儿园园长有关园内管理的建设看法

我园制定了健全的管理制度，如幼儿园年度预算制、期末考核制度、教师聘任制、招生方案公示制、完善教代会制度、建立学习培训制度等，通过各组织高效、和谐的运行，使每一位教师都有机会为组织的决策发出自己的声音，使每个人都有机会尽自己所长。制定为大家所接受的、充满人情味的

制度，倡导遵循爱、平等、公平的原则。尤其是在教代会制度上，切实保障教代会职权，让来自不同背景的教师对幼儿园方方面面的工作都能有参与的权利，使教职工关注的重点、热点问题都能提交到教职工代表大会讨论。真正做到能广泛组织教工讨论，积极吸纳群众意见，确保制度的公正、公平和可操作性。这些制度的建立，使教师在参与幼儿园相关管理事宜的时候有所依据，能够做到心中有数，使广大教职工切实有了知情权、参与权、监督权，不但增强了自我意识感，而且促进了幼儿园的改革与发展。

其次，农村幼儿园园长要以身作则，率先为创造良好的工作氛围付出努力。农村幼儿园园长要靠自身的知识专长、经营能力、高超的领导艺术，躬身垂范地去持久影响和带动全体师生。农村幼儿园中的园长和教师大都是土生土长的当地人，大家互相了解，园长在领导的过程中更容易与教师沟通。为保证农村幼儿园教师在园的工作和学习顺利进行，园长还要关注农村幼儿园教师的家庭生活状况，为他们留出处理家庭事务的时间，帮助其建立良好的工作心态。

再次，农村幼儿园园长要适当激励并及时肯定农村幼儿园教师的工作与学习成果。在给予教师物质奖励的同时，更应该提供具有多样性和挑战性的工作和学习任务，并对教师表示高度的信任和认同。与此同时，要适当给予农村幼儿园教师进修的机会。为教师提供一些专业进修的机会，可以实现教学理论与实践相配合，促使教师勇于从事各种教育改革，这样既增加了教职工的个人成就感，又增进了教师的向心力，激发了教职工对幼儿园的认同感。

二、形成团队精神，鼓励教师之间的交流合作

幼儿园教师与其他教师在工作对象上的最大区别在于，幼儿园教师面对的是懵懂的个体，加之幼儿的幼稚性和教师专业的独特性，幼儿园保教工作需要由若干专业人员或专业群体共同完成。教育部的《幼儿园教职工配备标准（暂行）》要求：幼儿园应根据服务类型、幼儿年龄和班级规模，配备数量适宜的专任教师和保育员，使每位幼儿在一日生活、游戏和学习中都能得到成人适当的照顾、帮助和指导。全日制幼儿园每班配备2名专任教师和1名保育员，或配备3名专任教师；半日制幼儿园每班配备2名专任教师，有条件的可配备1名保育员；寄宿制幼儿园至少应在全日制幼儿园基础上每班

增配1名专任教师和1名保育员；单班学前教育机构，入村学前教育教学点、幼儿班等，一般应配备2名专任教师，有条件的可配备1名保育员。也就是说，幼儿的身边每时每刻都要有教师、保育员伴随左右。保教结合是幼儿园教育的基本原则，更需要团队合作，幼儿园教师工作不仅要与教师、保育员协作，更需要与幼儿、园长、卫生保健人员、家长、社区工作人员合作。幼儿的成长是教师、家长、同伴等多种关系有效互动的结果。交流合作是教师专业成长，尤其是准教师和新入职教师成长的重要途径。为此，教师需要不断增强自身与他人合作的意识和能力，以幼儿发展为中心，通过交流合作，分享有益经验，学习新理念、新技能，取长补短，改进保教工作，丰富保教活动的内容和形式，营造和谐愉快的工作环境和氛围，在合作中共赢，在共赢中发展，全面促进幼儿园精神文化建设，提高保教质量。

三、把农村幼儿园建立成学习型组织

当今世界，知识和技术的创新速度加快，人类社会处于快速变革之中，幼儿园教师要为这个时代培养全面发展的人，培养具有社会责任感、创新精神和实践能力的人，就必须树立终身学习的基本理念并具备学习能力。一方面，教师要保持教育理念和知识的领先、专业的持续发展，就要在不断的学习过程中汲取营养，完善自己的教育理念，丰富自己的知识储备，巩固和内化专业知识，提升专业水平。因为知识的增长是永无止境的，而且其增长速度远远快于知识被系统整理和吸收的速度。另一方面，终身学习是幼儿园教师的责任之一，只有不断地再学习、再培训、再训练自己，才能很好地履行幼儿园教师职责。终身学习的理念是对幼儿园教师的特别要求，幼儿园教师的专业性和独特性需要教师不断地学习与思考，不断地反思与改进保教实践经验，不断地实现自我发展和自我完善。幼儿园教师应当具有终身学习与可持续发展的意识和能力，重视专业发展中学前教育理论知识的积累和不断更新，积极学习先进的学校教育理论，了解国内外学前教育改革与发展的经验和做法，优化专业知识结构，提高文化素养，做终身学习的典范。

如何营造学习型组织？首先，农村幼儿园领导要先确定愿景，然后利用自己的愿景引导农村幼儿园教师讨论，形成共同愿景，并鼓励农村幼儿园教师在共同愿景的基础上发展个人愿景。其次，鼓励农村幼儿园教师不断自我超越。[①]能自我超越的人，便能不断地实现他们内心深处最想实现的愿望，全心投入，不断创新。只有不间断学习才能适应农村幼儿园教师工作的要求，才能提高生活质量，完善自身，实现人生的价值。此外，农村幼儿园给予教师的培训和教研等学习活动必须考虑农村幼儿园教师自己的个人愿景，清楚地了解教师个体“愿意做什么”“成为什么样的人”等问题。鼓励农村幼儿园教师进行全身心的工作、全人格的学习，鼓励农村幼儿园教师全盘思考自己生命的目标、价值、抱负和梦想，培养农村幼儿园教师终身学习的思想观念。从下面这位农村幼儿园教师的访谈资料中，可以看到学习型组织的建立对农村幼儿园教师的重要性。

农村幼儿园E教师的访谈记录

随着社会的发展，信息更新急速，教育理念也在不断更新。为了适应科学合理的育儿理念，我们需要不断学习，不断给自己“充电”。现在仅靠“吃老本”来教育孩子，已经远远不够。这样不仅是对孩子的不负责，也是对自己的不负责，最终会被更迭出新的社会所抛弃。过去，我们是教孩子学习，让孩子学习，但现在时代变了，必须是我们和孩子一起学习。唯有我们成为丰富的“知识海洋”，方能灌溉孩子们旺盛的求知欲。农村幼儿园教师的业务素质很重要，现代教育对农村幼儿园教师的要求也更高。因为只有高素质的人才才能更好地适应教学岗位，才能培育出同样优秀的孩子们。所以为了成为本领域的高素质人才，我们必须每天坚持学习关于教学的知识和技能，跟上时代的步伐，才不至于被自己所在的领域淘汰。

第五节　切实维护农村幼儿园教师的利益

维护农村幼儿园教师的切身利益，不仅是为了吸引优秀人才从事农村幼儿教育的工作，更是为了稳定农村幼儿园教师队伍、提升农村幼儿教育教学水平，这对广大农村地区工作的幼儿园教师有着现实意义。农村幼儿园教师自身素质以及福利待遇的提高，在一定程度上会激励一线的幼儿园教师扎根

---

① 索长清:《幼儿园教师文化研究》,东北师范大学2014年硕士学位论文。

农村，为农村带来一些新的机遇。[①]我们发现，农村幼儿园教师的学历、职称、工资越高，其师幼关系越好。因此，对于维护农村幼儿园教师的切身利益可以从以下三点出发：

一、保障农村幼儿园教师学历的提升机会

农村幼儿园教师学历水平的提升，不仅可以推动农村学前教育的进步、响应国家政策的号召，而且可以满足教师自身专业发展的需求。但是，由于农村资源条件的限制，大部分幼儿园教师只有高中或中专学历，只有很小比例的农村幼儿园教师能够取得大学本科学历，而学前教育专业本科毕业的农村幼儿园教师更是凤毛麟角。所以要想在农村建立一支高素质的幼儿园教师队伍，提高学历水平是关键，具体可以从以下两点着手：

第一，实行双重资格准入制。农村幼儿园管理者要根据农村幼儿教育的实际需要，招聘合适的幼儿园教师。但是，在实际的招聘过程中，往往难以招聘到真正符合幼教标准的教师，所以聘用一些没有幼师资格证的人员，或没有经过专业幼儿园教师培训的人员进入教师队伍的情况时有发生。这不仅会影响到幼儿园教师与幼儿的关系，而且是对幼儿教育的不负责。针对当前农村幼儿园教师数量不足、正规师范院校学前教育专业的毕业生很少选择到农村幼儿园工作的实际现状，可以考虑在农村幼儿园实行双重资格准入制度。[②]所谓双重资格准入制度，是指必须具备专业合格证和教师资格证。专业合格证是具备学前教育能力，能够到幼儿园工作的资格凭证，而教师资格证是获得教师身份待遇的资格凭证。[③]鉴于农村地区较为落后的现实，为了逐步完善和有效实施双重资格准入制度，一方面，在短期内，各地农村幼儿园所属的教育行政部门应允许农村幼儿园招聘中专或高中毕业生，但必须坚持培训上岗，进行严格的岗前培训和专业考核，对成绩达标者颁发专业合格证书，持专业合格证书者方可到农村各幼儿园就业。另一方面，对于已在职的农村幼儿园教师，要不断鼓励和引导其参加自学考试、函授、电大等各种形式的专业学习和举办的各种岗位培训，争取使其能力和学历早日达标；条

---

① 谢维和、李乐夫、文雯：《中国的教育公平与教育发展（1990—2005）：关于教育公平的一种新的理论假设及其初步证明》，教育科学出版社2008年版。

② 周兴国：《教师资格的制度完善：从“终身制”到定期复审》，载《教育发展研究》2010年第10期，第22~25页。

③ 汪明帅、谢赛：《基于教师入职标准的教师准入制度：国外的经验与启示》，载《教育发展研究》2011年第8期，第53~58页。

件具备之后，应积极帮助其申请参加教师资格证的考试；对获得教师资格证者，区教育局要确认其具有的教师身份并落实其享受的相应待遇，以鼓励更多的人考取教师资格证书，提高能力。①这样一来，可以逐步实现由专业资格准入向双重资格准入的过渡，不断提高幼儿园教师的准入门槛，并在此基础上推行严格的教师资格证制度，保证教师的专业水准，优化农村幼儿园教师队伍。

第二，建立各级教研网络。除了通过政府的扶持以及实施双重资格准入制以外，还应加强培训工作，建立各级教研网络，使文化水平较低的农村幼儿园教师有机会学习到专业的知识技能。首先，建立各级培训基地。由于农村的学前教育机构相对分散，所以农村的幼儿园教师实际上很难开展切实有效的教研活动。②对此，建立县、乡镇、村级教研网络组织，并明确专人负责，具有重要的现实意义。建立各级教研网络不仅能实现资源的共享，而且能为众多农村幼儿园教师提供教研培训的机会。其次，教研培训内容要具有针对性。能够针对农村幼儿园教师在教学工作中的不同问题进行有针对性的培训，如假期专修班、岗位培训等。其中，假期专修班主要是针对文化水平偏低的幼儿园教师开展的一类培训，其主要在于向这些教师教授系统的幼教专业知识和教学技能等；岗位培训是根据农村幼儿园教师的需要开展的各类短训班，使其能够学以致用，提高在岗教师的整体专业素质。再次，教研培训方式要灵活多样。既需要有书面的专题经验介绍和示范性活动，又要有现场的实际操作及观摩研讨活动，还有必要开展具有评比性质的竞赛活动等。

农村幼儿园F教师的访谈记录

干了十几年的农村幼儿园教师工作，我越来越有一种感觉，就是真不知道现在的课该怎么去上，现在的孩子们该怎么去教。有时候我也意识到自己应该学点东西了，但又不知从何学起，怎么入手，也没有专业的老师指导我；而且要学习，就要买各种资料，但我又不知道哪些资料适合我。本来每天的工作就很忙，想要学点东西又无从下手，时间一长，感觉非常疲倦，原本的工作热情也在一点点消退。

---

① 齐梅、刘洁：《对我国教师资格证书制度存在问题的思考》，载《沈阳师范大学学报》2006年第2期，第14~16页。

② 张云亮、汪德明、时莉：《农村幼儿教师培训的现状、评价及其需求》，载《学前教育研究》2012年第1期，第35~40页。

二、改革农村幼儿园教师职称评审模式

职称作为衡量人才的重要指标，不仅关系到相关管理部门的公信力，还与我国农村幼儿教育的实际情况密切相连。[①]目前，农村幼儿园教师职称评审制度存在一些问题，如评定指标较少、评审机制不完善，这些问题在一定程度上影响了农村幼儿园教师职称的评审质量。[②]针对出现的相关问题，我们对评审制度的完善展开讨论，并提出以下建议：

第一，建立完善自主的公开竞聘机制。在众多农村幼儿园教师中，不乏有年轻有为、充满热情和干劲的优秀教学工作者。公开竞聘的方式能够使学校打破论资排辈的老传统，实现人才的良性竞争，能够为学校带来新的思想和观念，也能为教师们提供展示自我才能的平台和发展的空间。[③]因此，应该坚持“公开竞聘，鼓励人才良性竞争”的发展措施，并将之应用到农村幼儿园教师职称评审中去。例如，当农村幼儿园教师职位出现空缺时，教育部门应该面向相关系统内部和全社会进行公开竞聘，并举办各种形式的招聘会，或采用技能比拼、竞赛等形式对教师的整体水平进行大考核，从而实现教育水准的纵向流动，使能力强、水平优的教师有机会获得更好的展现平台，真正做到优中选优，推动教师人才的梯度纵向建设。这种教师选拔制度不但为更多的优秀教师提供了进一步发展的空间，让他们更能体验自身价值，还能为幼儿教育工作的不断向前发展提供源源不断的生命力。另一个角度来说，竞争机制的引入也会给农村幼儿园教师带来竞争压力和危机感，使他们意识到自己必须树立终身学习的意识，加强自己的教学能力，才能跟得上教育水准不断提升的浪潮。这样一来，才能使农村幼儿园教师这一群体不断进行更新流动，让整个农村幼儿教育始终充满活力，从而促进农村幼儿园教师队伍的整体能力素质的不断提升，这将为我国农村幼儿教育事业的良性持续发展提供无尽的活力。

第二，创新聘后管理机制。目前，我国农村幼儿教学和职称评比工作还存在一系列问题，如重评审轻考核，重聘用轻管理等。同时，职称评比完成

---

① 黄大龙、吴恒祥：《教师职称评审工作改进的构想》，载《教育发展研究》2003年第2期，第82~83页。

② 李颖、李敏：《农村幼儿教师队伍现状、问题及其发展对策》，载《安庆师范学院学报》2010年第9期，第122~126页。

③ 姜学洙：《教学成就应是教师职称评审的主要标准》，载《教学与管理》2009年第10期，第27~28页。

后，也缺乏相应的激励机制和约束机制。大多农村幼儿园教师也存在认知偏差，仅仅将取得职称作为职业生涯的最终目标，认为取得职称就是最后的胜利，从而放松对自身的约束，也不再进行深入学习，不再考虑自身的职业发展。[①]因此，应当改革“一评定终身”的落后管理体制，针对对于已经获得职称，特别是获得高级职称的教师群体，应当创新管理体制，深化“职称聘任等级制”。即将各等级职称再细化为不同的档次等级，针对每一等级的不同档次，设定相应的工资标准和评审标准。在特定年限内，可在各教师间开展公平的“档级”竞争，表现出色者可晋升“档级”或职称等级。一定年限后，在前次评价成绩清零的前提下，再根据各教师的综合表现进行“档级”聘任。此外，应当根据教师工作岗位的实际情况制定相应的岗位职责，将教师聘任后的管理工作落到实处。还应当在教育工作中引入现代企业的管理和考核办法，将教师的日常考核结果与福利待遇、职称评比等相挂钩，执行相应的奖惩机制，最终打造完善的农村幼儿园教师职称评比制度。

三、合理改善农村幼儿园教师工资福利待遇

农村幼儿园教师工资福利待遇是直接影响其工作积极性和主动性发挥的关键因素。由于我国城乡二元经济结构的分割，导致城乡幼儿园教师之间福利待遇差距尤为明显。使得农村幼儿园教师队伍结构不合理，师资力量越来越薄弱，农村学前教育发展缺乏强有力的人力资本保障。为了转变这一现状，提出以下几点建议：

第一，推进城乡幼儿园教师津贴补贴政策。农村幼儿园教师的工作条件、生活水平和收入水平与城市幼儿园教师差距较大。农村幼儿园教师津贴补贴项目过于单一，且这样低水平的津贴补贴政策不仅对现任幼儿园教师群体缺乏激励作用，而且对于外来幼儿园教师没有任何吸引力。在这样的情况下，很难有优秀的年轻人愿意到生活条件差、交通不便、基础设施不完善，甚至有可能会拖欠工资的偏远山区工作。[②]对此，应当大力推进农村幼儿园教师的津贴补贴政策，以此来吸引优秀的外来“血液”，建立专业、稳定的师资队伍，从而改变当前师资力量薄弱的格局。首先，要推进国家对农村幼儿园教师津贴补贴项目的全面落实。其次，增加各地方农村幼儿园教师津贴

① 斌华：《教师评价：绩效管理与专业发展》，上海教育出版社2005年版。

② 唐幸福、徐安兴：《改善农村教师待遇 构建社会主义和谐社会》，载《科技广场》2009年第2期，第164~165页。

补贴项目。例如，在边远地区幼儿园工作的教师已取得基本补贴（如交通补贴、餐补、节假日津贴等）之余，还可以根据当地情况加设额外补贴（如农村幼儿园教师生活补贴、独生子女补贴、升学奖津补贴、取暖降温补贴等）。再次，可以向农村幼儿园教师发放具有优惠作用的优待证。例如，在全国范围内，持优待证的农村幼儿园教师可享受各类半价或免票优惠，乘坐公共交通工具时可享受打折优惠等。最后，应当设置能够充分体现农村幼儿园教师特殊地位和情况的专属津贴补贴。例如，只有在农村任教的农村幼儿园教师才能享受该项津贴补贴；在农村以外任教或生活，则不能享有该项津贴补贴。在农村工作直至退休的农村幼儿园教师，可在退休金中享受该项津贴补贴，或在退休时给予其一定的奖金，形成一种表彰形式。以上种种办法，其目的皆为吸引和留住专业教师人才，为农村建立一支专业、稳定的农村幼儿园教师队伍。

第二，加强法律法规的执行和监督力度。在现行的《中华人民共和国教师法》以及有关教育教师工资福利的法律法规中，都提到教师工资福利问题。例如，“教师工资水平应当不低于或高于当地公务员的平均工资水平”“在边远地区工作的教师应享受边远艰苦地区的津贴补贴”“各级政府相关部门应该保障教师工资福利和社会保险待遇的落实”等等规定。但是长期以来，能真正遵循规定，达到指标的地区较少。多年来，国家规定的省级和地方各种津贴补贴都没有足额兑现并到位，并且一些较为偏远的农村地区不知道相关的补贴项目。[①] 为此，首先，应尽快逐步完善相关的法律法规，细化具体操作步骤，修订法律法规中含糊不清的内容。例如，要指出“同等待遇”包含的具体内容、“艰苦偏远地区”的具体界定等。其次，根据《中华人民共和国教师法》第三十八条规定：“地方政府必须要对违背本法规定，不能按时支付教师工资和损害教师合法权益的，给予一定的改正期限。对那些违背国家财政规定，滥用职权、挪用国家用于学校建设和教师工资发放的公款的相关主要责任人员给予刑事处分，问题严重者并构成犯罪行为的，依法处置。”然而，在类似的事件中，还有一些问题没有得到落实，如相关部门如何处理此类事件、法律法规的实施过程及结果由谁监督等。为此，政府部门要严格执法，并设立相应的监督机制，加强刚性的惩治约束，依法保障农村幼儿园教师的工资福利待遇。

① 周兆海:《薪酬激励与制度吸纳:农村教师职业吸引力的提升路径》,载《当代教育科学》2016年第6期,第20~23页。

参考文献

中文著作

[1]斌华．教师评价：绩效管理与专业发展[M]．上海：上海教育出版社，2005.

[2]蔡迎旗．学前教育概论[M]．武汉：华中师范大学出版社，2000.

[3]李丹．幼儿发展心理学[M]．上海：华东师范大学出版社，1994.

[4]刘晶波．社会学视野下的师幼互动行为研究——我在幼儿园看到了什么[M]．南京：南京师范大学出版社，2006.

[5]卢乐山，林崇德，王德胜．中国学前教育百科全书·教育理论卷[M]．沈阳：沈阳出版社，1995.

[6]唐松林．中国农村教师发展研究[M]．杭州：浙江大学出版社，2005.

[7]谢维和，李乐夫，文雯．中国的教育公平与教育发展（1990—2005）：关于教育公平的一种新的理论假设及其初步证明[M]．北京：教育科学出版社，2008.

[8]中华人民共和国教育部．幼儿园教育指导纲要试行[M]．北京：北京师范大学出版社，2001.

[9]张念宏．教育学辞典[M]．北京：北京出版社，1987.

[10]张庆林．当代认知心理学在教学中的应用[M]．重庆：西南师范大学出版社，1995.

[11]张文新．幼儿社会性发展[M]．北京：北京师范大学出版社，2010.

[12]陈学恂．中国近代教育大事记[M]．上海：上海教育出版社，1981.

[13]舒新城．中国近代教育史资料[M]．北京：人民教育出版社，1981.

[14]唐淑，钟昭华．中国学前教育史[M]．北京：人民教育出版社，2002.

[15]张宗麟.张宗麟幼儿教育论集[M].长沙:湖南教育出版社,1985.
[16]蔡迎旗.幼儿教育政策法规[M].上海:华东师范大学出版社,2014.
[17]教育部.教师专业化的理论与实践[M].北京:人民教育出版社,2001.

中文论文

[1]蔡京连.谈课堂教学过渡的五种方法[J].山东教育科研,1994(5):46.
[2]蔡迎旗,冯晓霞.论我国学前教育政策的公平取向及其实现[J].教育与经济,2004(2):33-36.
[3]陈陈.家庭教养方式研究进程透视[J].南京师范大学学报(社会科学版),2002(6):95-109.
[4]陈会昌,梁兰芝.亲子依恋研究的进展[J].心理学动态,2000(1):29-34.
[5]陈齐畅,等.辽宁省城乡学前教育状况调查与思考[J].沈阳农业大学学报(社会科学版),2011(9):528-531.
[6]陈欢.英格兰政府干预早期保教市场的历史研究(1948—2018)[D].长春:东北师范大学,2019.
[7]陈向东,蒋中望.教室空间的架构[J].现代远距离教育,2011(10):76-80.
[8]陈韫春.幼儿,你在家乡还好吗[N].中国教育报,2015-09-23(5).
[9]程波.教室空间的教育学考察——基于知识转型的视角[D].广西:广西师范大学,2013.
[10]崔爱丽.幼儿饮食行为与其气质特点的关系探究[D].南京:南京师范大学,2011.
[11]冯莉英.不要忽视孩子的告状行为[J].学前教育研究,2001:43.
[12]郭云.教师应对幼儿告状行为的策略研究[D].武汉:华中师范大学,2014.
[13]洪秀敏,罗丽.公平视域下我国城乡学前教育发展差异分析[J].教育学报,2012(5):73-81.
[14]侯静,陈会昌.依恋研究方法述评[J].心理发展与教育,2002(3):80-84.
[15]侯娅丽.合理组织一日生活管理中的问题[J].科技资讯,2006(29):

134.

[16]胡日勒．3-5岁幼儿气质情绪性对自尊水平的影响研究[D]．大连:辽宁师范大学,2006.

[17]黄大龙,吴恒祥．教师职称评审工作改进的构想[J]．教育发展研究,2003 (2): 82-83.

[18]黄瑾,田方．幼儿园半日活动情境下的师幼互动研究——基于CLASS课堂互动评估系统的观察分析[J]．上海教育科研,2012(10):34.

[19]黄晶．促进农村民办幼儿教师专业发展的园本支持体系研究[D]．昆明:云南师范大学,2014.

[20]黄倩．幼儿教师科学保教效能感的现状及其与科学素养的相关研究[D].长春:东北师范大学,2010.

[21]黄胜梅．学前幼儿同伴冲突的观察研究——以武汉市某省级示范幼儿园为例[J]．学前教育研究,2008(2): 27.

[22]黄颖.农村留守幼儿成长谁来护航——农村留守学生生活行为及安全状况研究[N].中国教育报,2015-04-15(5).

[23]黄玉娇,胥兴春．幼儿园教室墙面环境与幼儿攻击性行为探究[J].天津市教科院学报,2013(4):12-15.

[24]姜学洙．教学成就应是教师职称评审的主要标准[J]．教学与管理,2009 (10):27-28.

[25]李创斌．对话理论视域中的师幼关系研究[D]．西安:陕西师范大学,2014.

[26]李锐,蒋礼,向会文．试论教师的保教效能感与教师素质[J]．现代教育科学,2003(4):18.

[27]李晔,刘华山．教师效能感及其对教学行为的影响[J]．教育研究与实验,2000(1):12.

[28]李颖,李敏．农村幼儿教师队伍现状、问题及其发展对策[J]．安庆师范学院学报(社会科学版),2010,29(9): 122-126.

[29]廖莹．一日生活中幼儿常规的管理 [J]．学前教育,2003(1) :04.

[30]刘杰,孟会敏．关于布郎芬·布伦纳发展心理学生态系统理论[J]．中国健康心理学杂志,2009(17): 250-252.

[31]刘明,谷忠玉．幼儿教师与家长沟通现状研究[D]．大连: 辽宁师范大学,2009.

[32]刘启艳,刘锰.西部城乡学前教育现状、问题及其对策——以贵州省学前教育发展为例[J].贵州社会科学,2013(4):164-168.

[33]刘荣．社会支持视角下乡村小学教师的困境研究[D]．北京:首都经

济贸易大学,2014.

[34]刘文,杨丽珠,邹萍. 3-9岁幼儿气质类型研究[J]. 心理与行为研究,2004, 2 (4):12-14.

[35]刘文. 3-9岁幼儿气质发展及其与个性相关因素关系的研究[D]. 大连:辽宁师范大学,2002.

[36]鲁洁. 试论中国教育学的本土化[J]. 高等教育研究,1993,014(001):33-35.

[37]罗英智,李卓. 当前农村学前教育发展问题及其应对策略[J]. 学前教育研究,2010(10):9-12.

[38]罗增让. 幼儿分离焦虑的发展变化研究[J]. 心理发展与教育,2002(4):65-69.

[39]马艳云. 中学教师空间界限[J]. 教育科学研究,2011(7):62-66.

[40]毛艳美. 社会支持与幼儿教师职业倦怠的关系研究[D]. 开封:河南大学,2010.

[41]孟宪伟. 中学生家长与教师冲突关系研究——以天津市静海县第二中学为研究个案[D]. 吉林:长春工业大学,2013.

[42]聂莲. 幼儿园一日生活过渡环节的实验研究及其指导策略[J]. 当代学前教育,2008(3):22-23.

[43]庞婷. 农村幼儿教师教学行为研究——以山西省L市为例[D]. 临汾:山西师范大学,2013.

[44]彭霞光. 特殊学校教师对随班就读的态度调查研究[J]. 中国特殊教育,2003(2):12-17.

[45]蒲汝玲. 幼儿园集体教学中教师教学行为现状及对策研究[D]. 兰州:西北师范大学,2010.

[46]齐梅,刘洁. 对我国教师资格证书制度存在问题的思考[J]. 沈阳师范大学学报(社会科学版),2006,30(2): 14-16.

[47]容中逵. 当前我国农村教师住房问题研究——来自浙江、河北、四川三省的调研情况[J]. 中国教育学刊,2013 (2): 18-21.

[48]莎莉. 通过立法强化政府在学前教育事业发展中的职责[J]. 学前教育研究,2007(2):7.

[49]宋艳红. 家长与教师之间冲突的社会学分析[D]. 北京:首都师范大学,2007.

[50]苏婷. 留守幼儿,拿什么关爱你[N]. 中国教育报,2014-05-27(6).

[51]索长清. 幼儿园教师文化研究[D]. 长春:东北师范大学,2014.

[52]唐华. 幼儿园一日生活活动中衔接过渡技能的运用研究[J]. 教育教

学研讨,2007(7).

[53]唐淑. 中国农村幼儿教育的发展与变革[J]. 学前教育研究,2005(06):38-40.

[54]唐幸福,徐安兴. 改善农村教师待遇 构建社会主义和谐社会[J]. 科技广场,2009 (2): 164-165.

[55]陶华琴. 正确对待幼儿的告状[J]. 学前教育研究,2001(1):64.

[56]王春燕.《百年中国幼教》——一部记载中国幼教现代化、民族化、大众化、科学化历程的史册[J]. 幼儿教育,2004(01):47.

[57]汪明帅,谢赛. 基于教师入职标准的教师准入制度: 国外的经验与启示[J]. 教育发展研究,2011 (8): 53-58.

[58]王芳. 浅谈和谐师幼关系的建立[J]. 课程教育研究,2014(21):197.

[59]王培峰. 我国学前教育的五大结构性矛盾及其政策应对——兼论残疾幼儿等弱势群体学前教育安排的政策思路[J]. 教育发展研究,2011(6):25-34.

[60]王少妮. 美国幼教师资职前培训体系研究[D]. 成都:四川师范大学,2008.

[61]王天乐,王岐富,周强猛. 幼儿体育课程概念的界定[J]. 体育科技文献通报,2015(8):1-2.

[62]韦小满,袁文得. 关于普小教师与特教教师对有特殊教育需要学生随班就读态度的调查[J]. 中国特殊教育,2000(3):32-34.

[63]魏蕾. 幼儿求助行为研究[D]. 南京:南京师范大学,2005.

[64]吴晗睿. 幼儿教师对幼儿冲突的干预行为研究[D]. 北京:中央民族大学,2009.

[65]仵金红. 幼儿同伴冲突中教师教育行为研究——以重庆市北暗区园为个案[D]. 重庆:西南大学,2008.

[66]肖玉. 怎样让过渡活动"活而不乱" 幼儿园班级管理中过渡活动的案例分析[J]. 教育导刊,2014(9):58-60.

[67]谢秀莲. 西北地区农村民办幼儿园教师队伍现状调查与分析[J]. 学前教育研究,2007 (11): 44-47.

[68]辛涛,申继亮,林崇德. 教师自我效能感与学校因素关系的研究[J]. 教育研究,1994(10): 16-20.

[69]许倩倩. 师幼互动中的情绪研究[D]. 南京:南京师范大学,2013.

[70]许应华,徐学福. 职前幼儿教师科学保教效能感培养的实验研究[J]. 教育研究与实验, 2013(1): 11.

[71]严仲连,何静. 我国农村学前教育政策的实施现状与执行策略[J]. 东

北师范大学学报(哲学社会科学版),2012(5):196-200.

[72]杨莉君,曹莉.中部地区农村学前教育事业发展存在的问题及解决对策[J].学前教育研究,2011(6):21-26.

[73]杨敏生.教师效能感影响因素研究述评[J].广东外语外贸大学学报,2007(9):11-13.

[74]杨勤勤.气质类型影响幼儿参与音乐教学活动研究[D].长沙:湖南师范大学,2013.

[75]杨哲.教室拥挤压力源与学生学习倦怠和考试焦虑的关系研究[D].西安:陕西师范大学,2014.

[76]于海波.中小学教室空间研究[D].上海:同济大学,2004.

[77]俞国良,罗晓路.教师保教效能感及其相关因素研究[J].北京师范大学学报(社会科学版),2000(1):72-79.

[78]张阿妮.新疆幼儿园教师对残疾幼儿随班就读的态度调查[J].新疆教育学院学报,2013(9):52-54.

[79]张春铭.近半数留守幼儿表示被欺负过[N].中国教育报,2014-12-01(1).

[80]张春铭.农村学前教育还需跨过几道坎?[N].中国教育报,2012-02-03(2).

[81]张帆.幼儿教师与家长相互作用的研究[D].上海:华东师范大学,2005.

[82]张辉蓉,黄媛媛,李玲.我国城乡学前教育发展资源需求探析——基于学龄人口预测[J].教育研究,2013(5):60-74.

[83]张菁,茅莉雅.等待的艺术——幼儿园活动中过渡环节的组织与管理[J].见微知著,2008(5):42-43.

[84]张小培.农村父母参与幼儿园教育的现状研究[D].武汉:华中师范大学,2014.

[85]张云亮,汪德明,时莉,等.农村幼儿教师培训的现状、评价及其需求[J].学前教育研究,2012,1(1): 4.

[86]钟和军.质疑教师职称终身制[J].广东教育(综合版),2001 (8): 69.

[87]周文霞,郭桂萍.自我效能感:概念、理论和应用[J].中国人民大学学报,2006(1):91-97.

[88]周兴国.教师资格的制度完善: 从“终身制”到定期复审[J].教育发展研究,2010 (10): 22-25.

[89]周兆海.薪酬激励与制度吸纳: 农村教师职业吸引力的提升路径[J].当代教育科学,2016 (6): 20-23.

英文著作

[1] Armor D. Analysis of the School Preferred Reading Programs in Selected Los Angeles Minority Schools[M]. California: Rand Corporation Press, 1979.

[2]Ashton PT, Webb R B.Making a Difference: Teachers' Sense of Efficacy and Student Achievement[M]. Madison: University of Wisconsin Press, 1986.

[3]Blum L A. Moral Perception and Particularity[M]. Cambridge: Cambridge University Press, 1994.

[4] Bandura A.Self - efficacy: The Exercise of Control[M]. New York: W.H. Freeman and Company Press, 1997.

[5]Brooks Gunn J, Fuligni A S, Berlin.Early Child Development in the 21st Century: Profiles of Current Research Initiatives[M]. New York: Teachers College Press, 2003.

[6]Bronfenbrenner U. The Ecology of Human Development[M]. Boston: Harvard University Press, 1979.

[7]Berrueta Clement J R,Schweinhart L J, Barnett W S, Epstein A S, Weikart D P.Changed Lives: The Effects of the Perry Preschool Program on Youths Through Age 19 [M]. Ypsilanti: Scope Educational Research Foundation Press, 1984.

[8]Bowlby J. Attachment[M]. New York: Basic Books Press, 1969.

[9]Flynn B M. The Teacher-child Relationship, Temperament and Coping in Children With Developmental Disabilities[M]. New York: University of Columbia Press, 2003.

[10] Hinde. Towards Understanding Relationships [M]. London: Academic Press, 1979.

[11]Sameroff A, Chandler. Review of Child Development Research[M]. Chicago: University of Chicago Press, 1975.

[12]Tronto J C. Moral Boundaries: A Political Argument for an Ethic of Eare [M].New York: Routledge Press, 1993.

[13]Thomas A, Chess S, Birch H G, Hertzig M E, Korn S.Behavioral Individ-

uality in Early Childhood[M].New York: New York University Press, 1963.

[14]Vinovskis M A.The Birth of Head Start[M]. Chicago: University of Chicago Press, 2005.

英文论文

[1]Armor, David J, Millicent. Analysis of the School Preferred Reading Program in Selected Los Angeles Minority Schools [J]. Black Students, 1976, 24 (2): 85.

[2]Ashton P T. Historical Overview and Theoretical Perspectives of Research on Teachers' Beliefs[J]. International Handbook of Research on Teachers Beliefs, 2015, 25(4): 31–47.

[3]Ainsworth M D S, Blehar M C, Waters E, et al.Patterns of Attachment: A Psychological Study of the Strange Situation [J]. Lawrence Erlbaum Associates, 1978, 45(2): 23.

[4]Bandura A. Self-efficacy: Toward a Unifying Theory of Behavioral Change [J]. Psychological Review, 1977, 84(2): 191.

[5]Bandura A. The Explanatory and Predictive Scope of Self-efficacy Theory [J]. Journal of Social and Clinical Psychology, 1986, 4(3): 359–373.

[6]Bandura A, Jourden F J. Self-Regulatory Mechanisms Governing the Impact of Social Comparison on Complex Decision Making[J]. Journal of Personality & Social Psychology, 1991, 60(6): 941–951.

[7]Berrueta–Clement J R, Schweinhart L J, Barnett W S , Epstein A S , Weikart D P. Changed Lives: The Effects of the Perry Preschool Program on Youths Through Age 19 [J]. Journal of Personality & Social Psychology 1984, 45 (2): 245–265.

[8]Booren L M, Downer J T, Vitiello V E. Observations of Children's Interactions with Teachers Peers, and Tasks Across Preschool Classroom Activity Settings [J]. Early Education & Development, 2012, 23(4): 517–538.

[9]Bowlby J. Methods and Measures: The Network of Relationships Inventory Behavioral Systems Version [J]. International Journal of Behavioral Development,

1969, 33(1): 470–478.

[10]Burchinal M R, Peisner-Feinberg E, Pianta R, et al. Development of Academic Skills from Preschool through Second Grade: Family and Classroom Predictors of Developmental Trajectories[J]. Journal of School Psychology, 2002, 45(1): 415–436.

[11]Buehl M M, Beck J S. The Relationship Between Teachers' Beliefs and Teacher Practices[J]. International Handbook of Research on Teachers' Beliefs, 2015, 54(1): 1.

[12]Buyse E , Verschueren K , Doumen S , et al. Classroom Problem Behavior and Teacher - child Relationships in Kindergarten: The Moderating Role of Classroom Climate[J]. Journal of School Psychology, 2008, 46(4): 367–391.

[13]Borg, Falzon. A Factor - analytic Study of Teachers Perception of Pupils Undesirable Behaviors a Rejoinder[J]. Developmental Psychology, 1993, 42(5): 42.

[14]Bulotsky - Shearer R J , Fantuzzo J W , Mcdermott P A . An Investigation of Classroom Situational Dimensions of Emotional and Behavioral Adjustment and Cognitive and Social Outcomes for Head Start Children[J]. Developmental Psychology, 2008, 44(1): 139–154.

[15]Brock L L , Curby T W. Emotional Support Consistency and Teacher - child Relationships Forecast Social Competence and Problem Behaviors in Prekindergarten and Kindergarten[J]. Early Education & Development, 2014, 25(5): 661–680.

[16]Berk L E. The Relation of Preschool Child - care Quality to Children's Cognitive[J]. Child Development, 1995, 25(2): 22.

[17]Berk L E. Self-regulatory Mechanisms and Complex Decision Making[J]. Child Development, 1991, 31(2): 89–91.

[18]Cohn D A, Cowan P A, Cowan C P, et al. Mothers' and fathers' Working Models of Childhood Attachment Relationships, Parenting Styles and Child Behavior [J]. Development and Psychopathology, 1992, 4(3): 417–431.

[19]Cassidy Jude, Shaver Phillip R. Handbook of Attachment: Theory, Research and Clinical Applications[J]. Infant Mental Health Journal, 2004, 25(1): 77–78.

[20]Clavijo R I , Kohn T P , Kohn J R , et al. Effects of Low - Intensity Extra-

corporeal Shockwave Therapy on Erectile Dysfunction: A Systematic Review and Meta-Analysis[J]. The Journal of Sexual Medicine, 2018, 14(1): 27–35.

[21]Crippen K J . Argument as Professional Development: Impacting Teacher Knowledge and Beliefs About Science [J]. Journal of Ence Teacher Education, 2012, 23(8): 847–866.

[22]Doumen S , Verschueren K , Buyse E , et al. Reciprocal Relations Between Teacher-Child Conflict and Aggressive Behavior in Kindergarten: A Three-Wave Longitudinal Study[J]. Journal of Clinical Child & Adolescent Psychology, 2008, 37(3): 588–599.

[23]Dweck C S, Davidson W, Nelson S, et al. Sex Differences in Learned Helplessness: The Contingencies of Evaluative Feedback in the Classroom and III, An Experimental Analysis[J]. Developmental Psychology, 1978, 14(3): 268–276.

[24]Davidow R P. Natural Rights and Natural Law[J]. Prescribo Homeopatia, 2014, 23(4): 33–46.

[25]Evenson D P , Melamed M R . Rapid Analysis of Normal and Abnormal Cell Types in Human Semen and Testis Biopsies by Flow Cytometry 12[J]. The Journal of Histochemistry and Cytochemistry : Official Journal of the Histochemistry Society, 2018, 31(1): 248–253.

[26]Ellen S. Peisner-Feinberg, Burchinal M R, Clifford R M, et al. The Relation of Preschool Child-care Quality to Children's Cognitive and Social Developmental [J]. Trajectories through Second Grade, Child Development, 2001, 21 (2): 72.

[27]Ewing A R , Taylor A R . The Role of Child Gender and Ethnicity in Teacher-child Relationship Quality and Children Behavioral Adjustment in Preschool[J]. Early Childhood Research Quarterly, 2009, 24(1): 0–15.

[28]Frankel K A , Bates J E . Mother-toddler Problem Solving: Antecedents in Attachment, Home Behavior, and Temperament[J]. Child, 2010, 61(3): 810–819.

[29]Frankel K, Bates J.Mother-toddler Problem Solving: Antecedents in Attachment Home Behavior and Temperament[J]. Child Development, 1990, 61(2): 810–819.

[30]Fisher, Robert. Dialogic Teaching: Developing Thinking and Metacognition Through Philosophical Discussion[J]. Early Child Development & Care, 2007,

177(7): 615–631.

[31]Glantz, Frederic B, Layzer, Jean. The Cost, Quality and Child Outcomes Study: A Critique[J]. Final Report, 2000, 74(1): 42–44.

[32]Gilligan C. In a Different Voice: Sex Differences in the Expression of Moral Judgment[J]. Early Child Development & Care, 1982, 23(2): 22–25.

[33]Good T L, Sikes J N, Brophy J, et al. Effects of Teacher Sex and Student Sex on Classroom Interaction[J]. Journal of Educational Psychology, 1973, 65(1): 74–87.

[34]Hanlon, Judith. Disembodied Intimacies: Identity and Relationship on the Internet[J]. Psychoanalytic Psychology, 2001, 18(3): 566–571.

[35]Hamre B K , Pianta R C, Early Teacher-child Relationships and the Trajectory of Children's School Outcomes through Eighth Grade[J]. Child Development, 2001, 72(2): 35–37.

[36]Hillman S B, Davenport G. Teacher-student Interactions in Desegregated Schools[J]. Journal of Educational Psychology, 1978, 70(4): 545–553.

[37] Hillman, Stephen B. Teacher - student Interactions in Desegregated Schools.[J]. Journal of Educational Psychology, 1978, 42(1): 23–28.

[38]Hald K S , Cordon C , Vollmann T E . Towards an Understanding of Attraction in Buyer - supplier Relationships [J]. Industrial Marketing Management, 2009, 38(8): 960–970.

[39]Howes C, Hamilton C E. The Changing Experience of Child-care: Changes in Teachers and in Teacherchild Relationships and Children Social Competence with Peers[J]. Early Childhood Research Quarterly, 1993, 86(2): 15–32.

[40]Howes C, Hamilton C E, Matheson C C. Children's Relationships with Peers: Differential Associations with Aspects of the Teacher-child Relationship[J]. Child Development, 1994, 65(1): 253–263.

[41]Holmes, Donald J . Behavioral Individuality in Early Childhood[J]. Jama, 1964, 189(5): 12–15.

[42]Kittay E F, Sesha.Your Way Slowly: Maternal Thinking in the Raising of a Child with Profound Intellectual Disabilities[J]. Mother Troubles: Rethinking Contemporary Maternal Dilemmas, 1999, 32(2): 3–25.

[43]Kobak R, Madsen S. Disruption in Attachment Bonds[J]. Handbook of At-

tachment: Theory Research, and Clinical Applications, 2008, 25(3): 23–47.

[44]Lavonne J D . Review of Child Development Research[J]. Physical Therapy, 1999, 42(11): 137–138.

[45]Leea J H. Researchers Crossing Borders[J]. European Early Childhood Education Research Journal, 2010, 18(3): 271–273.

[46]Mabry J H. Review of Hart and Risley's Meaningful Differences in the Everyday Experience of Young American Children[J]. Behavior Analyst, 1997, 20(1): 25–30.

[47]Noddings N. Starting at Home: Caring and Social Policy[J]. Journal of Family Studies, 2002, 9(1): 116–117.

[48]Nelson, Carla. Children's Relationships with Peers[J]. European Early Childhood Education Research Journal, 1965, 12(2): 30–34.

[49]Okin S M. Poverty Well-being, and Gender: What Counts, Who's Heard?[J]. Philosophy & Public Affairs, 2003, 31(3): 280–316.

[50]Peisner-Feinberg E S, Burchinal M R, Clifford R M, et al. The Relation of Preschool Child-care Quality to Children's Cognitive and Social Developmental Trajectories through Second Grade[J]. Child Development, 2001, 75(2): 153–155.

[51]Pianta R C. Enhancing Relationships Between Children and Teachers[J]. Elementary Education, 1999, 13(2): 205.

[52]Rawls J. A Theory of Justice[J]. Harvard Law Review, 1971, 85(8): 311–324.

[53]Rimm-Kaufman S E, Wanless S B. An Ecological Perspective for Understanding the Early Development of Self-regulatory Skills[J]. Handbook of Early Childhood Education, 2012, 55(2): 299–323.

[54]Rose S L, Rose S A, Feldman J F. Stability of Behavior Problems in Very Young Children[J]. Development and Psychopathology, 1989, 1(1): 5–19.

[55]Robert C. Conceptualizing Risk in Relational Terms: Associations Among the Quality of Child-adult Relationships Prior to School Entry and Children's Developmental Outcomes in First Grade[J]. Educational & Child Psychology, 2004, 21(1): 32–45.

[56]Riley A W , Coiro M J , Broitman M , et al. Mental Health of Children of Low-Income Depressed Mothers: Influences of Parenting, Family Environment, and

Raters[J]. Psychiatr Serv, 2009, 60(3): 329–336.

[57]Suter S . Meaningful Differences in Everyday Experience of Young American Children[J]. European Journal of Pediatrics, 2006, 165(4): 110–114.

[58]Saft, Elizabeth, W Pianta. Teachers' Perceptions of Their Relationships with Students: Effects of Child Age, Gender, and Ethnicity of Teachers and Children [J]. School Psychology Quarterly, 2001, 23(1): 258–268.

[59]Schaffer H R, Liddell C. Adult-child Interaction Under Dyadic and Polyadic Conditions [J]. British Journal of Developmental Psychology, 1984, 2 (1): 33–42.

[60] Schwarzenbach S A. On Civic Friendship [J]. Ethics, 1996, 107 (1): 97–128.

[61]Schwarzenbach S. Rawls and Ownership: The Forgotten Category of Reproductive Labor[J]. Canadian Journal of Philosophy, 1987, 17(1): 139–167.

[62]Simpson A W, Erickson M T. Teachers' Verbal and Nonverbal Communication Patterns as a Function of Teacher Race, Student Gender, and Student Race [J]. American Educational Research Journal, 1983, 20(2): 183–198.

[63]Soodak L C, Podell D M. Teacher Efficacy: Toward the Understanding of a Multi - faceted Construct [J]. Teaching and Teacher Education, 1996, 12 (4): 401–411.

[64]Spodek B , Brown P C. Curriculum Alternatives in Early Childhood Education: A Historical Perspective [J]. Handbook of Research on the Education of Young Children, 1993, 75(2), 104.

[65] Stipek D, Miles S. Effects of Aggression on Achievement: Does Conflict with the Teacher Make It Worse[J]. Child Development, 2008, 65(2): 79.

[66]Saft E W, Pianta R C. Teachers' Perceptions of Their Relationships with Students: Effects of Child Age, Gender and Ethnicity of Teachers and Children[J]. School Psychology Quarterly, 2001, 16(2): 125–141.

[67]Sycarah Fisher J A, Baker. Teacher Interactions That Promote Adjustment of Children with Behavior Problems[J]. American Psychological Association, 2006, 31(6): 125–127.

[68]Thompson R A. Early Attachment and Later Development: Familiar Questions, New Answers[J]. School Psychology, 2008, 14(2): 245.

[69]Tobin K G, Capie W . Relationships Between Formal Reasoning Ability [J]. Locus of Control, Academic Engagement and Integrated Process Skill Achievement, 1982, 19(2): 113–121.

[70]Tschannen-Noran M. Teacher Efficacy: Its Meaning and Measure[J]. Review of Educational Research, 1998, 68(1): 202–248.

[71]Vervoort E, Bosmans G , Doumen S , et al. Perceptions of Self, Significant Others, and Teacher-child Relationships in Indiscriminately Friendly Children[J]. Research in Developmental Disabilities, 2014, 35(11): 202–211.

[72]Van Zee E H, Minstrell J. Reflective Discourse: Developing Shared Understandings in a Physics Classroom[J]. International Journal of Science Education, 1997, 19(2): 209–228.

[73]Weinfield N S, Sroufe L A, Egeland B, et al. Individual Differences in Infant - caregiver Attachment: Conceptual and Empirical Aspects of Security [J]. School Psychology, 2008, 54(2): 125–135.

[74]Woolfolk A E, Rosoff B, Hoy W K. Teachers' Sense of Efficacy and Their Beliefs About Managing Students[J]. Teaching and Teacher Education, 1990, 6(2): 137–148.

[75]Wood R, Bandura A. Impact of Conceptions of Ability on Self-regulatory Mechanisms and Complex Decision Making[J]. Journal of Personality and Social psychology, 1989, 56(3): 407.

[76]Wood P D , Stefanick M L , Williams P T , et al. The Effects on Plasma Lipoproteins of a Prudent Weight-reducing Diet, with or Without Exercise, in Overweight Men and Women[J]. N Engl J Med, 1991, 325(7): 461–466.

[77]Buhrmester D. Methods and Measures: The Network of Relationships Inventory: Behavioral Systems Version[J]. International Journal of Behavioral Development, 1969, 33(2): 470–478.

[78]Weinfield N S, Sroufe L A, Egeland B, et al. Individual Differences in Infant-caregiver Attachment[J]. Conceptual and Empirical Aspects of Security, 2008, 75(1): 154–156.

[79]Zee E H V , Minstrell J . Reflective Discourse: Developing Shared Understandings in a Physics Classroom [J]. International Journal of Ence Education, 1997, 19(2): 209–228.

附 录

幼儿教师工作状况调查问卷

尊敬的老师：

您好！非常感谢您在百忙之中参与我们的调查。这份问卷的目的是了解您对自己工作状况的一些感受和认识，答案无所谓对和错，请您按照自己的真实情况作答。您的答案完全保密，结果仅供研究使用。谢谢您的支持与配合。

请您在符合自己实际情况的选项上打“√”或填写具体内容。

1. 性 别：（1）男（2）女
2. 年 龄：____岁
3. 婚姻状况：（1）未婚（2）已婚
4. 学 历：（1）中专（2）大专（3）本科（4）研究生（5）其他
5. 教 龄：（1）5年以下（2）5~10年（3）10~15年（4）15年以上
6. 园所性质：（1）公立（2）私立
7. 月 工 资：（1）1000元以下（2）1000~2000元（3）2000~3000元（4）3000元以上
8. 职 称：（1）未定级（2）小教二级（3）小教一级（4）小教高级
9. 所教班级：（1）学前班（2）大班（3）中班（4）小班（5）小小班

第一部分：师幼关系问卷

下面是一份幼儿园教师与学生之间关系的问卷，请根据您的实际情况认真填写，在每个问题后面相应的分数上打“√”。

问题调查		完全没有	有时	不确定	偶尔	一直
1	我和孩子保持着亲密、温馨的关系。	①	②	③	④	⑤
2	我和孩子似乎总是充满矛盾。	①	②	③	④	⑤
3	孩子一旦情绪低落,就会向我寻求安慰。	①	②	③	④	⑤
4	孩子和我有身体接触时,我会感到不舒服。	①	②	③	④	⑤
5	孩子很珍惜和我之间的关系。	①	②	③	④	⑤
6	当我纠正孩子时,他们感到尴尬或受到了伤害。	①	②	③	④	⑤
7	当我赞美孩子时,他们感到很骄傲。	①	②	③	④	⑤
8	他们与我分离时,反应非常强烈。	①	②	③	④	⑤
9	孩子自发地和我分享有关他们的信息。	①	②	③	④	⑤
10	孩子过于依赖我。	①	②	③	④	⑤
11	孩子很容易生我的气。	①	②	③	④	⑤
12	孩子总想讨好我。	①	②	③	④	⑤
13	孩子感觉我对他不公平。	①	②	③	④	⑤
14	在孩子并不真正需要帮助的时候,他们会向我寻求帮助。	①	②	③	④	⑤
15	我很容易察觉到孩子的想法。	①	②	③	④	⑤
16	孩子把我作为处罚和批评的来源。	①	②	③	④	⑤
17	当我与其他孩子在一起的时候,某个孩子会表现出受到伤害或嫉妒的行为。	①	②	③	④	⑤
18	当孩子受到纪律约束之后,他们很愤怒或抵抗。	①	②	③	④	⑤
19	当孩子行为不端时,他们会很好地回应我的眼神或声调。	①	②	③	④	⑤
20	与孩子相处很消耗我的精力。	①	②	③	④	⑤
21	我注意到孩子在模仿我的行为或做事的方式。	①	②	③	④	⑤
22	当孩子心情不好时,我知道我们将度过漫长而又艰难的一天。	①	②	③	④	⑤
23	孩子对我的态度很难预测,有时会突然变化。	①	②	③	④	⑤
24	尽管我付出了很大的努力,我和孩子的关系还是不融洽。	①	②	③	④	⑤
25	当孩子想从我这儿拿东西时,他们就会发牢骚或哭泣。	①	②	③	④	⑤
26	孩子对我有鬼鬼祟祟或操纵别人的行为。	①	②	③	④	⑤
27	孩子和我在一起的时候,乐于公开分享他们的感受和经验。	①	②	③	④	⑤
28	我对我与孩子的互动感到自信、有效。	①	②	③	④	⑤

第二部分：家师关系问卷

下面是一份幼儿园学生的家长与教师之间关系的问卷，请根据您的实际情况认真填写，在每个问题后面相应的分数上打“√”。

问题调查		完全不同意	不同意	有时候同意	同意	完全同意
1	我相信家长会把和孩子的有关重要事情告诉我。	①	②	③	④	⑤
2	当孩子出现问题时，家长会和我及时沟通。	①	②	③	④	⑤
3	在大多数事情上，我重视家长的意见。	①	②	③	④	⑤
4	我觉得孩子的家长真正关心孩子。	①	②	③	④	⑤
5	孩子的家长值得信赖。	①	②	③	④	⑤
6	孩子的家长很少花时间和我讨论孩子的成长和发展。	①	②	③	④	⑤
7	我个人非常欣赏孩子的家长。	①	②	③	④	⑤
8	总体来看，孩子的家长是个有爱心的人。	①	②	③	④	⑤
9	孩子的家长具备成为一个好家长的能力。	①	②	③	④	⑤
10	为了更多地了解孩子，我很乐于和家长密切接触。	①	②	③	④	⑤
11	家长不是我真正的朋友。	①	②	③	④	⑤
12	家长有时候会和我谈论一些和孩子无关的事情。	①	②	③	④	⑤
13	家长和我沟通起来很顺畅和真实。	①	②	③	④	⑤
14	家长和我都很看重我们之间的关系。	①	②	③	④	⑤
15	家长似乎对我不感兴趣。	①	②	③	④	⑤
16	家长并不像我想象的那样知识渊博。	①	②	③	④	⑤
17	在如何最好地满足孩子的需求上，我和家长有不同的观点。	①	②	③	④	⑤
18	我对家长的家庭生活和工作情况很感兴趣。	①	②	③	④	⑤
19	在孩子的养育方面，我有时候并不同意他们的看法，特别是当我和他们的观点相冲突的时候。	①	②	③	④	⑤
20	当我需要帮助时，我知道家长会抽出时间帮助我。	①	②	③	④	⑤
21	家长给我提供了一些与他们的孩子相处时有价值的建议。	①	②	③	④	⑤
22	在教育孩子方面，我觉得家长是真正的合作伙伴。	①	②	③	④	⑤

23	我通常同意家长处理孩子不当行为的方式。	①	②	③	④	⑤
24	我个人真的很喜欢和家长相处。	①	②	③	④	⑤
25	我不确信孩子在我面前和在家长面前时是否表现一样好。	①	②	③	④	⑤
26	我很欣赏家长与自己孩子的相处方式。	①	②	③	④	⑤
27	我觉得家长在各个方面都很优秀。	①	②	③	④	⑤
28	在教育孩子方面,我觉得家长把我当作一个拿薪水的员工,而不是一个平等的合作伙伴。	①	②	③	④	⑤
29	家长在教育孩子方面,和我的想法非常一致。	①	②	③	④	⑤

第三部分:幼儿教师保教效能感问卷

下面是一份幼儿园教师保教效能感问卷,请根据您的实际情况认真填写,在每个问题后面相应的分数上打“√”。

问题调查		完全不同意	不同意	同意	完全同意
1	当孩子表现得比平时好的时候,很多时候是因为我付出了努力。	①	②	③	④
2	我能很好地管理学生的行为。	①	②	③	④
3	与家庭环境相比,课堂中的时间对学生的影响较小。	①	②	③	④
4	一个孩子的学习量主要与其家庭背景有关。	①	②	③	④
5	孩子学会了等待被点名才回答问题,这是因为我设置了明确的课堂规则。	①	②	③	④
6	如果孩子在家里没有纪律性,他们不太可能遵守学校的任何纪律。	①	②	③	④
7	在幼儿园或学龄前教育机构中,遗传因素比教育更为重要地决定着孩子表现的好坏。	①	②	③	④
8	当一个孩子做活动或任务有困难时,我通常能够找到一个适合其能力的活动或任务。	①	②	③	④
9	当孩子之间产生冲突时,我试图结束冲突的努力是无用的。	①	②	③	④
10	当一个孩子某一天表现格外好的时候,通常是因为我找到了更好的教学方法。	①	②	③	④

11	孩子更多地从电视上获得知识而不是教师。	①	②	③	④
12	当我真正努力了的时候,我可以帮助最困难的孩子。	①	②	③	④
13	我准备帮助有情绪问题的孩子。	①	②	③	④
14	老师所能做的是很有限的,因为家庭环境对孩子有很大的影响。	①	②	③	④
15	当一个孩子口头侮辱另一个孩子时,我通常可以防止冲突逐步升级。	①	②	③	④
16	当一个孩子的表现变好了,通常是因为我找到了更有效的教学方法。	①	②	③	④
17	如果一个孩子快速掌握了一个新的概念,这可能是因为我知道了"教学"这一概念的必要步骤。	①	②	③	④
18	教师具有良好的行为管理技能,可以化解孩子通过看电影和电视学来的不良行为。	①	②	③	④
19	如果家长能为孩子做更多,我就会做更多。	①	②	③	④
20	我通常可以帮助孩子们表现出更多的活跃行为。	①	②	③	④
21	如果一个孩子不记得我在上一节课呈现的信息,我知道如何在下一节课增强他的记忆力。	①	②	③	④
22	有一些孩子简直就无法控制。	①	②	③	④
23	如果我班里的孩子变得混乱和吵闹,我确信我能用一些技巧去重新组织孩子们。	①	②	③	④
24	如果某一天孩子们很难控制,我能够很好地控制课堂。	①	②	③	④
25	家庭对孩子的不良影响能够通过良好的教学来消除。	①	②	③	④
26	当孩子们观看电视上太多的暴力镜头时,教师很难管理他们在教室里的行为。	①	②	③	④
27	如果孩子不能完成一个活动或任务,我能够准确地评估这个活动或任务的难度是否是合适的。	①	②	③	④
28	当孩子生气时,我能做的很少。	①	②	③	④
29	即使具有良好的教学能力,教师也可能照顾不到很多孩子。	①	②	③	④
30	幼儿在学龄前机构中表现很好,很可能是因为孩子的天赋。	①	②	③	④
31	孩子学习的内容多少,更多地受到基因的影响而不是教学。	①	②	③	④
32	如果一个孩子很内向、孤僻,我知道如何帮助他变得开朗起来。	①	②	③	④

第四部分：幼儿教师的社会支持问卷

下面是一份幼儿园教师的社会支持问卷，请根据您的实际情况认真填写，在每个问题后面相应的分数上打“√”。

问题调查		完全不符合	基本不符合	不确定	基本符合	完全符合
1	我的家人总是默默地支持我、关心我。	①	②	③	④	⑤
2	幼儿园领导能够为我提供才华表演和上公开课的机会。	①	②	③	④	⑤
3	我与家庭成员之间的关系和睦。	①	②	③	④	⑤
4	我能在同行、同事和幼儿家长面前自如地展示自己的才华。	①	②	③	④	⑤
5	我实际的工资收入与我的期望收入基本吻合。	①	②	③	④	⑤
6	我不想告诉别人我是一名幼儿教师。	①	②	③	④	⑤
7	幼儿园中的教材、教具基本上能够满足教学所需。	①	②	③	④	⑤
8	每次上公开课,我感到手足无措,很紧张。	①	②	③	④	⑤
9	每个月我总是能拿到足额的工资。	①	②	③	④	⑤
10	我的家人很支持我做一名幼儿教师。	①	②	③	④	⑤
11	我与大部分同事之间的关系融洽。	①	②	③	④	⑤
12	每次才华表演或者上公开课,我都感觉很兴奋,并且自我感觉良好。	①	②	③	④	⑤
13	我总是感觉到很孤独,没有人关心我。	①	②	③	④	⑤
14	我的领导对我的工作一直很赞赏。	①	②	③	④	⑤
15	我对自己目前的工资收入感到满意。	①	②	③	④	⑤
16	我的同事能积极配合、协助我的工作。	①	②	③	④	⑤
17	如果再给我一次选择的机会,我还会选择做一名幼儿教师。	①	②	③	④	⑤
18	我的工作付出与工作收入不成正比。	①	②	③	④	⑤
19	我能很容易地得到同事提供的教学资源(如教具、教案、教学材料)等。	①	②	③	④	⑤
20	我的领导在生活上对我很关心。	①	②	③	④	⑤

21	我的大部分同事对我的工作能力评价较高。	①	②	③	④	⑤
22	我的家人能体谅我的工作,并承担大部分的家务劳动。	①	②	③	④	⑤
23	为了准备合适的、充足的教具,常搞得我疲惫不堪。	①	②	③	④	⑤
24	大部分幼儿家长都能肯定我的工作。	①	②	③	④	⑤
25	在教学问题上,我的同事能和我一起讨论并积极出谋划策。	①	②	③	④	⑤
26	我总是一人默默地承受着痛苦和不满。	①	②	③	④	⑤
27	幼儿园领导能根据我的工作业绩,公平合理地给我评定职称。	①	②	③	④	⑤
28	大部分幼儿家长都能积极配合我们准备一些教学材料(如废旧塑料、图书)等。	①	②	③	④	⑤
29	当我心情不好时,我的爱人(恋人)、朋友总是能够体谅我、劝导我。	①	②	③	④	⑤
30	我在幼儿园担任了一定的职务。	①	②	③	④	⑤
31	在我受到不公平待遇的时候,家人的劝导、关心能让我开朗起来。	①	②	③	④	⑤
32	对于教学中存在的问题,我常难以得到幼教专家的指导。	①	②	③	④	⑤
33	某些活动主题,常由于没有合适的或充足的教学材料而不得不放弃。	①	②	③	④	⑤
34	在我遇到家庭矛盾时,我的同事、领导能够安慰我、劝导我。	①	②	③	④	⑤
35	每一到两年内,我所在的幼儿园总要选派部分幼儿教师去进修学习。	①	②	③	④	⑤
36	近一年来,我总是和我的家人住在一起。	①	②	③	④	⑤
37	我有一到两个无话不说的真心朋友。	①	②	③	④	⑤
38	我的苦恼、郁闷,常常不知道该向谁说。	①	②	③	④	⑤
39	周末或节假日,我和几个好朋友总是形影不离。	①	②	③	④	⑤
40	我很少有进修学习的机会。	①	②	③	④	⑤
41	幼儿园的人际氛围很融洽,我和同事之间能互相观摩学习。	①	②	③	④	⑤
42	我总是一个人过周末。	①	②	③	④	⑤
43	对于生活中遇到的问题,我和家人能互相协商,一起解决。	①	②	③	④	⑤
44	我的人缘很好,有很多朋友。	①	②	③	④	⑤
45	我曾经观摩过姐妹园优秀教师的教学活动。	①	②	③	④	⑤

第五部分：幼儿园工作氛围问卷

下面是一份幼儿园工作氛围问卷，请根据您的实际情况认真填写，在每个问题后面相应的分数上打“√”。

问题调查		完全不符合	不符合	基本符合	符合	非常符合
1	园长重视教学工作，而且措施得力。	①	②	③	④	⑤
2	园长关心下属，为教师解决实际困难。	①	②	③	④	⑤
3	园长特别重视做好青年教师的工作。	①	②	③	④	⑤
4	园长特别重视做好老教师的工作。	①	②	③	④	⑤
5	我园的职称评定公平、合理。	①	②	③	④	⑤
6	老师们能在各自岗位上发挥自己的特长。	①	②	③	④	⑤
7	老师们都有评选先进、教学能手、优秀教师的机会。	①	②	③	④	⑤
8	除了业务活动，我园还组织一些丰富多彩的活动来活跃教师生活。	①	②	③	④	⑤
9	我园激励青年教师提高业务水平，并且为他们提供便利条件。	①	②	③	④	⑤
10	我园提倡搞教研活动。	①	②	③	④	⑤
11	老师们把主要精力都放在了教学上。	①	②	③	④	⑤
12	拉帮结派、巴结领导的人很多。	①	②	③	④	⑤
13	孩子们有良好的学习习惯。	①	②	③	④	⑤
14	孩子们愿意上我的课。	①	②	③	④	⑤
15	孩子们愿意亲近我，跟我说他们心中的小秘密。	①	②	③	④	⑤
16	同事能和睦相处。	①	②	③	④	⑤
17	为了搞好竞赛活动，有关教师能齐心合力投入其中。	①	②	③	④	⑤
18	老师们的办公条件很好。	①	②	③	④	⑤

问卷结束，感谢您的支持与合作，祝您身体安康、万事如意！